Encontro da Política com o trabalho

Um estudo psicossocial sobre autogestão
a partir da experiência da Univens

Cris Fernández Andrada

Encontro da Política com o trabalho

Um estudo psicossocial sobre autogestão
a partir da experiência da Univens

Prêmio ABRAPSO 2007
(Categoria Mestrado)

© 2012 Casapsi Livraria e Editora Ltda.
É proibida a reprodução total ou parcial desta publicação, para qualquer finalidade, sem autorização por escrito dos editores.

1ª Edição	*2012*
Diretor Geral	*Ingo Bernd Güntert*
Publisher	*Marcio Coelho*
Coordenador Editorial	*Fabio Alves Melo*
Revisão	*Tassia Fernanda Alvarenga de Carvalho*
Diagramação	*Carla Vogel*
Produção Gráfica	*Sergio Gzeschnik*
Capa	*Casa de Ideias*

Dados Internacionais de Catalogação na Publicação (CIP)
Angélica Ilacqua CRB-8/7057

Andrada, Cris Fernández
 Encontro da política com o trabalho: um estudo psicossocial sobre a autogestão a partir da experiência da Univens / Cris Fernández Andrada. – São Paulo: São Paulo: Casa do Psicólogo, 2012.

 ISBN: 978-85-8040-140-0

 1. Psicologia social 2. Trabalho 3. Autogestão 4. Cooperativismo 5. Economia solidária 6. Democracia participativa I. Título

12-0433	CDD 302

Índices para catálogo sistemático:

1. Psicologia Social
2. Economia Solidária

Impresso no Brasil
Printed in Brazil

As opiniões expressas neste livro, bem como seu conteúdo, são de responsabilidade de seus autores, não necessariamente correspondendo ao ponto de vista da editora.

Reservados todos os direitos de publicação em língua portuguesa à

Casapsi Livraria e Editora Ltda.
Rua Simão Álvares, 1020
Pinheiros • CEP 05417-020
São Paulo/SP – Brasil
Tel. Fax: (11) 3034-3600
www.casadopsicologo.com.br

A Ercília Rosano (*in memoriam*)

e a meu filho Ernesto.

Agradecimentos

Às cooperadas da Univens, a imensa generosidade com que me acolheram e o tanto que me ensinaram. E aos demais trabalhadores da Economia Solidária que me ajudaram no percurso, em especial, às artesãs da Itacooperarte.

À Professora Leny Sato, a dedicada e generosa orientação, fundamental em todo o desenvolvimento da pesquisa, e aos Professores Sylvia Leser e Paul Singer, as tantas e preciosas contribuições, inclusive nas bancas de Qualificação e Defesa.

A todos aqueles que, de alguma forma, contribuíram para a realização deste trabalho, em especial a meus pais, Cristina e Eduardo, Juan Manuel e Ercília (*in memoriam*), Alcione, Alice, Laura, Fernando, David, e Egeu, sempre.

E, na reedição deste trabalho, agradecemos especialmente à ABRAPSO - Associação Brasileira de Psicologia Social. A premiação por ele alcançada no I Concurso ABRAPSO de Teses e Dissertações, promovido em 2007, foi muito significativa e, entre outras coisas, tornou possível a primeira edição desta publicação.

Sumário

Prefácio - *Paul Singer* 11

Apresentação - *Leny Sato* 17

Das motivações da pesquisa 19

Introdução 23
    O ressurgimento da autogestão 25
    Repercussões da vivência da autogestão na esfera do trabalho 26
    Repercussões da vivência da autogestão em outras esferas da vida social 30

Sobre o trabalho de campo 35
    Os caminhos da prospecção 35
    O achado da Univens 38
    Breve apresentação da cooperativa 38
    As etapas do trabalho de campo 44

Primeiros contatos, fortes indícios 49
    Indícios de enraizamento na relação com a cidade 52
    Indícios de autonomia 53
    Indícios do convívio entre trabalho e política no cotidiano 68
    Indícios de enraizamento na relação com a Vila 71
    A necessidade de reposicionar os objetivos da pesquisa 78

História da Vila e da Cooperativa..81

  A Vila Nossa Senhora Aparecida..82

  O Orçamento Participativo como signo de mudança.........................86

  O nascimento da cooperativa 94

  A solidão do início...98

  Motivações e expectativas...102

  A primeira fase: três anos trabalhando na Capela 104

  A precariedade dos primeiros trabalhos..106

  A saída de cooperadas do grupo..107

  O desafio dos primeiros trabalhos completos...................................109

  A luta por recursos: o encontro de parceiros importantes...............110

  A cooperativa "incuba" a Incubadora..112

  A conquista da estabilidade econômica 116

  A situação econômica atual da cooperativa.......................................120

  Os conflitos no cotidiano..122

  O sonho e a conquista da sede própria...128

Repercussões da autogestão
para quatro cooperadas..131

  Isaurina..133

  Julieta...153

  Gladis...178

  Nelsa..191

Encontro da Política com o trabalho e suas repercussões 245

  De volta à querência: a experiência política no OP como fonte simbólica...247

  Repercussões da autogestão da Univens como *permanências* 255

  Outras repercussões da autogestão 262

  Sonhar, projetar e realizar novas ações: repercussão de segundo grau........265

Considerações finais...271

Posfácio – Cooperativa Univens 277

Referências bibliográficas..279

Prefácio

"Trabalhavam uma numa fábrica de uma coisa, outra numa fábrica de costura, outra vem de trabalhar em casa, tinha máquina em casa, e aí parece um bando de loucas que de repente resolveram que podiam fazer alguma coisa. E fizeram. [risos] [...] Então tem gente que não se dá o direito nem de sonhar. E elas sonharam e sonharam alto. Porque tu imaginar, que tu pode, dentro do mercado de trabalho que tá agora, que não absorve nem aqueles que têm estudo, quem dirá pessoas que não tinham estudo, [...] E ainda sem nunca ter feito um tipo de negócio desse? [...] Por isso que eu digo que é como se fosse um bando de loucas que botaram uma ideia na cabeça e que todo mundo ficava assim, ó 'Mas o que isso? Tão pensando o quê, essas mulheres? Que vão revolucionar o mundo agora?" Terezinha

"Eu pensei muito, sabe? O que é isso, quando a gente fala em socialismo? O que que é? É uma sociedade onde não tenha ninguém se explorando, onde a gente consiga ter uma vida decente, onde a gente tenha valores como pessoa, onde acima de tudo se coloque a pessoa. Puxa, se então é isso, então eu entendo que o que a gente tenta construir dentro do Cooperativismo é isso, é a vivência socialista [...] isso a gente discute muito na Cooperativa [...] É tão bom poder pensar que a gente está nessa Cooperativa que nós montamos e que você vai poder ficar aqui até quando você quiser [...] Pensar que você vai ter 65 anos, setenta anos, e você pode continuar na Cooperativa, se você quiser [...] Porque você tem um porto seguro, você tem um porto seguro." Nelsa

Este trabalho de mestrado de Cris Andrada é obra primorosa, que nos revela, por meio das falas de costureiras associadas à Cooperativa Unidas Venceremos

– Univens, a trama de sentimentos que sustentam o improvável, mas não impossível florescimento da economia solidária em nossa época. O caso estudado por Cris Andrada é a saga de um punhado de mulheres, moradoras de uma vila na periferia de Porto Alegre, originada duma invasão, que passam da luta para conquistar um mínimo de serviços urbanos essenciais ao bairro, à luta para conquistar o direito de trabalhar e subsistir mediante o seu autoemprego coletivo.

Trata-se de um grupo de pioneiras, que se lançam nessa tentativa em 1996, momento de grave crise social, causada pela súbita queda, alguns anos antes, da muralha protecionista que preservou por mais de meio século a existência e o progresso da indústria nacional. Naquela ocasião, o desemprego e a exclusão social em massa atingiram uma classe trabalhadora acostumada com a facilidade de encontrar trabalho, resultado de décadas de intenso crescimento econômico. A possibilidade de criar fontes de trabalho e renda mediante a organização de empreendimentos autogestionários estava totalmente excluída do horizonte das vítimas da crise. A criação de cooperativas de trabalho tinha se limitado, até então, a casos esporádicos, desconhecidos da grande massa desprovida de meios de vida.

Cris baseia seu relato quase inteiramente nas falas das costureiras, cuja confiança captou e que ofereceram suas reminiscências com franqueza e notável autopercepção. Os depoimentos retratam os enormes obstáculos que se erguiam a trabalhadoras privadas de capital e de apoios institucionais. O que as pioneiras da Univens tinham, em compensação, era a experiência de árduas lutas pela urbanização de sua vila e a experiência libertadora e educativa do Orçamento Participativo, que as sucessivas administrações municipais do Partido dos Trabalhadores (PT) haviam introduzido. Esta experiência lhes deu forças para não desanimar, por maiores que fossem as barreiras burocráticas erguidas contra o registro da cooperativa e a obtenção de um espaço em que pudessem trabalhar juntas.

As sucessivas vitórias alcançadas pelas cooperadoras da Univens não se devem exclusivamente à sua coragem, ânimo e devoção, mas também a apoios que elas souberam conquistar, tanto de entidades do terceiro setor como de dirigentes do governo municipal. A luta delas se deu no plano político e no seio de comunidade. Uma de suas conquistas mais notáveis foi a criação de uma incubadora de cooperativas pela Prefeitura de Porto Alegre, que vem servindo desde então para viabilizar o desenvolvimento de outras cooperativas de trabalho, formadas por extratos das camadas populares da cidade.

A beleza do trabalho de Cris Andrada é ela deixar que as próprias protagonistas relatem sua saga. Os relatos expõem de forma comovente as emoções – medos, angústias, alegrias, alívios e a suprema felicidade de viver a realização de sonhos longamente acalentados. Os grandes méritos da autora foram, de um lado, tomar parte no cotidiano das sócias da Univens por muitos dias, o que lhe permitiu compreender aquele coletivo e a capacitou a propor questões que trouxeram à luz uma história, que possivelmente estava apenas no subconsciente de suas interlocutoras, e, por outro lado, Cris Andrada mostrou uma combinação magistral de sensibilidade com domínio científico da temática, para montar, com o rico material colhido, um relato esclarecedor e inspirador de uma aventura humana que se vem multiplicando pelo Brasil afora nos últimos quinze a vinte anos.

O caso da Univens é notável, mas não único. Ele representa o progresso das lutas das camadas populares de uma agenda de direitos básicos a moradia, transporte, energia, água e esgoto, serviços de saúde etc. para uma agenda de inserção econômica com autonomia e solidariedade, e combate à pobreza. No Brasil, os movimentos populares estão passando de lutas enquanto moradores das cidades a lutas enquanto agentes econômicos e políticos. As primeiras podem ser vistas como lutas de resistência contra a exclusão espacial do acesso aos serviços públicos essenciais. As últimas são lutas contra o modo de produção capitalista e sua substituição pela economia solidária, que tende a se tornar a base material duma sociedade socialista.

Finalmente, cabe um registro da loucura dos sonhos. Os seres humanos sonham enquanto dormem e alimentam sonhos enquanto acordados. O sonhar acordado é uma consequência inevitável da racionalidade própria da humanidade, que lhe permite pensar o futuro como desejo e, ao mesmo tempo, arquitetar ações que permitam tornar o sonho acordado realidade. O que as costureiras da Univens e a cientista que as estudou concluíram é que para gente humilde, rica em ânimo, mas pobre de recursos, a partilha dos sonhos é essencial para resgatá-los do reino da loucura e trazê-los ao reino das reais possibilidades. Sonhos só parecem loucos aos olhos dos que ignoram os laços de solidariedade que unem as sonhadoras.

Paul Singer

Apresentação

Apresentar esta pesquisa realizada por Cris Fernández Andrada é apontar as qualidades da pesquisadora e as de uma pesquisa notável em Psicologia Social.

A pesquisadora está aqui presente com a maturidade, o respeito e o profundo e genuíno interesse em conhecer a vida das trabalhadoras da Univens. Disso decorre o modo como chegou até elas, e escolheu-as; como fez o contato e com elas conviveu, bem como o modo como estabeleceu o diálogo entre o que se encontrava no trabalho de campo e as leituras teóricas.

Como pesquisadora "em campo", Cris ouve, com atenção, todos os indícios que as cooperadas da Univens lhe dão, e o faz de um modo reflexivo, expressando sinceridade e humildade intelectual. Esses atributos lhe permitiram rever suas hipóteses iniciais à medida que a pesquisa progredia e, com competência, revê os caminhos e as leituras que apoiam o reposicionamento da hipótese de pesquisa.

A riqueza deste trabalho deve muito ao modo como se deu a convivência com as trabalhadoras da cooperativa. E Cris assim descreve a experiência desse processo:

> *"Como quem entra numa pista de dança de posse de muitas horas de estudos teóricos, no caso, sobre "os passos de uma boa pesquisa", fui sendo conduzida, braço estranho nas costas, e sob as próprias pernas trêmulas, a dançar uma dança desconhecida, imprevista".*

No capítulo "Primeiros contatos, fortes indícios", Cris traz, em suas palavras, retiradas do seu primoroso diário de campo, como foram sendo obtidos indícios do encontro da política com o trabalho, o que, a princípio, pareceria teoricamente inconcebível. Assim, o argumento central de sua dissertação vai sendo passo a passo construído.

Cris trabalha de modo exemplar o que temos feito no Programa de Pós-Graduação em Psicologia Social da USP, com o grupo de orientandos que desenvolve seus trabalhos em torno da temática "Trabalho, Processos Organizativos, Subjetividade e Saúde". Ao estudar o trabalho e como as pessoas coletivamente o organizam – os processos organizativos –, olhando-os a partir do cotidiano, temos a possibilidade de compreender o que realmente faz sentido para as pessoas, buscando acessar a singularidade e a diversidade de modos de compreender o mundo, de se orientarem e de responderem aos desafios que cotidianamente aparecem.

Para os estudos de Psicologia Social do Trabalho, esta pesquisa representa importante contribuição no sentido de trazer novos elementos evidenciando que a gestão cotidiana do trabalho é complexa, envolvendo o acionamento de métodos práticos. A competência, a criatividade e a capacidade de, por meio da negociação, as pessoas inventarem trabalho e construírem as condições para, a partir dele, gerar renda, são descritas por Cris com muita vitalidade. Esta pesquisa traz novos argumentos e ilustra novas situações que permitem criticar a ideologia gerencial – que compreende a atividade gerencial como prerrogativa de alguns –, mostrando, inclusive, uma inversão não pensada: a de a Univens incubar a Incubadora Popular de Cooperativas e Grupos da cidade de Porto Alegre!

Os diversos espaços de sociabilidade se intercomunicam e alimentam inquietações, possibilitam aprendizado, estimulam a reflexão e franqueiam a oportunidade de as cooperadas construírem suas vidas juntas. O local de trabalho, a vida doméstica, a vizinhança e as reuniões do orçamento participativo no município de Porto Alegre são aqui tratados em suas estreitas relações. São mulheres, trabalhadoras, donas de casa, cidadãs e militantes que constroem a condição de sonhar – sonhar acordado.

Os recursos teóricos são usados por Cris de modo consistente e cuidadoso: um apoio e não uma forma. Eles ajudam-na a lapidar as questões de pesquisa e a interpretar os achados, sem, entretanto, conduzirem a um nível de abstração que torne difícil reconhecer o fenômeno, tal qual se nos apresenta.

Neste estudo, Cris mostra que Trabalho e Política são dimensões da condição humana que convivem e se alimentam mutuamente, alcançando possibilidades de mudança da condição de vida a qual permite que as pessoas sonhem.

Leny Sato (Orientadora)

Programa de Pós-Graduação em Psicologia Social
Instituto de Psicologia – Universidade de São Paulo

Das motivações da pesquisa[1]

> *Porque los pueblos saben romper las cadenas.*
>
> Idea Vilariño e José Luís Guerra

As motivações da pesquisa tratadas neste livro despontaram tempos atrás, ainda nas salas de aula do curso de graduação em psicologia. Se antes já havia sido conduzida pelas palavras de meu avô a ocupar as oficinas e as fábricas do seu tempo – tempo de ser sapateiro, tempo de ser eletricista –, ao ser confrontada com as reflexões acadêmicas acerca dos fenômenos do mundo do trabalho, com todas as suas complexidades e tensões, nunca mais estive livre do desejo de conhecê-lo, sempre a partir de seus habitantes.

Às primeiras discussões nas aulas da Professora Leny Sato[2], somaram-se outras travadas já nos corredores e nas mesas da lanchonete do Instituto de Psicologia. Em pequenos círculos, falávamos inquietos de questões como a centralidade do trabalho, de seus diferentes modos de organização e das possíveis repercussões que a vivência de cada um deles poderia ocasionar aos trabalhadores. E as angústias tornavam-se mais intensas quando tratávamos das mazelas do desemprego

---

[1] A pesquisa de mestrado "O encontro da política com o trabalho: história e repercussões da experiência de autogestão das cooperadas da Univens", orientada pela Professora Leny Sato, foi defendida em 17/06/2005, no Programa de Pós-Graduação em Psicologia Social do Instituto de Psicologia da Universidade de São Paulo. O texto original sofreu somente pequenas mudanças para adaptar-se ao formato de livro, pois entendemos que todo o conjunto da pesquisa deve ser lido no contexto em que as atividades de campo foram realizadas (2002-2004).

[2] Refiro-me às aulas de graduação ministradas pela Professora Leny Sato (IP-USP).

crescente e do aumento da frequência e das formas de precarização das condições de trabalho daquelas pessoas ainda empregadas. Pensávamos também como poderia ser uma experiência de trabalho que salvaguardasse princípios humanistas bastante simples, porém, a nossos olhos fundamentais, como igualdade, autonomia e pertencimento.

E, assim, na companhia de outros colegas, recordo ter ouvido pela primeira vez os nomes *economia solidária, cooperativismo, autogestão*. Reunidos, vibrávamos juntos, com o pouco de que dispúnhamos para as possibilidades e os limites do trabalho autogestionário.

Da Psicologia, fomos ao encontro dos companheiros da recém-criada Incubadora Tecnológica de Cooperativas Populares da Universidade de São Paulo (ITCP-USP). Estávamos no início de 1999. Hoje posso dizer que foi esse o *sítio simbólico* em que nasceu a pesquisa. Ali encontramos chão e alimento não apenas para nossas ações e reflexões, como também para a construção e a compreensão de relações solidárias e democráticas de trabalho. E, o mais importante, foi na ITCP-USP que obtivemos companhia e sentido para vivê-las, não só junto aos estudantes e professores de diversas áreas, mas principalmente ao lado dos trabalhadores das cooperativas, os quais tivemos o prazer de acompanhar.

Conhecer grupos de trabalhadores envoltos na árdua e cativante tarefa de construir modos solidários de viver o trabalho, com todo seu arcabouço de desafios e revelações, consolidou, enfim, importante escolha profissional[3], tanto no âmbito da intervenção quanto na esfera da pesquisa, qual seja, de dedicar-me à compreensão de aspectos dessa realidade, a partir da Psicologia Social.

Uma das questões que me acompanha desde essa época é o tema da pesquisa de que trata este livro. É nela que penso sempre que me perguntam sobre a relação entre Psicologia e Economia Solidária. Muito já se estudou sobre os sofrimentos psicossociais para a classe trabalhadora de experiências reificantes de trabalho, próprias do modo de produção capitalista. Entretanto, ainda que tenham sido enunciadas algumas condições que poderiam garantir maneiras mais justas e

---

[3] Em 2000, após dois anos como formadora na equipe da ITCP-USP, formei parte do grupo de 26 fundadores da *Verso Cooperativa*. Assim como eu, outros companheiros já estavam bastante envolvidos com a proposta do cooperativismo, e juntos passamos a desejar, para nós e para nossos trabalhos, os valores e os princípios de que tratávamos nos cursos de formação.

dignas de se viver o trabalho – relações de igualdade e de autonomia, bem como o controle e a participação efetiva do trabalhador em todo o processo produtivo –, pouco se conhece a respeito do processo de construção de experiências orientadas por esses preceitos, e, principalmente, pouco sabemos sobre as repercussões da vivência de tal realidade na vida cotidiana dos trabalhadores brasileiros envolvidos com essas práticas, em nosso atual contexto.

Essas questões foram ganhando solidez ao longo das experiências que pude ter como formadora e como cooperada. Além disso, são elas as forças propulsoras deste estudo: como se dá a construção de relações autogestionárias de trabalho? E, principalmente, *que repercussões essa experiência traz para as vidas dos trabalhadores envolvidos, tanto na esfera do próprio trabalho, como nos demais espaços de suas vidas sociais?*

Introdução

Um dos temas mais falados nos tempos atuais é o desemprego[1]. Como disse Paul Singer, "todo mundo, no mundo inteiro, fala do desemprego" (Singer, 2003, p. 11). Ouve-se falar dele dentro dos ônibus, nas emissoras de rádio, nos corredores, nas rodas de amigos, nos telejornais, nas mesas de bar, nas filas dos bancos e, claro, nos livros e nas teses de economia e das ciências sociais.

São muitos os estudiosos que tratam desse fenômeno da contemporaneidade que assola as classes pobre e média. Eles alertam para o recrudescimento crescente dos índices de desemprego e para a precarização cada vez mais grave das condições de trabalho nos últimos anos, dentro da crise da sociedade salarial. Fenômenos próprios desse quadro, para os trabalhadores ainda empregados, são as altas jornadas de trabalho, o achatamento dos salários e a perda parcial dos direitos trabalhistas. Entre aqueles já expostos ao flagelo do desemprego, contam-se os contratos informais e incertos de trabalho ou o exercício de atividades autônomas esporádicas e mal-remuneradas (os chamados *bicos*).

Pochmann (2001) e Singer (2003) apontam a incidência da globalização dos mercados na composição dessa realidade brasileira[2], fator que tem agravado a crise do emprego formal e a precarização das condições gerais de trabalho, uma vez que altera a divisão internacional do trabalho, conduzindo capitais produtivos

---

[1] Como dissemos, trata-se de um texto datado. Exceto atualizações pontuais, seu tempo presente remete-se ao período no qual a pesquisa foi realizada (2002-2004).

[2] No Brasil, esse quadro pode ser descrito de modo comparativo. Em 1986, ocupávamos a 13ª colocação na escala de volume de desemprego aberto no mundo (1,68% do desemprego mundial). Já em 1999, atingíamos o 3º lugar (5,61% do desemprego mundial) (Pochmann, 2001).

para países ainda mais periféricos que o Brasil, interessados em alta produtividade a baixos custos. Segundo Souza (2003), esse processo pressiona para baixo os índices tributários e salariais nacionais, o que põe em risco conquistas históricas da classe trabalhadora.

Conforme Mattoso (1999), o Brasil nunca conviveu com um desemprego tão elevado. Esse processo, segundo nos diz o economista, vem sendo configurado a partir dos anos 1980, com as primeiras alterações da dinâmica do mercado de trabalho, atingida pelas oscilações do ciclo econômico e pelo forte processo inflacionário. Entretanto, foi ao longo dos anos 1990, com a abertura dos mercados, que a situação se agravou, por meio do desmantelamento parcial das estruturas produtivas já existentes, como vimos, aliado à precariedade das políticas públicas de geração de novos postos de trabalho.

Com isso, observou-se um enfraquecimento cada vez maior do poder da classe trabalhadora de impor resistência à precarização e ao desemprego crescente por meio de suas estratégias clássicas de organização, ou seja, por intermédio do movimento sindical e dos atos de mobilização a partir de suas categorias, nos próprios locais de trabalho. Luiz Gaiger (2004) acrescenta ainda outra dificuldade presente para os trabalhadores nesse cenário: mesmo as iniciativas individuais de reinserção no mercado de trabalho têm se revelado cada vez mais inócuas.

Paul Singer (2003) nos alerta também para o aspecto funcional dos desempregados na acumulação capitalista, dentro do chamado desemprego estrutural. Afinal, ao disputar cada vez em maior número os postos de trabalho formais, os trabalhadores aumentam a oferta do produto "força de trabalho" no mercado e, considerando também a baixa demanda por contratação, caracterizamos o "exército industrial de reserva", nas palavras de Marx, o que, segundo Singer, atualmente se aproxima mais de um exército terciário de reserva.

Esse panorama macroeconômico, apesar de ser por si só muito triste, não revela os flagelos cotidianos vivenciados por incontáveis famílias na luta diária pela sobrevivência[3]. Muitas vezes, as repercussões do desemprego prolongado ultrapassam as carências materiais e atingem outras esferas da vida do trabalhador.

---

[3] Ver a esse respeito Mandelbaum (2004), Jardim (2004) e Azevedo et al. (1998).

O ressurgimento da autogestão[4]

Diante desse contexto desolador, muitas iniciativas locais têm sido tomadas por vários setores organizados da sociedade, devido à inviabilidade de políticas públicas que, dirigidas a questões macroestruturais, possam conter o crescimento do desemprego (Dowbor, 2002).

Nesse sentido, a Economia Solidária[5] ressurgiu fortemente, em vários países, como um dos caminhos possíveis de combate ao desemprego, mas com vistas a ultrapassar esse objetivo, considerando seu poder de contestação de relações subordinadas de trabalho (Singer, 2003). Muitos vislumbram a possibilidade de construir uma rede sólida de produção e distribuição não capitalista, ainda que inseridas em uma economia de mercado.

Para Paul Singer, mais que um ressurgimento da Economia Solidária, trata-se de uma reinvenção, ainda que inspirada nos primeiros movimentos e ações da Escola Associativista do século XIX, a qual tinha como base teórica os escritos dos chamados socialistas utópicos, como Proudhon, Fourier e Owen (Singer, 1998). Para Singer (2002), "O que distingue este 'novo cooperativismo' é a volta aos princípios, o grande valor atribuído à democracia e à igualdade dentro dos empreendimentos, a insistência na autogestão e o repúdio ao assalariamento" (Singer, 2002, p. 111).

O incentivo e o financiamento de ações no campo da Economia Solidária têm sido realizados tanto por organizações não governamentais quanto pelo poder público. Como frutos desse movimento, ressaltam-se as ações da Associação Nacional de Trabalhadores de Empresas de Autogestão e de Participação Acionária (ANTEAG), da União e Solidariedade das Cooperativas e Empreendimentos da Economia Social do Brasil (UNISOL BRASIL), da Agência de Desenvolvimento

---

[4] Opta-se aqui por utilizar o termo *autogestão* ou *autogestionário*, em detrimento de outros possíveis, como cooperação ou cooperativo, tendo em vista os inúmeros empreendimentos organizados formalmente, como as cooperativas, mas que assim o fazem para obter benefícios tributários e trabalhistas, mantendo em seu interior relações hierarquizadas de trabalho e, em geral, em condições bastante precárias. Para saber mais, consultar Verardo (1999) e Singer e Souza (2000).

[5] Esse termo foi significado de várias formas. Fiquemos com uma definição de Paul Singer (2002), principal referência teórica do movimento: "A Economia Solidária é outro modo de produção, cujos princípios básicos são a propriedade coletiva ou associada do capital e o direito à liberdade individual. A aplicação desses princípios une todos os que produzem numa única classe de trabalhadores que são possuidores de capital por igual em cada cooperativa ou sociedade econômica" (p.10).

Solidário (ADS), ligada à Central Única dos Trabalhadores (CUT), entre outras (Souza, 2003; Gaiger, 2004), além da recente constituição da Secretaria Nacional de Economia Solidária (SENAES) – Governo Federal.

Merecem destaque também as Incubadoras Tecnológicas de Cooperativas Populares (ITCP's). Instituições ligadas às universidades – organizadas em uma rede nacional – têm como principal objetivo a geração de trabalho e renda junto a grupos de trabalhadores, por meio da formação de cooperativas autogestionárias[6].

Assim, como principal motivação social relacionada ao tema desta pesquisa, tem-se o desenvolvimento crescente e mais complexo desses modos de geração de renda, bem como a emergência, por conseguinte, da demanda pela melhor compreensão das implicações de tal vivência para os trabalhadores envolvidos nesse movimento. Entretanto, pouco tem sido estudado a esse respeito no âmbito da Psicologia Social do Trabalho, considerando, como principal justificativa para esse fato, o caráter recente da ampliação e conformação do campo supracitado.

Repercussões da vivência da autogestão na esfera do trabalho

Na relação de trabalho autogestionária[7], os trabalhadores organizam-se democraticamente para a construção de um modo de produção que pertença a todos os membros, em amplo sentido, que todos sejam coproprietários e possam fazer parte dele como sujeitos, pelo exercício da voz e do voto nos espaços formais das assembleias, bem como nos espaços cotidianos de interação. Essa relação se baseia por princípio, portanto, na socialização dos meios e dos resultados da produção, na conquista pelos associados do controle e do planejamento das ações

---

[6] A atividade das ITCP's está compreendida como extensão universitária. Busca a participação de alunos, docentes e funcionários das universidades, oriundos de várias áreas do conhecimento, para disponibilizarem suas especialidades em intervenções e pesquisas junto aos grupos de trabalhadores atendidos por seus programas. Para saber mais, ver Guimarães (2000) e Singer (2000).

[7] Sato e Esteves assim definem a empresa autogestionária: "Diz-se autogestionária a empresa cujos sócios são os trabalhadores e cujos trabalhadores são os sócios, sem presença de outros vínculos de trabalho ou de investimento, logo, a autogestão é uma forma específica de democracia industrial, distinta de sistemas de participação, seja acionária, seja nos lucros da empresa" (Sato & Esteves, 2002, p. 06).

do trabalho, e na fundamental condição de igualdade entre todos os trabalhadores envolvidos.

A Economia Solidária, desse modo, por se tratar de um movimento de resgate de relações dadas nesses termos, e ainda mais em um contexto adverso a essas dinâmicas, principalmente para as classes populares, convoca por si várias áreas do conhecimento para nele se debruçar. E no interior de cada uma delas, ou mesmo de combinações entre elas, surgem inúmeras questões relevantes para estudo e reflexão[8]. Tendo como prisma a Psicologia Social do Trabalho, uma das questões que emerge quando focalizamos os trabalhadores, sujeitos sociais desse movimento, trata dos *modos como estes veem suas vidas, rotinas e concepções marcadas pela vivência da autogestão.*

Essas pessoas, advindas de outras experiências de trabalho (como empregados, trabalhadores familiares ou autônomos), percebem-se diante da tarefa da resignificação, do renomear e do recriar, processos possivelmente ansiogênicos e ambíguos (Sato, 1999), díspares da aparente harmonia idílica da cooperação solidária no trabalho, quando vista a distância.

Essas demandas por resignificação advêm, em grande medida, das diferenças de referenciais, de concepções e de valores existentes entre tais realidades, que acabam encerrando compreensões e modos cotidianos de agir diversos e, por vezes, contraditórios. Concepções anteriores acerca de trabalho, divisão de tarefas, remuneração, planejamento e coordenação das atividades produtivas são alguns poucos exemplos de questões que trabalhadores envolvidos com empreendimentos autogestionários se veem impelidos a rever em seus novos cotidianos de trabalho (Pedrini, 2000; Holzmann, 2000).

Luigi Verardo (1999), representante da ANTEAG, assim trata o tema:

> Quase todos os trabalhadores vieram de uma situação anterior, em que trabalhavam numa empresa com característica taylorista-fordista, herdaram aquela cultura, visão fragmentária e parcializada do processo de produção que tanto criticamos. [...] Eu trabalhei antes no movimento sindical e sempre achava

---

[8] Nas últimas duas décadas, muitos estudos sobre Economia Solidária têm sido realizados em diversas áreas do conhecimento, para além da Economia, como Sociologia, Ciência Política, Educação, Engenharia de Produção, entre tantas outras.

que os trabalhadores, em seu aspecto subjetivo, teriam facilidade de assumir a gestão das empresas em que trabalhavam. Essa foi uma das minhas desilusões. É impressionante como o taylorismo e o fordismo "fizeram e fazem a cabeça" dos trabalhadores. Como é difícil esses trabalhadores assumirem, de fato, a gestão da empresa! (Verardo, 1999, p. 71)

Ainda sobre isso, vale rever o primoroso trabalho de Lorena Holzmann (2001), em *Operários sem patrão*. Ao estudar a tomada de duas indústrias por seus trabalhadores, organizados em cooperativas autogestionárias, ela salienta a necessidade de compreender como se articulam as experiências anteriores de trabalho (vínculos empregatícios) com a nova realidade daqueles trabalhadores, e consequentemente, como esta passa a ser compreendida:

> Neste contínuo refazer da experiência diante de novas situações, as pessoas respondem a partir de vivências anteriores, em relação às quais construíram valores, noções, condutas e práticas que se configuram como patrimônio orientador da elaboração de novas respostas às situações novas que se apresentam. Foi assim com os trabalhadores das Cooperativas. (Holzmann, 2001, p. 16)

Nesse sentido, cabe recordar um dos tantos episódios vividos como formadora, junto a um grupo de mulheres artesãs do município de Itapevi (Grande São Paulo), a *Itacooperarte* (Andrada, 2006). Em meio ao cotidiano da produção, uma das cooperadas começa a falar que certa vez havia trabalhado em uma linha de montagem; disse que cuidava apenas de uma pequena peça do produto final e ressaltou, com pesar, que, mesmo após anos de trabalho, desconhecia o lugar e a função do que produzia na mercadoria acabada. Diante da nova situação, foi inevitável para ela comparar esse desconhecimento e não controle com aquela outra forma de viver e de organizar o trabalho, na qual o processo produtivo era cuidadosamente configurado pelas discussões e pelas decisões daquele coletivo do qual ela fazia parte como sociotrabalhadora[9].

As comparações e as resignificações também são narradas como parte das repercussões ocasionadas pela vivência da autogestão por outros cooperados de

---

[9]   Neste texto, as palavras que se seguem terão relação de sinônimos. São elas: sociotrabalhador, cooperado, cooperador, trabalhador cooperado, ou ainda trabalhador associado.

diversos empreendimentos, independente do grau de educação formal ou do tipo de atividade[10].

Podemos citar, por exemplo, a experiência vivida como cooperada no grupo de universitários organizados na *Verso Cooperativa*. Alguns cooperados se referem à difícil ambiguidade que essa realidade inicialmente encerra. Por um lado, o ter "tudo por construir" parece brindar uma liberdade criativa; inspira muito saber que podem ser edificadas relações e projetos de trabalho desde os seus primórdios, de modo a servir aos desejos e às necessidades dos cooperados. Mas, por outro lado, essa mesma ausência de lastros angustia. Para os que se expõem a viver a autogestão no contexto atual, não há muitas referências de onde ou como partir, a não ser aquelas herdadas como valores socioculturais, as quais, necessariamente, são convocadas à resignificação, já que é inegável a hegemonia do vínculo empregatício como modelo de relação de trabalho nesta sociedade (Nakano, 2000).

Outro campo farto para resignificações é o que trata das relações de trabalho propriamente, no universo da autogestão. Se em organizações capitalistas muitos dos conflitos vividos no cotidiano de trabalho são significados como frutos das relações de poder – no embate entre capital e trabalho –, nas cooperativas autogestionárias esse binômio, em tese, não existe (Marx, 1986)[11]. Por isso, as diferenças entre as pessoas correm o risco de ser significadas de desigualdades, como se existisse um "jeito melhor" de ser ou de proceder, justificando a reprodução de modelos hierarquizados de relações de trabalho (Pedrini, 2000; Andrada, 2006).

E mais, a própria concepção de conflito exige revisão por parte dos cooperadores, uma vez que divergências não deixarão de existir em seus cotidianos, porém, não mais serão indicativos de tensões entre patrão e empregados, mas de dinâmicas cotidianas e democráticas de pessoas com interesses, histórias e opiniões diferentes entre si, ainda mais quando expostas à construção de um projeto que guarda tantos desafios e ambiguidades (Sato, 1999; Andrada, 2006).

---

[10] Para saber mais, consultar uma obra muito interessante a esse respeito, organizada por Singer e Souza (2000). Trata-se de um livro que reúne vários relatos de experiências de empreendimentos autogestionários em diversas regiões do país, algumas citadas nesta pesquisa.

[11] "As fábricas das cooperativas de trabalhadores, no interior do regime capitalista, são a primeira ruptura da velha forma, embora naturalmente, em sua organização efetiva, por toda parte reproduzam e tenham de reproduzir todos os defeitos do sistema capitalista. Mas dentro delas suprimiu-se a oposição entre capital e trabalho [...] Elas mostram como, em certo nível de desenvolvimento das forças produtivas materiais e das formas sociais de produção correspondentes, novo modo de produção naturalmente desponta e se desenvolve partindo do antigo" (Marx, 1986, p. 509).

Assim, torna-se interessante e necessário compreender como o trabalhador articula essas referências de trabalho, passadas e atuais, e, a partir daí, que significados e sentidos ele constrói para a vivência da autogestão, bem como quais as dificuldades e as consequências que esse processo lhe acarreta.

Repercussões da vivência da autogestão em outras esferas da vida social

Também pudemos observar, junto aos grupos com os quais trabalhamos pela ITCP-USP, algumas repercussões da experiência da autogestão para além dos portões da cooperativa, presentes nas relações de família e vizinhança dos cooperados.

Depois de Marx (1980), muitos autores estudaram esta questão, qual seja, a relação entre as experiências vividas no trabalho e aquelas dadas em outras esferas da vida social. Inspirado na teoria marxista e apoiado em fenômenos contemporâneos, Ricardo Antunes afirma que, por meio do trabalho, ocorre um processo que simultaneamente altera a natureza e transforma o próprio ser que trabalha: "A natureza humana é também metamorfoseada a partir do processo laborativo" (Antunes, 1999, p. 142).

Vale resgatar também aqui o trabalho de Simone Weil, que não só refletiu sobre a condição operária, como se pôs a vivê-la intensamente. A certa altura dos seus relatos, ela lamenta as marcas deixadas pela experiência de trabalho mesmo quando o operário ultrapassa os portões da fábrica:

> Que bom seria poder depositar a alma, à entrada, no cartão de ponto e retomá-la intacta à saída! Mas é o contrário que se dá. Ela vai com a gente para a fábrica, onde sofre; de noite este esgotamento como que a anulou, e as horas de lazer são inúteis. (Weil, 1996, p. 161)

A partir disso, é possível supor que algumas experiências de autogestão, assim como algumas experiências operárias, podem marcar a alma de seus sujeitos, e, assim, afetar suas relações sociais de modo mais amplo.

Paulo de Salles Oliveira, ao pensar o movimento da Economia Solidária, coloca a emergência de uma consequente cultura solidária. Sobre o tema em questão, ele afirma que "edificar uma organização solidária no trabalho implica simultaneamente a construção de relações solidárias na totalidade da vida das pessoas" (Oliveira, 2001, p. 17).

Esse autor também questiona e recoloca em pauta a cisão entre tempo de trabalho e lazer, ou, ainda, entre tempo de trabalho e tempo livre, no contexto da autogestão. A relativização dos limites entre esses tempos também foi apontada como uma possível repercussão desse modo de relação de trabalho, aos olhos de seus sujeitos. Tanto os trabalhadores da *Verso* como os cooperados de diversos empreendimentos acompanhados por Lia Tiriba (2000) falam a esse respeito.

Segundo Friedmann (2001), a cisão entre tempo de trabalho e tempo liberado do trabalho é uma construção sócio-histórica, advinda do que ele chamou de civilização tecnicista, pós-revolução industrial, caracterizada por uma rígida organização do trabalho determinada por uma classe gerencial sobre o operariado.

Em um contexto de relações autogestionárias de trabalho, essa divisão geralmente é revista pelos trabalhadores, tanto por escolha, quanto por força das novas circunstâncias, o que pode exigir deles uma dedicação maior em um momento crítico do empreendimento. É comum, por exemplo, ouvir de cooperados que ficaram pensando exaustivamente em como resolver um problema da cooperativa no final de semana (Esteves, 2004). Ou, ainda, ouvi-los narrar as vezes que permaneceram na cooperativa após o fim da jornada, seja para trabalhar, seja para estar junto dos companheiros, em um momento de descontração do grupo.

Mesmo dentro do horário de trabalho, passam a concorrer mais manifestações lúdicas, festivas ou familiares nessa modalidade de organização do trabalho. Segundo Lia Tiriba (2000),

> [...] é possível verificar que a imensa maioria das unidades analisadas vão mais além da geração de renda. Ou seja, o objetivo dos trabalhadores é garantir também a "reprodução ampliada da vida" – ainda que de forma limitada. Assim, esses dados confirmam a afirmação de Razeto (1993) quanto à tendência das organizações econômicas populares de combinar atividades econômicas com outras de caráter social, educacional e cultural. (Tiriba, 2000, p. 229)

Outro fenômeno vivido nas práticas autogestionárias de trabalho – e provável fonte de repercussões para experiências vividas em outros espaços sociais – é a maior intervenção dos trabalhadores no desenho do cotidiano da produção. Em tese, trata-se de um direito garantido e de uma peça fundamental desse modelo organizativo, embora possua limites e ambiguidades (Esteves, 2004).

A necessidade nesse contexto de recriar, gerir e planejar suas atividades em companhia de seus pares convoca os trabalhadores, a princípio, a uma maior expressão e confrontação dos seus pontos de vista. Afinal, não está mais presente a figura do patrão ou do gerente para indicar o quê e como deve ser feito. E mais, nessa empreitada, não podem recorrer, por princípio e escolha, às representações correntes das relações capitalistas de trabalho que, diante de um conflito, sugerem atitudes como ditar ordens, advertir, demitir etc. (Sato & Esteves, 2002).

Lorena Holzmann (2001) afirma que, nas novas condições de trabalho, os operários redefiniram suas posições no interior do coletivo, abandonando a conduta de submissão e passando a exercitar o direito de intervenção e de iniciativa que a condição de sócios lhes propicia.

Dalila Pedrini (2000), que estudou a empreitada autogestionária de um grupo de trabalhadores de Brusque (SC), parece convergir com as afirmações de Holzmann, apontando ainda para uma possível ampliação dos benefícios da maior comunicação dos cooperados para além do ambiente de trabalho:

> Quando os trabalhadores fazem um processo de reflexão sobre a própria comunicação, como meio de assumir o poder pessoal e coletivo sobre a própria palavra, quando assumem ter voz e vez, está sendo quebrada a secular disciplina que existe sobre estes sujeitos, invisível, mas vivida por eles, na sua trajetória. A exercitação no interior do grupo prepara o sócio para seus embates na sociedade. (Pedrini, 2000, p. 42)

Retomemos novamente a experiência das artesãs da *Itacooperarte*, já que observamos ali algumas repercussões da vivência da autogestão operando em outras esferas da vida daquelas trabalhadoras, além dos espaços do trabalho propriamente.

Descontentes com a realidade da escola do bairro frequentada por seus filhos, as cooperadas passaram a discutir o tema enquanto teciam suas peças, no cotidiano de trabalho. A partir desse lugar – onde frequentemente exerciam ações interventivas –, um grupo menor iniciou um movimento pela constituição e efetiva ocupação da Associação de Pais e Mestres (APM) daquela instituição. Posteriormente, essas mulheres também lutaram pela construção do posto de saúde local. Para isso, recorreram a várias iniciativas, como não apenas reuniões com parte dos moradores e das lideranças locais, mas também a convocação de audiências com representantes do poder público municipal.

Além das relações comunitárias, as artesãs relatavam algumas mudanças nas dinâmicas das relações familiares, posteriores à constituição da cooperativa. Tornaram-se mais frequentes, por exemplo, conversas entre as esposas e os maridos para tomarem decisões conjuntas sobre questões do cotidiano, que iam desde o orçamento doméstico até o cuidado e a educação dos filhos.

Todavia, vale ressaltar que as repercussões narradas à época não formavam parte de um estudo para a compreensão desse tema específico. E mais, os relatos apontavam reações muito diversas por parte dos familiares, já que algumas falavam, por exemplo, da sensação de incompreensão, da ausência de diálogo e do aumento dos níveis de agressões e conflitos.

Segundo Henrique Parra (2002), para alguns trabalhadores, a vivência de um aprendizado democrático pode ser revolucionária em suas vidas, especialmente quando se trata de mulheres:

> Informalmente, é comum se ouvir das pessoas que trabalham nas ITCPs que um dos primeiros sinais de que a cooperativa está "dando certo", ou seja, que ela está funcionando socialmente e economicamente, é o surgimento de algumas crises familiares. Tais conflitos teriam origem, conforme relatos dos participantes das ITCPs, no fato de muitas mulheres tornarem-se a provedora financeira da família e também "levarem para casa" a prática das discussões coletivas onde elas teriam "redescoberto" a própria fala. (Parra, 2002, p. 164)

Trata-se de suspeitas, portanto, as que apontam a necessidade de maior expressão e, consequentemente, de ouvir e de negociar diferenças, como aprendizados passíveis de transposição para outros espaços da vida dos trabalhadores autogestionários. Além disso, no âmbito da autogestão, o mundo do trabalho e as outras esferas da vida do trabalhador se entrelaçam e se mesclam de modo distinto da realidade de relações hierarquizadas de trabalho.

A experiência cooperativa enseja verdadeiro resgate de cidadania. Ao integrar a cooperativa, muitos experimentam pela primeira vez em suas vidas o gozo de direitos iguais para todos, o prazer de poderem se exprimir livremente e de serem escutados e o orgulho de perceber que suas opiniões são respeitadas e pesam no destino do coletivo.

Em todos esses sentidos, é possível considerar a organização de empreendimentos solidários o início de revoluções locais, que mudam o relacionamento entre cooperadores e destes com a família, vizinhos, autoridades públicas, religiosas, intelectuais etc. (Singer, 2000, p. 28)

Tendo em vista essas experiências e reflexões, reafirmamos o objetivo desta pesquisa, qual seja, identificar e descrever as principais repercussões psicossociais vividas por trabalhadores que experimentam vínculos autogestionários de trabalho, tanto na esfera do trabalho propriamente dita, quanto nos demais espaços de suas vidas sociais.

Sobre o trabalho de campo

Este capítulo trata dos caminhos e das escolhas metodológicas desta pesquisa, questões que também compareçem diluídas no capítulo seguinte. Aqui não apenas trazemos uma primeira apresentação da cooperativa estudada, como também descrevemos as etapas do estudo realizado, identificando e discutindo os principais critérios e princípios que o nortearam.

Os caminhos da prospecção

Em janeiro de 2003, iniciamos o procedimento de prospecção de campo, com o objetivo de eleger a cooperativa-foco deste estudo. Essa fase da pesquisa foi bastante extensa e passou por várias etapas até sua conclusão, com a escolha da cooperativa em outubro do mesmo ano. Importante ressaltar a suspeita de que foi justamente o rigor na determinação dos critérios do processo de prospecção que propiciou o encontro com a experiência relatada a seguir, o que, por sua vez, nos exigiu um novo posicionamento dos objetivos da pesquisa, processo mais tarde apresentado.

A primeira etapa do trabalho de campo consistiu, portanto, na definição de algumas características que a experiência autogestionária deveria apresentar, de modo a garantir que a pesquisa pudesse ser realizada a contento, tendo em vista os fenômenos que pretendíamos enfocar. Terezinha, cooperada da Univens, sintetiza muito bem os principais critérios que nortearam o processo de escolha da cooperativa:

Pelo que eu entendi, tu conseguiu achar a cooperativa que caiu como uma luva pra ti, em tudo que tu tava procurando: que já está há um certo tempo no mercado, que já está estabilizada sócio e financeiramente, e que tem um pessoal que trabalha dentro da comunidade, que se envolve com ela diretamente. Assim dá pra ver como é que a gente se desenvolve dentro do bairro, da família, de tudo. Terezinha

- *A cooperativa deve existir há pelo menos dois anos.* Esse critério buscou garantir a existência de uma vivência ininterrupta e cotidiana da autogestão por um período que ultrapassasse o processo de formação inicial da cooperativa.

- *A cooperativa deve ser autogestionária e contar com a participação cotidiana dos membros em seus assuntos.* Além de tentar garantir a legitimidade da autogestão da experiência a ser estudada, consideramos necessárias a participação e a intervenção dos cooperados no cotidiano da cooperativa. Com isso, desejávamos que o uso da voz e o do voto não ficassem restritos aos espaços formais de reunião (assembleias), os quais, em muitos casos, têm baixa frequência e nem sempre conseguem ultrapassar como objetivo a mera ratificação das ações do Conselho de Administração (Ortellado, 2003).

A esse respeito, observamos também o poder e a importância dos processos produtivos na determinação da organização e das relações de trabalho (Biazzi, 1994). Em algumas das cooperativas visitadas por ocasião da prospecção de campo, notamos que certos processos de produção limitam consideravelmente a interação e a participação cotidiana dos trabalhadores. Mesmo considerando a dimensão técnica dos processos organizativos como um campo socialmente construído e, portanto, passível de contestação e mudança (Spink, 1996; Sato, 1997), optamos por excluir do procedimento de escolha aquelas cooperativas cujas peculiaridades organizativas dificultassem a interação frequente entre seus sociotrabalhadores, uma vez que desejamos focalizar as repercussões psicossociais da vivência cotidiana da autogestão.

- *A cooperativa deve gerar renda efetiva para a maioria de seus membros.* A definição dessa condição como critério necessário para a escolha da cooperativa apoiou-se na concepção de relações *autogestionárias* de *trabalho* que adotamos aqui. Ou seja, trata-se de relações autogestionárias travadas no cerne de um processo organizativo com fins econômicos que, portanto, tem como principal objetivo a geração de renda para seus trabalhadores, por meio da realização e da comercialização de uma determinada atividade produtiva. Sendo assim, entendemos que a vivência da autogestão no trabalho, com todas as suas características e as suas riquezas, só se concretiza completamente quando seus agentes conseguem garantir a renda estável e necessária para o sustento próprio e o de suas famílias, a partir dos resultados dessa experiência.

- *A cooperativa deve manter fortes relações com o seu entorno social.* Tendo em vista que parte dos objetivos da pesquisa focaliza possíveis mudanças ocasionadas pela vivência da autogestão nas relações dos sujeitos com o bairro e com seus vizinhos, consideramos sumamente importante a existência de ligações estreitas e cotidianas entre esses campos. Por exemplo, caso os trabalhadores da cooperativa escolhida residissem em bairros diferentes entre si e/ou a cooperativa não estabelecesse relações diretas com as pessoas que residem ou trabalham em seus arredores, a prática da pesquisa nesse aspecto acabaria tornando-se mais trabalhosa e complexa, ainda que possível.

Depois da definição dos critérios apresentados, fizemos um breve levantamento das principais instituições da Economia Solidária atuantes no país, uma vez que elas servem como marcos de encontro de vários empreendimentos econômicos solidários (Gaiger, 2004). Após rápidas consultas bibliográficas sobre esse campo, reunimo-nos com formadores ou técnicos que trabalham em algumas destas instituições (ITCP-USP, UNISOL e ADS-CUT) e, a partir disso, elegemos cooperativas para visitar e apresentar a proposta da pesquisa. Entre os meses de março e junho de 2003, realizamos esses encontros, buscando levantar o máximo de informações possível, tanto institucionais quanto informais, sobre as cooperativas e seus respectivos grupos de cooperados. Dessa forma, tomamos conhecimento indireto de dezenas de empreendimentos e visitamos diretamente quatro cooperativas.

Terminada essa etapa, parecia imperativo rever os critérios delineados para a escolha da cooperativa, uma vez que nenhuma das experiências visitadas ou conhecidas a distância (a partir das leituras ou dos relatos dos técnicos) conseguia contemplá-los a contento. Esse fato parece apontar para o caráter incipiente, ainda que em franco desenvolvimento, do campo da Economia Solidária no Brasil (Souza, 2002). Muitas dessas cooperativas apresentavam parte dos critérios, como uma boa participação democrática dos cooperados no cotidiano, além de uma relação bastante fluente com o entorno do bairro em que se encontram. Entretanto, nesses casos, ainda não conseguiam gerar renda para a maioria do seu quadro social. Além dessa, outras tantas combinações entre a presença dos critérios ocorriam, sem que houvesse, no entanto, um único caso que contemplasse todos.

O achado da Univens

Em meio à longa procura da cooperativa a ser estudada, e prestes a desistir de tamanho rigor em relação a tais critérios, deparamos com o relatório de uma pesquisa realizada em vários pontos do país, envolvendo dezenas de cooperativas e grupos autogestionários, fruto de um convênio do SEBRAE com a ADS-CUT[1]. Entre as experiências relatadas e analisadas ali, constava a Univens, a cooperativa de costureiras gaúchas *Unidas Venceremos*.

As informações encontradas nesse relatório de fato nos surpreenderam. Por meio de dados precisos, elas não só indicavam a completa contemplação dos tais critérios, como revelavam uma série de outros aspectos interessantes, que sugeriam um campo não apenas adequado, mas também muito fértil para a realização da pesquisa.

Breve apresentação da cooperativa

Apresentaremos aqui, de modo breve e sintético, as principais características, na época, da cooperativa escolhida como foco desta pesquisa. O intuito é apenas

---

[1] SEBRAE – Serviço Brasileiro de Apoio às Micro e Pequenas Empresas; ADS – Agência de Desenvolvimento Solidário, vinculada à CUT – Central Única dos Trabalhadores. O convênio firmado entre essas instituições resultou no *Programa de Ação Integrada em Economia Solidária e Desenvolvimento Local*, cujo objetivo era formar e fortalecer "complexos cooperativos" entre empreendimentos solidários do mesmo ramo de atividade situados na mesma região.

possibilitar um conhecimento inicial acerca de seus aspectos mais objetivos, já que logo adiante, no capítulo III, trataremos de maneira aprofundada o processo histórico de formação da Univens até os dias atuais.

A Cooperativa de Costureiras Unidas Venceremos – Univens – foi fundada em maio de 1996 e está localizada na Vila Nossa Senhora Aparecida, no bairro Sarandi, extremo norte do município de Porto Alegre, estado do Rio Grande do Sul.

Organizada somente por mulheres, as idades das cooperadas variavam de maneira impressionante, entre dezoito e oitenta anos. Apesar de duas delas terem concluído o ensino médio, a grande maioria do grupo interrompeu os estudos antes de completar o ensino fundamental. Elas encontravam-se embebidas em uma larga experiência de luta por melhorias nas condições do bairro, e não contaram com qualquer apoio, assessoria ou tutela institucional para iniciar e organizar seus trabalhos.

Quando legalizada, a Univens contava com 35 sociotrabalhadoras que se reuniam no salão da capela da Vila para cortar as peças, posteriormente costuradas em casa.

De 1999 a 2004, a cooperativa esteve sediada em um espaço que ela própria ajudou a formar, a Incubadora Popular de Cooperativas e Grupos da Prefeitura de Porto Alegre, situada no bairro em que todas residem. Em dezembro de 2004, o grupo transferiu suas atividades para sede própria, também localizada na Vila. Trata-se de uma conquista histórica, de forte peso simbólico para as trabalhadoras, da qual trataremos mais adiante[2].

O grupo de cooperados

Atualmente, a cooperativa é formada por 22 cooperados, dos quais apenas dois são homens. Mais de 80% dos membros são casados e têm filhos, e todos eles moram na Vila Nossa Senhora Aparecida por escolha do grupo, formalizada como princípio estatutário da cooperativa.

---

[2] O tempo presente utilizado neste texto se refere ao período final de permanência do grupo nas instalações da Incubadora (2004), exceto atualizações devidamente indicadas.

Aproximadamente metade do quadro social da Univens é composta por sociofundadoras. Hoje em dia, as idades das cooperadas ainda mantêm o traço inicial de grande variabilidade, conforme podemos notar pelo gráfico abaixo:

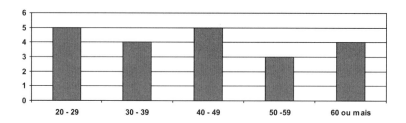

Figura 1. Gráfico das faixas etárias das cooperadas

A organização do trabalho

As atividades produtivas da Univens são divididas pelo grupo em quatro setores ou "módulos": *Corte, Costura, Serigrafia e Culinária* (também chamado de *Cozinha*). Todo o processo de modelagem e de corte das peças é feito por quatro cooperadas alocadas na sede do grupo. Já as atividades relativas à costura acontecem tanto na Incubadora – onde se encontram quatro costureiras – quanto nas casas das cooperadas que lá trabalham (oito cooperadas). No módulo da serigrafia da cooperativa, trabalham quatro cooperados, inclusive os dois únicos representantes do gênero masculino do grupo. As atividades da culinária, que também ocorrem no interior do galpão da Incubadora, são realizadas atualmente por apenas duas cooperadas. O gráfico abaixo aponta a distribuição dos trabalhadores da Univens por esses setores produtivos e por local de trabalho:

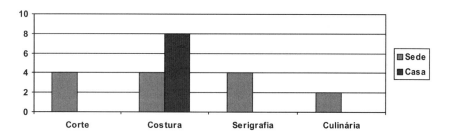

Figura 2. Gráfico das cooperadas por área de atividade e por local de trabalho

A Figura seguinte representa de forma esquemática a planta baixa e o mezanino do prédio da Incubadora, local de trabalho de outras duas cooperativas, a COOMESPAR (metalúrgica) e a "Mãos Dadas" (artesanato):

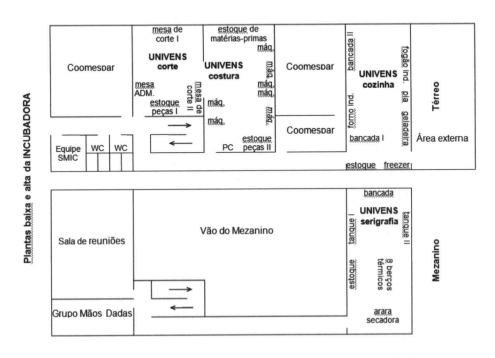

Figura 3. Desenho esquemático das plantas baixa e alta da Incubadora

Ao observar as instalações da Univens representadas acima, podemos notar alguns aspectos importantes que interferem na *organização do trabalho* do grupo. Ainda que esse tema não faça parte do objetivo da presente pesquisa, consideramos adequado abordá-lo rapidamente aqui, já que pode auxiliar-nos na tarefa de apresentar as singularidades dessa experiência cooperativa.

As trabalhadoras dos módulos do Corte e da Costura convivem lado a lado, sem barreiras físicas que impeçam ou dificultem as frequentes interações cotidianas que ocorrem entre elas (ver tópico 3.3). Por outro lado, percebemos a existência de uma distância física que separa esses setores, integrados ente si, dos demais módulos, Cozinha e Serigrafia.

Outra característica marcante e reveladora do grupo, a qual também pode ser notada na figura apresentada, é a inexistência de uma sala ou de um setor administrativo. Conforme nos informou Terezinha, cooperada da Univens, trata-se de uma escolha do grupo, que nunca desejou remunerar as atividades dos cooperados do Conselho Administrativo, nem tampouco destacá-los de suas tarefas produtivas. As atividades-meio da cooperativa – gestão administrativa e contábil, compra de matéria-prima e atendimento aos clientes, por telefone ou pessoalmente – sempre foram realizadas pelas cooperadas em meio ao cotidiano de trabalho. Somente quando necessário, agendam-se reuniões fora do tempo da produção para concluí-las.

No entanto, notamos que a realização dessas tarefas se concentra fortemente nas cooperadas do setor de Corte, e, em menor grau, entre aquelas da Costura que trabalham na Incubadora. Esse fenômeno parece ocorrer por razões bem práticas e materiais, uma vez que o telefone, o computador e a porta de entrada da cooperativa encontram-se muito próximos a esses setores. Porém, podemos supor outras razões que expliquem essa divisão de tarefas, e deduzir também, ainda que de maneira prematura, a existência de repercussões micropolíticas provenientes desse fato no interior da cooperativa.

Todos esses aspectos, próprios da dimensão técnica do processo organizativo da Univens, podem incidir sobre sua dimensão social, uma vez que tendem a delimitar e a combinar de maneira diferente os temas, os espaços e os tempos das interações cotidianas inter e intramódulos, determinando, ainda que parcialmente, a dinâmica micropolítica da cooperativa.

Os produtos

A Univens fabrica diversos tipos de produtos. Se, em seus primórdios, o grupo de cooperados sofreu com contratos precários de trabalho (as chamadas *facções*), hoje em dia conta com uma carteira de clientes extensa e muito diversificada (mais de 150 ativos), que as mantém em um ritmo de produção frenético e preocupante, do ponto de vista da saúde dessas trabalhadoras.

Essas costureiras gaúchas fazem bandeiras, sacolas, bonés e camisetas para sindicatos, movimentos sociais, associações, escolas, clubes e afins. Além disso, fornecem materiais para eventos, como congressos, seminários e outras espécies de encontros políticos, científicos e culturais. Os produtos da Univens alcançam fins inimagináveis: bandeiras para a *Parada Gay* da cidade, sapatos para cachorro, sacolas e camisetas para os Fóruns Sociais Mundiais, jalecos para os trabalhadores do CEASA, e até uniformes para empresas dos mais variados setores.

O módulo da Culinária iniciou suas atividades produzindo e vendendo para postos de saúde um composto alimentar – a *multimistura* – utilizado para o combate da desnutrição, mal que atinge diversas famílias nas redondezas da Vila. Além desse produto histórico, atualmente as cozinheiras do setor servem refeições diárias para moradores da Vila e para os trabalhadores da cooperativa vizinha (COOMESPAR). Elas também fazem doces muito elaborados e salgados diversos, por vezes oferecidos em serviços de *buffet* prestados a eventos e a festas familiares. Essas cooperadas ainda fazem deliciosos pães integrais de cenoura, beterraba e espinafre, muito apreciados por seus vizinhos, que vão até elas para comprá-los em dias determinados, quando saem quentes do forno.

A situação econômica da cooperativa e dos cooperados

Nos últimos dois anos, a Univens experimenta uma estabilidade econômica invejável, considerando as dificuldades do ramo da confecção no país, marcado pela forte competitividade entre as empresas e pela precarização dos contratos de trabalho (Cruz-Moreira, 2003). A cooperativa possui atualmente um faturamento médio mensal de 30 mil reais, gerando renda estável para todos os seus membros, em um patamar muito superior aos valores praticados pelas empresas tradicionais do setor. A renda dos cooperados oscila entre trezentos[3] e oitocentos reais mensais, alcançando picos superiores a 1,2 mil, dependendo do tipo de trabalho realizado e do setor produtivo interno (corte, costura, serigrafia ou culinária).

A Univens adota dois regimes distintos de remuneração. Os módulos do Corte, da Serigrafia e da Culinária possuem rotina comum e horários fixos de trabalho e, portanto, dividem igualmente a renda gerada entre seus trabalhadores. Já as trabalhadoras da Costura optaram pela remuneração por peça produzida, o que significa retiradas mensais diferentes. Conforme as cooperadas, a escolha baseia-se no fato de muitas delas trabalharem em casa (o que dificulta o controle sobre o tempo dedicado ao trabalho) e no princípio do respeito aos ritmos diferentes

---

[3]   Esse valor se refere à retirada mensal de poucas cooperadas da costura que trabalham em casa e que não se dedicam integralmente às atividades da cooperativa.

de produtividade e às idiossincrasias das situações pessoais e familiares que, em alguns casos, permitem ou exigem uma dedicação e uma renda maior, e, em outros, impedem a realização do trabalho da cooperada em tempo integral.

Devemos ressaltar ainda que a cooperativa conta com um fundo de reserva desde a fundação, com vistas a reunir recursos para a construção da sede própria, o qual é composto pela soma acumulada de 10% das retiradas mensais de todos os cooperados.

As etapas do trabalho de campo

O trabalho de campo, propriamente, ocorreu entre os meses de outubro de 2003 a julho de 2004. A primeira etapa foi a visita inicial, que durou um dia, em outubro, com os objetivos de estabelecer o primeiro contato entre nós, verificar a presença dos critérios antes estabelecidos, e, claro, apresentar a proposta da investigação para a posterior avaliação do grupo.

Depois dessa primeira visita, ocorreu o que chamamos *Semana de imersão*. Em novembro de 2003, após a aprovação do início dos trabalhos da pesquisa pelo grupo de cooperados em "assembleia"[4], passamos uma semana dedicando-nos exclusivamente ao convívio com as trabalhadoras e ao acompanhamento de suas atividades.

As intenções em relação a essa semana eram ambiciosas. Em primeiro lugar, gostaria que pudéssemos de fato conhecer-nos. Queria apresentar-me àquelas pessoas que já admirava, mas que nada sabiam de mim, a não ser que era "a psicóloga de São Paulo". Desejava contar um pouco da minha história, dos motivos que me levaram a querer estudar o cooperativismo, de por que fui parar ali, enfim, gostaria de trocar histórias com elas.

---

[4] Como ocorre em diversas cooperativas, as reuniões periódicas do grupo são chamadas pelas cooperadas de "assembleias". Porém, vale ressaltar que não se trata daquelas reuniões anuais – as Assembleias Gerais Ordinárias ou Extraordinárias – previstas por lei e de cunho estatutário. Entretanto, do ponto de vista micropolítico, costumam representar o fórum mais importante de discussão e deliberação. No caso da Univens, essas reuniões são mensais e se dão sempre próximas aos dias 23, data do aniversário da cooperativa (23/05/1996).

De nada valeriam todos os esforços, os traslados, as formalidades teóricas e burocráticas se não pudesse estabelecer com essas pessoas um vínculo de confiança sincero, afinal, trataria de questões muito caras a elas, seus trabalhos, suas famílias, sua Vila. E, sabemos, ninguém confidencia intimidades a quem não conhece e em quem não confia. Desejava também, se possível, que elas tivessem suas próprias aspirações em relação à pesquisa, que pudessem servir-se dela de alguma maneira. Assim, ao final desse período, todas nós poderíamos ratificar (ou não) a escolha pela realização da pesquisa. Além de tudo isso, esse período foi fundamental para que eu conhecesse a trajetória dessas pessoas e da própria cooperativa, material riquíssimo que orientaria os próximos passos da investigação.

Alojada a poucos minutos de caminhada da sede da cooperativa, estive com elas em diversas atividades cotidianas ao longo dessa semana: o acompanhamento dos trabalhos, sentada ao "pé da máquina" – ora ajudando a dobrar algumas peças, ora apenas conversando; os almoços e os cafezinhos na cozinha; as idas para casa na hora do almoço; o ir para casa da cooperativa e o vir de casa para a cooperativa na hora de entregar e recolher os trabalhos; o chimarrão no fim de tarde em casa; a visita a uma feira de alimentação; o passeio no centro da cidade; a ida a uma das tantas reuniões das quais o grupo participa; o momento de lazer no CTG[5], entre muitos outros. Como escrevi ao final desse período, *volto maior do que cheguei* (Diário de Campo, 14/11/2003. p. 61).

Ao longo dessa semana, bem como de todo o processo investigativo, utilizei como referencial metodológico a abordagem etnográfica, cara à antropologia (Geertz, 1978; Sato & Souza, 2001). Em nenhum momento fiz uso de anotações ou gravei qualquer conversa nessa etapa da pesquisa. Ao final de cada dia, valia-me da memória para relatar no Diário de Campo os acontecimentos observados e vividos naquela jornada (observação etnográfica).

Posteriormente, estive com elas em Porto Alegre em outras duas ocasiões, em março e junho de 2004. Nesses períodos, apesar de permanecer quatro ou cinco dias por temporada em constante contato com o grupo, o enfoque era outro. O objetivo principal não era realizar a experiência das observações, mas colher as

---

[5]　Os Centros de Tradição Gaúcha são associações civis, de cunho tradicionalista, que mantêm viva a cultura popular do estado. Nos CTGs, acontecem declamações de versos gauchescos e bailes, como o fandango, a tirana e o balaio.

entrevistas. Porém, também utilizei o Diário de Campo, já que era inevitável permanecer atenta aos acontecimentos à minha volta.

As entrevistas, semiestruturadas e prolongadas, seguiram um roteiro geral, elaborado a partir dos objetivos principais da pesquisa e das observações feitas até o momento. Entretanto, foram preparados roteiros individuais, pensando em cada pessoa entrevistada. Pautei-me para isso em minha experiência pessoal com cada uma delas e em todas as ocorrências a seu respeito presentes no Diário de Campo, de modo que cada questão tivesse ou buscasse relação com alguma vivência compartilhada entre pesquisadora e depoente.

Essa opção metodológica se justifica na medida em que o principal enfoque desta pesquisa incide sobre as cooperadas, e não sobre a cooperativa em si. Interessa-nos saber como determinadas trabalhadoras da Univens vivem singularmente aquela experiência de autogestão, e que repercussões peculiares dessa condição experimentam em outros espaços de suas vidas sociais.

Ao total foram cinco entrevistas, somando aproximadamente onze horas de gravação. A escolha das entrevistadas seguiu alguns critérios, quase todos orientados por um princípio de representatividade, ainda que não estatística, de várias características da cooperativa. Queríamos garantir que no grupo estivessem presentes: representantes de todos os setores produtivos da Univens (corte, costura e serigrafia)[6]; sociofundadoras e membros mais recentes; cooperadas que trabalham na sede e pelo menos uma pessoa que trabalha em casa pela cooperativa (caso de pelo menos um terço do quadro social da Univens); membros atuais ou passados do Conselho Administrativo e também cooperadas que nunca ocuparam esses cargos; e, finalmente, o que parece óbvio, pessoas com as quais pude ter maior contato e que manifestassem em algum momento o desejo de conceder a entrevista.

---

[6] Em meados de 2004, pouco antes da realização das últimas entrevistas, fomos surpreendidos pelo desmembramento do setor e das trabalhadoras da culinária do restante da cooperativa. Infelizmente, não foi possível acompanhar esse processo de perto, porém, várias cooperadas disseram que se tratou de decisão muito discutida e finalmente acordada entre todos os envolvidos. Com a saída de uma das trabalhadoras do setor e próximas do momento de deixar as instalações e os demais benefícios conferidos pela Incubadora, a dupla restante decidiu chamar outras pessoas para integrar um grupo maior e formar um novo empreendimento que, desvinculado da Univens, poderia permanecer por mais quatro anos ali. Diante disso, optamos por não entrevistar uma representante do setor da Cozinha, já que, a partir dali, elas seguiriam independentes da cooperativa que continuaríamos estudando. No entanto, várias das experiências vividas com essas cooperadas até então foram mantidas neste texto, já que nos auxiliaram muito na tarefa de conhecer a história e o cotidiano do grupo como um todo.

Além das etapas formais da pesquisa, ocorreram incontáveis comunicações entre nós, desde o início do processo até os dias atuais. Devido à distância entre as cidades (São Paulo e Porto Alegre), a qual impossibilitava visitas mais frequentes, recorremos ao telefone e à Internet. Além disso, em algumas ocasiões, pude encontrar-me aqui em São Paulo com Nelsa, cooperada da Univens que em geral representa o grupo (ou um dos fóruns de Economia Solidária dos quais a cooperativa participa) em eventos fora do Rio Grande do Sul.

Primeiros contatos, fortes indícios

O objetivo deste capítulo é relatar o que encontramos assim que "entramos a campo" e como esses momentos repercutiram nos caminhos da pesquisa. Por meio de uma *descrição psicossocial*[1] do encontro com as cooperadas da Univens, apresentamos como se deu a relação inicial e o "processo de negociação" entre trabalhadoras e pesquisadora. Nos interstícios dessa dinâmica e do conhecimento mútuo, foram sendo revelados, paulatina e surpreendentemente, fortes indícios daquilo que nos propusemos a estudar, ou seja, possíveis repercussões da experiência de autogestão vivida por essas pessoas. O levantamento e a discussão breve desses indícios também são objetos de trabalho deste capítulo.

Pode-se dizer muito a respeito dos primeiros momentos e de toda a experiência de fazer pesquisa com essas mulheres[2], menos que se tratou de relação fácil ou fluida, própria dos encontros pautados pela aceitação incondicional do forasteiro que chega e que de imediato é acolhido. Não. Foi necessária uma conquista trabalhosa do direito de estar ali.

Agora, ao tratar dos primeiros momentos com o grupo, é possível afirmar que significaram marcos importantes para o desenrolar da pesquisa. Como veremos a seguir, a maneira singular com que fui tratada e recebida pelas cooperadas da Univens, em conjunto com outros fenômenos, exigiu uma reorientação da

---

[1] A ideia de uma descrição psicossocial apoia-se na concepção etnográfica de "descrição densa" (Geertz, 1978). Esse conceito, desenvolvido por Gilbert Ryle e trabalhado por Clifford Geertz, logo adiante será discutido.

[2] Como já mencionado, apesar de contar atualmente com dois cooperados entre seus 22 sócios, a Univens é e sempre foi formada majoritariamente por mulheres. Justamente por isso, optamos por referir-nos a seus cooperados sempre a partir do gênero feminino.

questão principal deste trabalho. E mais, esse modo próprio de se relacionar com "o mundo" – com as pessoas que delas se aproximam, bem como com os demais temas do cotidiano – parece apontar para condições psicossociais peculiares, possíveis repercussões da experiência de autogestão por elas vivida e construída. Ou seja, a partir da maneira como as cooperadas da Univens se relacionaram comigo, elas estavam expressando, sem eu saber, o que eu gostaria que revelassem: possíveis traços desenvolvidos por meio da vivência da autogestão.

Neste capítulo, portanto, contarei assim, em primeira pessoa, a história do meu encontro com essas mulheres, e como o processo de "entrada a campo" foi transformando-se aos poucos em uma relação de confiança e de respeito entre pessoas.

De início, enquanto tomava contato e era afetada pelo campo psicossocial em que vivem e trabalham as cooperadas da Univens, não foi possível alcançar, com segurança, os sentidos que aqueles fenômenos e aquelas práticas assumiam naquele contexto singular. Como veremos, foi necessário manter a angústia da dúvida e do desconhecimento por certo tempo, até colher elementos que permitissem compreender minimamente tudo aquilo, de um modo que fosse coerente e fiel à experiência daquelas pessoas, naquele campo.

Essa dificuldade inicial, própria dos trabalhos etnográficos, me fez lembrar os comentários de Geertz e de Ryle sobre "descrição densa". Para Geertz (1978), o que define o empreendimento etnográfico não são suas técnicas ou seus instrumentos propriamente, mas o tipo de esforço intelectual que ele representa, ao se propor construir uma descrição densa do campo em estudo, em contraposição ao que Ryle chamou de "descrição superficial" (Geertz, 1978. p. 15). Esse autor apresenta e discute tais modos de descrição e seus diferentes efeitos interpretativos em um ensaio, tomando como exemplo a clássica cena das "piscadelas dos três meninos".

Diferentemente de Ryle, que observava a distância as piscadelas dos meninos, tentando alcançar os diferentes sentidos que eles conferiam a elas, eu havia penetrado no campo de ação das cooperadas da Univens, por força das circunstâncias desta pesquisa. Elas, naturalmente, passaram a exigir de mim – como fazem com quem quer que se aproxime delas – a compreensão do significado de suas "piscadelas", melhor dizendo, das maneiras como elas se relacionam com "o mundo".

Os próprios indícios de repercussões da vivência da autogestão, apontados ao longo deste capítulo, aparecem sob a forma de "piscadelas", uma vez que seus significados somente mais tarde logramos construir. Passados esses primeiros contatos, por exemplo, tornou-se evidente que elas buscam a autogestão não apenas na égide do trabalho, mas em todas as relações com o mundo social, recusando-se a sofrer passivamente qualquer intervenção alheia.

Assim, o que as cooperadas de certa forma exigiram, e o que nos propusemos a fazer – tarefa ousada –, é uma "descrição psicossocial densa" do contexto em que a Univens acontece. Mais que apenas relatar os acontecimentos encontrados e vividos no campo, ocupamo-nos de construir o significado de cada movimento e de cada reação das cooperadas na relação comigo, buscando seus sentidos autóctones, mesmo cientes das dificuldades ou dos limites dessa empreitada (Cardoso de Oliveira, 2000).

Durante todo o processo da pesquisa, teimamos, cooperadas e eu, na tarefa de conciliar nossas diferenças. Elas apresentaram exigências e limites, e, de minha parte, contava com certas condições e necessidades como pesquisadora. O encontro desses diferentes, reunidos a partir da atividade comum da pesquisa, pareceu configurar um franco processo de negociação, afinal, como afirma Leny Sato, "pesquisar é negociar" (Comunicação pessoal). Vale resgatar aqui outra fala de Leny Sato, em companhia de Marilene Proença de Souza:

> Embora para fins didáticos, continuaremos a nos referir ao pesquisador e às pessoas do local, pesquisados, ambos são pesquisadores, na medida em que olham acontecimentos, constroem "fatos", analisam-nos e nos interpretam, com finalidades e, talvez, instrumentos distintos. (Sato & Souza, 2001, p. 35)

Como quem entra numa pista de dança de posse de muitas horas de estudos teóricos, no caso, sobre "os passos de uma boa pesquisa", fui sendo conduzida, braço estranho nas costas, e sob as próprias pernas trêmulas, a dançar uma dança desconhecida, imprevista. Em uma de nossas reuniões de orientação, Leny Sato me disse: *"Elas te deram vários bailes"*. E é fato. Nesse corpo a corpo, tive de ceder e aprender a me movimentar confiando em quem me conduzia, no caso, as costureiras da Univens. Era hora de dançar sem livros ou passos ensaiados. Tropecei, recomecei diversas vezes, quase desisti. Mas voltava a tentar compreender os movimentos do outro corpo, aquelas dicas ora sutis, ora zangadas, as recusas e os chamados.

Indícios de enraizamento na relação com a cidade

"Seja bem-vinda à nossa cidade, Cris." Nelsa

Os primeiros contatos com as cooperadas da Univens ocorreram por telefone. Desde o início, falei com Nelsa. Foi ela quem me atendeu a primeira vez e quem também ficou como "ponto de contato" entre o grupo e mim nos primeiros meses, até a realização da primeira visita de fato à cooperativa, em novembro de 2003. Mais tarde, nossa relação ganharia outros sentidos.

Nessas conversas por telefone, Nelsa foi muito simpática e receptiva, ao mesmo tempo em que me fazia várias perguntas sobre o tema da pesquisa, sempre de modo claro e extremamente objetivo. À pergunta se eu poderia visitar o grupo, ela me disse prontamente: *"Então venha. Nós estaremos aqui das 7 às 18 horas. Só tem uma coisa: nós paramos para o almoço entre 11 e 13 horas. Então não venha nesse horário".* Ao final, ela disse docemente: *"Seja bem-vinda à nossa cidade, Cris".*

Mais tarde, pude notar que essa referência inicial à "nossa cidade" não se tratava apenas de mera cordialidade; era um indício importante da relação que elas mantêm com o lugar que habitam. Outro fato que corrobora com essa indicialidade de enraizamento é a pergunta que Nelsa me fez, ainda por telefone, às vésperas da minha chegada:

> *"Tu também vem pro Congresso da Cidade[3], né?"* Surpresa com tanta desenvoltura, eu me senti constrangida, afinal, não fazia a menor ideia a que Congresso ela se referia. *"Como 'que' Congresso?! O Con-gre-sso da Ci-da- -de. Todo mundo vai participar. Está mobilizando toda a cidade. Vai ser no 'Araújo Viana'. Nós vamos estar lá. Começa amanhã".* (Diário de Campo, 16/10/2003. p. 03)

---

[3] O IV Congresso da Cidade de Porto Alegre, realizado entre os dias 17 e 19 de outubro de 2003, teve como tema central "Democracia e Gestão do Estado", dividido em três sub-temas: "Mecanismos da Democracia Participativa", "A Construção da Democracia" e "Estrutura Administrativa, Gestão Pública e Participação Popular" (www.portoalegre.rs.gov.br/congresso_cidade).

Indícios de autonomia

> *"Você é psicóloga, não é? Não me leve a mal, mas eu não gosto de psicólogos."* Cooperada não identificada intencionalmente.

Já nos primeiros momentos em contato com as cooperadas da Univens, pude sentir os efeitos de duas importantes marcas do grupo: autonomia e exigência em relação a quem delas se aproxima. Com a ajuda dos relatos do Diário de Campo[4], narramos a seguir algumas situações ou alguns "casos" que ilustram essa afirmação. A citação seguinte se refere ao primeiro dia de visita:

> Assim que chego, "caio" na sala grande, a porta de entrada da Univens. Cumprimento as trabalhadoras do Corte (que ficam bem de frente para a porta) e procuro por Nelsa, minha única referência pessoal até então, a quem, diga-se de passagem, nunca havia visto. [...] Nelsa... Sempre altiva, ela me impressionou muito desde o nosso primeiro contato. Em vários momentos me senti constrangida por seu olhar insistente, penetrante. Exigente, talvez seja a palavra. Mais tarde me esforcei para observar se esse seu jeito intimidador era corrente. Notei que sim. Nelsa trata a todos da mesma forma: clientes, técnicos da ADS, *"pesquisadora de São Paulo"*. Já as outras cooperadas... Com exceção de Marília (costura) e Edília (corte), as demais não falaram comigo. Ou melhor, não responderam de imediato às minhas tentativas de iniciar uma conversa. Minha primeira impressão é que estavam incomodadas com minha presença e reagiram a isso de modos diferentes: algumas com uma expressão de indiferença, e outras, com a expressão direta desse incômodo. (Diário de Campo, 16/10/2003. p. 05)

Apresento outro trecho revelador dessas características, o qual trata da primeira vez que conversei pessoalmente com Nelsa sobre a pesquisa:

---

[4] Por se tratar de uma narrativa linear, as referências temporais são importantes, uma vez que permitem acompanhar o processo de entrada a campo em andamento, suas fases, seus fatos e efeitos, sempre a partir do olhar do pesquisador. É por essa razão que optamos por citar neste texto o *Diário de Campo* como fonte exterior, datada e em seu "estado bruto".

A partir daí pude finalmente conversar um pouco com Nelsa. Ela olha fundo e fala de perto, de muito perto. Com as mãos na cintura, ela me pergunta: *"O quê você pretende fazer?"*. Diante de tanta objetividade, gaguejo um pouco, mas consigo apresentar brevemente a proposta da pesquisa. Depois disso, apenas ela falou. E falou muito. Começou a me contar a história da cooperativa, sem que eu tivesse perguntado sobre isso. [...] Falava rápido, sem muitas pausas. Apesar de não conseguir me concentrar muito em sua narrativa, pude notar que se tratava de uma experiência riquíssima, que gostaria de ouvir com mais calma. [...] Mas não me pareceu haver, naquele momento, qualquer possibilidade de negociação a esse respeito. Em uma de suas raras pausas, perguntei a Nelsa se visitas como a minha eram comuns para elas. E ela me diz: *"Ah, sim. Sempre, sempre!"*. Assim, desse fato, pude deduzir que ela se viu obrigada, por hábito, a ir me contando a história da cooperativa desse jeito. (Diário de Campo, 16/10/2003. p. 06)

Os trechos acima apontam fenômenos curiosos. Como em todo primeiro contato entre pessoas que não se conhecem, há constrangimento. No entanto, a maior parte dele não se encontra nas pessoas que estariam no lugar de "pesquisadas", mas, sim, naquela que chega como pesquisadora. Mesmo constrangidas ou incomodadas, as cooperadas seguiram com seus trabalhos normalmente. Elas não se curvaram ao dever de dedicar a mim gestos corteses e ao mesmo tempo contrários a suas vontades ou incômodos. Não há ali patrão, encarregado ou líder capaz de fazê-las cumprir um papel postiço e alheio ao que sentem. Outro ponto interessante é que é Nelsa quem dispõe de um *script* de como lidar com aquela situação, e que orienta nossa interação ali: mostrar as instalações, apresentar os diversos setores e suas trabalhadoras, contar a história da cooperativa. Ela é a pessoa experiente em cena, aquela que já havia passado por aquilo diversas vezes, fato posteriormente confirmado.

Ainda na primeira visita, ocorre uma situação muito reveladora e ansiogênica, a qual hoje serve ricamente ao propósito de expor estes traços identitários de várias cooperadas: autonomia e exigência. Enquanto aguardava por Nelsa para continuar a visita aos setores da cooperativa, detenho-me a ler um grande cartaz disposto na porta de entrada, contando brevemente a trajetória do grupo, inclusive com fotos de momentos marcantes, como a inauguração do prédio da Incubadora. Uma das cooperadas da Seção de Corte, ao notar-me ali, me interpela:

[...] e me pergunta se quero ver o álbum de fotos delas, ao mesmo tempo em que estende a mão oferecendo-o. Me surpreendo com seu gesto receptivo, e passo a folheá-lo ao seu lado, junto à grande bancada de Corte. À sua direita, outra cooperada nos observa atentamente. Parecia desconfiada, e ali permaneceu todo o tempo, com uma expressão muito séria. [...] Foi nessa ocasião que ela me contou algumas histórias curiosas do grupo, próprias dos bastidores daquelas fotos célebres. Ela me fala também de um hábito delas de atribuir apelidos ou apostos curiosos a seus visitantes, clientes ou fornecedores. *"O Fulano, a gente chamava de 'X', que é o nome da sua empresa"*, e assim por diante. Assim, ela me diz que talvez não se lembrem do meu nome, e que por enquanto eu seria: *"a psicóloga de São Paulo"*. E foi exatamente neste momento que ela me diz algo que me marcou muito. Direta e seca, ela solta: *"Você é psicóloga, não é? Não me leve a mal, mas eu não gosto de psicólogos"*. E ponto. Um sentimento ambíguo me ocupa: de um lado, uma sensação de "boa surpresa". Penso genuinamente que é muito bom que ela possa me dizer isso e dessa forma. Isso pode ser um indício de que há possibilidade de expressão autônoma ali, e mais, de que ela não se sente "oprimida" o bastante para, uma vez pensando isso, demonstrar apenas cordialidade. Lembro de ter pensado também que é muito provável que eu não ouça delas apenas o que "o pesquisador quer ouvir", ou seja, histórias bonitas e comoventes, mas também pausterizadas, assépticas, sem conflitos ou outras formas humanas de viver o cotidiano. Este é ainda um grande receio meu. [...] Bem, mas é claro que também senti na pele a animosidade que aquela frase carrega. E, por isso, senti um grande receio de não ser aceita, de ter que me defender ou me justificar. Bem, mas a resposta foi rápida, e, mesmo demonstrando assombro, falei do primeiro sentimento. Disse a ela: *"Que bom que você me avisou!"* [risos]. Em seguida ela surgiu constrangida e pediu desculpas pela franqueza. Tento dizer também que ela deve ter razões para pensar isso, talvez conferidas por vários colegas meus. Ao mesmo tempo, digo que nem todo psicólogo concorda com o trabalho do outro, como todo trabalhador com seus colegas. Digo também que há debates fundos entre as diversas maneiras de ser psicólogo, e que, infelizmente, eu não posso sentir apenas orgulho em relação à minha profissão. Tudo isso foram apenas tentativas de estabelecer uma conversa sobre o que ela disse, e, talvez, todas tenham sido inócuas. De todo modo, retornamos às fotos e às histórias, eu, um tanto trêmula (e talvez ela também). Em geral, eram "casos sobre o inusitado". (Diário de Campo, 16/10/2003. pp. 07-08)

Essa situação fala por si; pouco ou nenhum comentário se faz necessário para garantir uma boa compreensão do ocorrido. Nota-se que em nenhum momento houve ali desinteresse ou aversão de parte da cooperada em relação a mim. Pelo contrário, ela estava interessada e curiosa, e tratou, ao longo de toda nossa conversa, de me auxiliar com dados, fotos e informações interessantíssimas, os tais "casos sobre o inusitado". Ainda assim, em momento algum abdicou de cuidar de suas opiniões e receios, falando a partir de uma autonomia que lhe é certa e incontestável.

Após um ano de contato e de inúmeras conversas e experiências comigo, essa cooperada jamais relativizou sua opinião sobre pesquisadores (objeto real de seu desgosto, como pude saber posteriormente). E, apesar de dizer que eu era "diferente", elogiando o fato de ter permanecido longos períodos ao lado delas, disse-me que não daria entrevistas. Mais tarde, soube por ela e por outras cooperadas de uma má experiência recente que o grupo havia tido com uma pesquisadora. Entre outras coisas, Terezinha me falou do receio que elas sentem de *"serem usadas", "[...] porque a gente se sente assim mesmo"*. Outras pessoas me contaram que essa pesquisadora havia publicizado informações incoerentes a respeito do grupo, além de ter promovido devolutivas pouco cuidadosas, o que expôs umas às falas das outras, ocasionando uma série de conflitos e ressentimentos.

Finalmente, outro acontecimento chama a atenção, ainda na primeira visita:

> Antes de me despedir, peço a Nelsa que leve a proposta da pesquisa para uma reunião geral do grupo, se possível, uma assembleia. Ela diz prontamente que sim, que já iria fazer isso, como sempre fazem nestes casos. [...] Mostrei a Nelsa o projeto da pesquisa que levara comigo, e ofereci a ela enviar um resumo mais simples e menos acadêmico, para que pudessem se servir de informações para a discussão. Ela rapidamente disse que não era necessário, já que poderiam ler o próprio projeto. Assim, perguntou se poderia ficar com aquele, que já estava ali. Surpresa, disse sim. (Diário de Campo, 16/10/2003. pp. 9-10)

Trata-se de mais um exemplo de autonomia e desenvoltura política. Nelsa não só considerou que poderiam se servir do próprio projeto de pesquisa para a discussão, como o solicitou de imediato. Por um lado, ao analisarmos essa atitude aparentemente simples, podemos considerá-la também óbvia, afinal, é claro que elas poderiam ler o projeto diretamente. Admirável não é tanto o fato de tê-lo pensado, mas de tê-lo dito. E mais surpreendente ainda é o que Nelsa faz a partir disso, ou seja, ela pede o exemplar que estava em minhas mãos e o recolhe.

Em seguida, com a mesma naturalidade, Nelsa me conta que o grupo havia sugerido um tema muito semelhante ao desta pesquisa para uma Oficina no último Fórum Social Mundial, a qual seria realizada por elas em conjunto com outra cooperativa, a Geralcoop (cooperativa oriunda de massa falida, fabricante de fogões e aquecedores a gás). A ideia era justamente discutir as implicações para os sócios de se trabalhar em regime de autogestão, comparando as experiências dos trabalhadores de uma cooperativa oriunda de massa falida às delas, *"uma cooperativa que começou sozinha, sem nada"*.

Mesmo depois do início da *Semana de imersão*, quando eu já não era completamente estranha para o grupo, as reações não foram muito diferentes, conforme o trecho a seguir:

> Dirijo-me à porta principal da Univens e novamente um constrangimento me toma, mas desta vez já não me pega de surpresa. Chego mansa dizendo um "Oi gente..." que vagarosamente é notado, primeiro pelas trabalhadoras da Seção de Corte, seguidas pela de Costura. Todas respondem, algumas poucas em palavras, outras em leves sorrisos, a maioria em olhares. Estes sim – os olhares – permanecem por longos segundos sobre mim. Já nesta recepção revela-se um traço destas mulheres. Não há muito calor aí[5], num primeiro contato com uma pessoa pouco conhecida[6]. Para isso, elas parecem exigir uma experiência de conquista sincera. (Diário de Campo – Porto Alegre, 11/11/2003. p. 11)

---

[5] Esse traço revelado no primeiro contato com elas me fez lembrar um trecho de uma canção da música popular gaucha uruguaia, que diz: *"La gente no anda mostrando así, no más, su amistad. Tienen el afecto escondido, como el agua del lugar. Sin embargo, quieren mantener prendida la llama de su fogón"* (Isla Patrulla, de Braulio López. – Los Olimareños).

[6] Aqui há um grande contraste com as experiências anteriores de contato com os grupos atendidos pela ITCP-USP. Seja por questões culturais, seja pela relação de dependência estabelecida com a Incubadora da USP, a receptividade inicial desses grupos era em geral muito calorosa.

Os vários recontratos da pesquisa: outros exemplos de autonomia e exigência

> *"Você tem que ir na casa delas* [cooperadas que trabalham em casa]. *Não falar com elas aqui. Você tem que ir lá!"* Isaurina

Até o final dos trabalhos de campo, em julho de 2004, em diversos momentos foi necessário um "recontrato" da pesquisa, fenômeno que nem sempre envolveu as mesmas pessoas.

O primeiro contrato de fato foi "celebrado" em uma reunião pedida por mim, com pelo menos uma representante de cada setor da cooperativa, ocorrida logo no segundo dia da semana de convivência. O trecho do Diário de Campo descreve a situação e apresenta seu desfecho:

> Como havíamos combinado, logo que chego noto que elas estavam me aguardando para a reunião, na qual conversaríamos sobre a pesquisa. Na cozinha, já haviam reservado a grande mesa das refeições [...] Estavam ali representados os diversos setores: Isaurina (costura), Julieta (serigrafia), Nelsa (corte), Claudia e Mari (cozinha) e, depois, se juntou a nós Dorinha (cozinha). Sob olhares atentos e ansiosos, começo a apresentar rapidamente a proposta, uma vez que já havia falado separadamente com todas sobre o tema. Confusa, agora entendo com clareza a preocupação que norteou minha fala. [...] Pude notar pelas conversas da véspera o quanto ela poderia acirrar ou desvelar conflitos até então contidos pelos cooperados. A ideia de "levantar a poeira", recolher o "material" necessário e ir embora, deixando-os no meio do redemoinho me incomodou. Tentei apresentar esta preocupação. [...] Talvez as necessidades delas sejam de outra ordem, talvez compatíveis com a proposta da pesquisa, talvez não. Para isso a reunião serviria, para ouvir suas demandas, abraçar sugestões, pensar junto. Silêncio. E os olhares mais afiados do que nunca. Orientada pela conversa de ontem com o pessoal da serigrafia, coloquei a questão do sigilo dos depoimentos, como algo que poderíamos pensar juntas. Neste momento Isaurina me pergunta à queima-roupa se eu acho que isso de fato ocultaria a autoria das falas, já que os próprios fatos narrados já revelam a identidade dos entrevistados. *"Não seria melhor falar de uma vez o nome e pronto?"*. Dispara-se um debate, muito mais inteligível para elas do que para mim. Em outras palavras, elas compreendiam bem as

razões das falas de uma e de outra, os argumentos davam "saltos" que muitas vezes me impediam de acompanhá-las na discussão. Tanto Isaurina quanto Nelsa, e talvez outras de que agora não me recordo, defendiam a publicização dos conflitos. Em determinado momento, Julieta começa uma fala tensa [...]. Parecia referir-se a fatos citados ontem pelo grupo da serigrafia: as repercussões das declarações feitas por alguns cooperados, por ocasião da outra pesquisa realizada. [...] Nelsa aqui passa a falar um pouco do ocorrido, e, com impressionante clareza, me diz algo como: *"Você está vendo, Cris, como a gente tem vivido momentos difíceis. A gente está precisando conversar, essas coisas precisam aparecer. Por isso, acho importante a ideia inicial do seu trabalho, penso que ela deve ser mantida. Os cooperados poderão pensar sobre o que acham da cooperativa e muita coisa pode aparecer a partir daí"* [...] Isaurina também comenta a questão longamente, expondo um ponto de vista semelhante. Encerramos a reunião acordando que eu permaneceria no projeto inicial, destinando esta semana a conhecê-las melhor, a burilar a ideia da pesquisa com cada uma delas, para depois voltar para realizar as entrevistas. (Diário de Campo, 12/11/2003. pp. 25-27)

Ao tomar contato com a cena acima, nota-se como as cooperadas presentes assumiram uma postura ativa em relação à proposta apresentada, refletindo acerca de suas possibilidades e de seus limites. O estabelecimento de um processo de negociação também chama a atenção, já que não houve aceite nem recusa imediatos, mas ponderações, reflexões e propostas.

Mesmo nas etapas posteriores do trabalho, depois de viver momentos de maior proximidade com o grupo, ao reencontrá-las, parecia necessário retroceder alguns passos e reviver alguns aspectos dessa cena.

Exemplo disso foi a realização das primeiras entrevistas, em março de 2004. Apesar dos vários contatos por telefone e por e-mail com o grupo (conforme mostra o trecho seguinte do Diário de Campo), nos quais busquei garantir a compreensão dos objetivos dessa visita, ao chegar, deparei com algumas dificuldades para colher as entrevistas. Vale dizer que parte delas advinha do próprio ritmo de trabalho do grupo, bastante intensificado naquele momento. Porém, acredito que não se tratava apenas de falta de tempo por parte das cooperadas.

No primeiro dia desse período, tive de ir praticamente de "mesa em mesa", de pessoa a pessoa, retomando os propósitos da pesquisa e a proposta de procedimentos para aquela semana[7]. No entanto, era evidente não haver qualquer dificuldade de compreensão do que eu lhes dizia. O que parecia operar ali era a já identificada exigência. Elas pareciam reivindicar a retomada do compromisso, mas, principalmente, a possibilidade de intervir no processo da pesquisa.

Os dois trechos do Diário que se seguem falam desse processo:

> Hoje conversei com Nelsa por telefone, ela acabou ficando definitivamente como porta-voz entre o grupo e eu. A intenção era que ela informasse as demais cooperadas a respeito dos próximos passos da pesquisa: a realização das entrevistas. Muito além disso, ela acabou me dando importantes dicas. *"O seu método é '10'. Nunca vi isso, as gurias vivem perguntando quando você volta. Adoraram as fotos, tudo. Isso de você vir, ficar perto todo aquele tempo foi ótimo".* Falei da minha primeira impressão do roteiro [de entrevistas] e de algumas dúvidas. E ela me ajudou, disse que serão conversas, e que, como há confiança, elas vão falar. [...] Ela quis saber em quem estava pensando para entrevistar. O tempo todo ela me deixou à vontade para decidir, mas não deixou de fazer sugestões. [...] Sobre a entrevista com uma cooperada que trabalha em casa, sugiro (e ela aprova) deixá-la para a segunda rodada. Ao final, comprometo-me a enviar um e-mail explicando o método e a próxima visita, e a ligar mais próximo da data para confirmar. De sua parte, ela fica de falar com o grupo, deixando-as de sobreaviso. Sugere que eu não aponte os nomes no e-mail, pois *"Você pode querer mudar".* (Diário de Campo, 10/03/2004. p. 58)

A situação descrita a seguir ocorreu no dia em que estava prevista a realização da primeira entrevista. Dirijo-me à casa de Terezinha, no horário acertado, com gravador, roteiro e demais apetrechos em mãos. Porém, conforme veremos, a situação assume rumos imprevistos:

> Ao chegar à casa de Terezinha, ela me convida para tomar chimarrão, enquanto lava a louça e prepara o café para o filho caçula. Apesar do

---

[7] Em função desse quadro de dificuldades, optamos na ocasião por redigir uma carta às cooperadas. Nesta, tentamos mais uma vez garantir a compreensão de todo o processo da pesquisa e reafirmar os compromissos feitos inicialmente com o grupo. Após deixar cópias dessa carta disponíveis para todas, na sede da cooperativa, sentimos que tal gesto teve uma boa repercussão.

combinado feito, de entrevistá-la naquela ocasião, vi essa intenção ir por terra. Havia muito movimento na casa e da rua vinha um forte barulho. Mas a razão principal não era essa. Posteriormente reconheci que precisávamos mesmo conversar demoradamente sobre a própria entrevista e também sobre outros temas [retomamos a ida ao CTG em novembro, por exemplo]. E assim fizemos por mais de três horas, em companhia de Isaurina [mãe de Terezinha e também cooperada da Univens], que logo se juntara a nós. [...] A conversa estava difícil devido a toda essa agitação do ambiente. Tento começar a apresentar a ideia da entrevista para ambas, mas David [filho caçula de Terezinha] estava muito agitado, e Isaurina resolve levá-lo com ela para sua casa. De repente, e sem escapatórias, ela também me pede para levar o Roteiro de Entrevistas para "dar uma olhada" (a entrevista dela estava marcada para o dia seguinte). Neste mesmo momento, e aproveitando o ensejo, Terezinha faz o mesmo pedido [os roteiros eram diferentes para cada entrevistada]. Fico estatelada por alguns segundos. O que fazer?! Bem, sinto que não há nada a ser feito a não ser passar todo o material para elas[8]. Esta pesquisa é, desde o início, uma árdua negociação, e elas sempre exigem intervir o máximo possível. E isso deve significar alguma coisa... (Diário de Campo, 24/03/2004. p. 61)

Passados esses momentos, outras conversas por separado aconteceram com várias cooperadas, sendo o tema "o contrato da pesquisa". E como nas situações apresentadas anteriormente, elas de pronto assumiam uma postura ativa em relação à pesquisa, levantando questões ou dando valiosas dicas de como proceder.

Edília (Corte), por exemplo, me fez perguntas a respeito do possível financiamento do trabalho e para que fins ele estava destinado (se serviria a práticas de formação em cooperativismo ou se apenas teria finalidades acadêmicas). Já Rodrigo (Serigrafia) esteve por mais de meia hora conversando comigo sobre a pesquisa, fazendo-me várias questões: por que escolhi estudar este assunto, *"como a psicologia pode ajudar as cooperativas"*, entre muitas outras. E, ao saber da

---

[8]   Mais tarde, consideramos que essa decisão foi acertada. Tanto Terezinha quanto Isaurina foram para suas respectivas entrevistas muito mais dispostas e entusiasmadas. Ambas ficaram genuinamente impressionadas com o trabalho de "fazer uma pesquisa". Fizeram várias perguntas, quiseram entender cada passo, e, principalmente, tiveram a oportunidade de refletir sobre as questões ali colocadas. Na realização das entrevistas propriamente, tal autonomia reapareceu. Muitas vezes não foi necessário fazer determinadas questões. O fato de os roteiros serem individualizados, baseados nas nossas experiências anteriores, também as impressionou.

minha experiência como cooperada na Verso, ele abriu, entusiasmado, outra longa série de perguntas, em especial sobre nossas maiores dificuldades, sugerindo, em seguida, maneiras de saná-las.

A passagem do Diário de Campo ilustra outra situação similar:

> Em seguida, [Luís, Julieta e Juliana; serigrafia] interessam-se por minha questão, afirmando que *"tem muita coisa mesmo pra estudar"*. Perguntam como era meu trabalho como psicóloga junto aos grupos da ITCP/USP e, ao comentar sobre relações no cotidiano, algo acontece que dispara muitas falas [...]. (Diário de Campo, 11/11/2003. p. 18)

Várias características, inclusive metodológicas, desta pesquisa se devem a intervenções operadas por algumas cooperadas ao longo do processo, conforme exemplos a seguir:

Antes de finalizarmos a conversa, Isaurina me brinda com uma importante dica para a pesquisa. Sobre minhas entrevistas, ela diz: *"Você tem que ir na casa delas (cooperadas que trabalham em casa). Não falar aqui. Você tem que ir lá! E gravar ou anotar!"* (Diário de Campo, 11/11/2003. p.16).

> Ao chegar de manhã à cooperativa, já me esperavam para me conduzir às casas das companheiras que lá trabalham. Ontem havia combinado com elas as visitas às cooperadas que trabalham em casa, seguindo a "pista" de Isaurina (*"Você tem que ir lá!"*). Importante ressaltar que o contato e a escolha das cooperadas a serem visitadas ficou a critério delas, pelo menos neste momento. Senti que elas preferiram desta maneira e considerei prudente não intervir, afinal, não pude ter contato mais próximo com essas pessoas. (Diário de Campo, 14/11/2003. p. 47)

As passagens apresentadas apontam para outro aspecto interessante. Algumas cooperadas, como Isaurina, Julieta e Claudia, me forneceram importantes informações sobre a dinâmica política da cooperativa (por exemplo, sobre os conflitos passados e presentes), as quais, de certa forma, também orientaram meus passos. Isaurina, por exemplo, com quem pude ter longas e interessantíssimas conversas ao pé de sua máquina, contava-me histórias, falava-me dos conflitos existentes, e, assim, dizia-me "por onde ir ou por onde não ir" para conseguir o que queria.

Posso dizer que ela me ajudou muito na tarefa de compor um panorama das relações micropolíticas do grupo. O trecho que segue exemplifica isso:

> A distância, Isaurina está sempre séria. Certamente já passara dos sessenta anos, e, ainda assim, parece trabalhar sem pausas nem conversas. Chego até ela devagar, prevendo uma aproximação difícil. Peço para me sentar a seu lado, na máquina. Também com um olhar sério ela me autoriza e, fitando-me com muita atenção, já me surpreende começando a falar muito, e de questões aparentemente nodais para a cooperativa. *"É difícil, viu. Muito difícil."* [...] Isaurina fala muito sobre uma dificuldade que ela localiza nos cooperados de alcançar "outra consciência de trabalho" que não seja aquela própria do empregado. *"O 13º, as férias, por exemplo, são fundos que os patrões fazem com o nosso dinheiro, não é algo a mais que eles dão. Mas nem sempre as pessoas entendem"* [...]: Assim como Terezinha, Isaurina comenta sobre os conflitos existentes entre as cooperadas que trabalham em casa com elas, que trabalham na sede da cooperativa. [...] Interessante notar os movimentos dos pensamentos de Isaurina. Apesar de apresentar claramente sua posição no conflito (em favor do trabalho na sede), ela busca todo o tempo dialogar com os argumentos opostos, considerando-os com a gravidade necessária. Desloca-se para a posição de suas colegas, observa questões pessoais e familiares, volta-se novamente para o grupo, para a cooperativa, em seguida se dirige para suas colegas do dia a dia, buscando alguma conciliação e entendimento, mas sem ansiedades. Parece se tratar de uma tarefa diária, essa reflexão. A partir dessa prática, tece propostas. Ela me conta a ideia de um rodízio, por meio do qual cada cooperada trabalharia seis meses em casa e outros seis meses na sede. (Diário de Campo, 11/11/2003. p. 14)

Entre exigências, afeto e acolhimento

Uma importante ressalva é necessária aqui, devido à ênfase dada à maneira exigente com que fui tratada pelas cooperadas da Univens. Os encontros com essas mulheres foram, acima de tudo, fartos. Fartos em diversidade e em intensidade das experiências vividas. Conforme pude me aproximar e me fazer conhecer por elas, também recebi manifestações de afeto e de solidariedade. No entanto, de súbito surgia, de uma ou de outra cooperada, mais uma manifestação de exigência, o que conformou a impressão final de uma conquista árdua e permanente.

Exemplo desses cuidados foi o gesto de Marília (Costura) relatado a seguir:

> Volto para a costura e consigo de novo trabalhar, ao mesmo conversar com Marília. Enquanto "separo" sapatinhos que ela costura, falamos longamente sobre assuntos *"que não tem a ver com serviço"*. [...] Ela me conta do seu gosto pela dança; do prazer compartilhado com o marido de ir ao CTG [...]. Ao final da conversa, ela para a costura e me entrega um caderno de escritos seus, com poesias, frases e trechos de livros que ela havia trazido para mim: *"Pra você ler no hotel"*. Acho que Marília deu um jeito de me fazer companhia. Ela havia me dito ontem: *"Nossa, você está sozinha aqui! Que difícil..."*. (Diário de Campo, 12/11/2003. p. 30)

Nelsa, de quem tanto falei para exemplificar a tal exigência, oferece-me um almoço muito especial, logo no terceiro dia de convivência com o grupo. A longa passagem seguinte fala por si desse outro gesto de afetividade:

> Este almoço foi um brinde de sabor inesquecível. A maneira como Nelsa me recebeu, sorriso largo no rosto e chimarrão em punho, acolhendo em sua mesa, ao lado de seus filhos, uma pessoa que conhecera há poucos dias, foi muito comovente. Ela me disse que havia separado para nós um prato especial, massa feita pelas mãos de sua mãe. De recheio doce, próprio da abóbora, foi outro presente. Filha de família italiana, moradores de Flores da Cunha, na Serra Gaúcha, cultivadores de uvas, fazedores de vinho, Nelsa é de uma presença inesquecível. Admirada por todos os companheiros de trabalho e de lutas, muitas lutas, não tinha como ser diferente comigo. Lá estava eu, atônita em sua cozinha. Enquanto a comida cheirava nas panelas, esperávamos conversando e tomando mate. Chovia lá fora. Ela diz que gosta muito de "um amargo", mas que normalmente não toma todos os dias: *"Não dá gosto tomar sozinha. Mas hoje eu quis fazer pra gente"*. [...] Aquela cozinha estava calorosa: ouvia Nelsa me contar sobre o processo de luta pela sede da Univens. Falou-me do processo desde a confecção do projeto [...]. Ela comenta que aquela estava sendo uma semana difícil, daquelas cheias de acontecimentos complicados. *"Ah, estamos precisando de boas notícias..."*. E a conversa prossegue. [...] Os filhos de Nelsa chegam, Tiago e Gabriela. Impressionante o jeito deles, desenvoltos, comunicativos, a relação de igual pra igual entre mãe e filhos. Comento minha impressão e ela diz algo como: *"Eles sempre me acompanharam nas reuniões, embora agora o Tiago esteja*

um pouco cansado" [...] Passamos à mesa e Nelsa se levanta para pegar o vinho que havia separado para nós. Que alegria! E ela novamente se levanta: *"vamos usar taças!"* [...] Durante o almoço Nelsa me conta de uma viagem que fizera a trabalho para Ushuaia, por sua experiência como conselheira do OP[9]. Fico naturalmente admirada. E ela me pergunta: *"Você sabe onde fica?". Digo: "Na Terra do Fogo, extremo sul da Argentina."* [...] Mais uma vez me surpreende, ao dizer que o que mais chamou sua atenção era o fato de não haver ali grandes desigualdades sociais: *"Não é isso que a gente sempre sonhou?".* (Diário de Campo, 13/11/2003. pp. 36-38)

Como esses, muitos outros exemplos de afetividade e cuidado poderiam ser citados. Opto por utilizar outra longa passagem da *Semana de imersão*, por considerar que nele aparecem importantes elementos que ajudam a apresentar não apenas essas pessoas, mas também a nossa experiência de aproximação. O trecho a seguir é referente a um longo passeio pelos espaços da cidade, na companhia de algumas cooperadas. Primeiramente, estava acompanhada de Claudia (Cozinha), com quem fui a uma feira de produtos de alimentação. Saindo dali, ela se esmerou em me apresentar a "sua Porto Alegre". Mais tarde, juntaram-se a nós Terezinha e Nelsa, com quem seguimos para uma reunião do Fórum Municipal de Economia Solidária:

> Tomamos café com um bolo maravilhoso de chocolate e partimos, Claudia e eu, para a "Jornada Alimentícia na FIERGS", após uma rodada de despedidas. Assim que saímos do prédio da Incubadora, começamos uma longa conversa. [...] Quando chegamos, foi notável o brilho nos olhos dela diante daquele mundo de apetrechos culinários, máquinas industriais, produtos sofisticados, degustações, tudo lhe interessa ali. De segundos em segundos, ela dizia: *"Ai, olha lá, Cris! Olha aquilo! Vem ver!"*. Em uma dessas situações, sabendo que adoro café, ela me convida para tomar um expresso em uma das bancas especializadas. [...] Outro ponto alto da exposição foi a incrível máquina de fazer salgados sem contato manual, toda automática. Mesmo considerando que "salgado bom é aquele feito com as mãos", ela se encanta com o poder daquela máquina, por exemplo, de permitir assumir várias festas, batizados e aniversários de uma só vez. *"A Dorinha precisava ver isso.*

---

[9] Orçamento Participativo.

Vou contar pra ela!". O carinho e o respeito de Claudia por Dorinha, bem como sua preocupação com a situação financeira de Mari, revelam quanta solidariedade existe ali. E a solidariedade de Claudia é livre, não a impede de se divertir com o jeito das colegas, ou ainda de discordar de suas falas [...]. Pegamos o ônibus para o centro de Porto Alegre já com o pôr do sol à frente. [...] Desembarcamos no ponto terminal e logo caímos na agitação do calçadão. [...] Chegando ao Mercado, Claudinha continua na tarefa de me apresentar sua cidade, contando-me a história do prédio e a reforma recente por que passara. Nos dirigimos até a loja "Porto Alegre Solidário", onde elas têm expostas camisetas que homenageiam a cidade. Lá nos encontramos com Nelsa por acaso, que seguiria ainda para o contador, para depois se juntar a nós na reunião daquela noite. [...] De lá seguimos para a famosa *Feira do Livro*. Claudinha queria muito que eu a conhecesse e ela ainda não havia ido este ano [...] Noto que as nossas atenções se deslocam para pontos diferentes. Enquanto eu corria atrás dos temas que mais me interessavam, Claudinha me acompanhava, mas disparava na frente das bancas das promoções. Logo lhe ocorriam pessoas que gostaria de presentear: sobrinhos, parentes, amigos. Já no caminho para a reunião, ela me convida para visitar uma dessas lojas de produtos a R$ 2,00 [...] Eu, admirada, acompanho seus passos, ainda sem entender o propósito. Em seguida me dou conta. Claudinha queria pesquisar produtos que faziam falta na cozinha, outros, por pura curiosidade. [...] Chegamos à SMIC[10] para a Reunião do Fórum Municipal de Economia Solidária. Logo no saguão do prédio, nos encontramos com Terezinha e Nelsa que haviam chegado há pouco. Ali estava reunida a Comissão da Univens encarregada de acompanhar as reuniões daquele espaço por todo o ano. [...] Terminada a reunião, em torno das 22h, saímos juntas, Terezinha, Nelsa, Claudinha e eu. Terezinha e eu vamos conversando sobre o CTG. Ela havia me convidado para ir com ela e seu marido amanhã à noite no encontro semanal do grupo. Ainda na Univens, havia me falado de seu entusiasmo com a cultura popular do estado, do gosto pela poesia e pela declamação de versos gauchescos. Como também admiro poesia popular, e pela proximidade cultural com meu país (Uruguai), me mostrei interessada e daí surgiu o convite. Ela ficou de fato muito feliz com meu aceite: *"Fico faceira demais que tu vai com a gente"*. [...] Poucos metros antes de chegarmos ao terminal de ônibus, bem próximo ao Mercado Municipal, Nelsa e Terezinha se detêm

---

[10] SMIC – Secretaria Municipal da Indústria e Comércio.

para comprar frutas para suas famílias. Nelsa chega até a barraca hipnotizada pelo forte perfume dos pêssegos: *"Ah, não vou resistir. Vou levar alguns"*. Já Terezinha decide levar abacates para preparar vitaminas para seu filho mais novo. [...] Elas optam por pegar um ônibus de trajeto maior e mais demorado, mesmo podendo pegar o "Diretão". O fazem apenas para me acompanhar e me deixar na porta do hotel: *"Vamos ser solidárias"*, me dizem, rindo. Depois, bem sei que ainda terão longas quadras de caminhada pela frente... No ônibus, a conversa foi ótima, leve e descontraída. Algo acontecera que estávamos todas muito à vontade. Terezinha me fala de sua família, especialmente de sua filha mais velha [...]. Logo em seguida, elas perguntam de mim, do meu casamento, da minha rotina em São Paulo. [...] Nelsa diz: *"Ela largou tudo para ficar aqui com a gente essa semana"*. E ela prossegue falando sobre minha pesquisa: *"Acho muito legal o jeito que tu tá fazendo, ficando com a gente, conhecendo o dia a dia... Quando a gente for falar [nas entrevistas] não vai ser com alguém que não conhecemos, mas com uma amiga"*. Elas comentam novamente sobre a pesquisadora que passara por lá: *"pessoa legal e tudo"*, mas que chegou já fazendo as entrevistas, marcando hora com cada uma, que subiam na sala de reuniões, *"como se tivesse um padre lá, pra gente se confessar"* (Nelsa). Passo a falar do meu trabalho, digo que para mim e meus companheiros de universidade é muito importante discutirmos as diferentes maneiras de fazer pesquisa, a tal "função social da universidade pública", os efeitos de nossas ações como pesquisadores, como psicólogos etc. [...] Aproxima-se a hora da despedida, e é Nelsa quem confere com o cobrador onde tenho que descer. Agradeço a solidariedade, e, comovida, me despeço. (Diário de Campo, 13/11/2003. pp. 41-46)

Essa passagem do Diário de Campo ilustra momentos de grande proximidade e de fluente comunicação que pude ter com algumas cooperadas da Univens. Além disso, expõe novamente outras características já apontadas neste capítulo, como a relação que elas estabelecem com a cidade, por meio da participação em diversos fóruns políticos.

Porém, a intenção principal ao transcrevê-lo aqui era justamente a de ilustrar a complexidade das relações que foram estabelecidas entre nós, logo na "entrada a campo". Se tanto marcamos a exigência como traço desse grupo, era preciso evitar possíveis desvios de sentido, além de evidenciar momentos de proximidade e de afeto.

Indícios do convívio entre trabalho e política no cotidiano

> *"Sair pra trabalhar, me arrumar de manhã pra ir pro meu serviço, e chegar lá e alguém dizer: 'Ô Terezinha, o que tu acha disso ou daquilo?'. Eu senti que a minha opinião pesava. [...] E, se a gente não chega a um acordo, pelo menos se discutiu aquilo ali. Plantou aquela sementinha, e amanhã ou depois, vai e busca de novo aquilo, pra ver se germinou alguma coisa."* Terezinha

Episódios marcados pela presença da exigência e da desenvoltura política de que falamos ocorreram não somente comigo. Pude observar a maneira como elas reagiram a outros visitantes, vindos dos mais variados "lugares": fornecedores, clientes, assessores, pesquisadores, jornalistas, candidatos a vereador. Não importa a origem ou a intenção: elas exigem de todos coerência e clareza, mas, principalmente, uma relação de igualdade.

O trecho seguinte embasa essa afirmação, além de apontar outra característica do grupo: a ocorrência de debates frequentes sobre temas diversos, ali mesmo, durante o processo de trabalho:

> Já chegava o final do dia quando apareceram na Incubadora dois homens engravatados. Apenas eu pareço estranhar aquela cena, já que ambos eram conhecidos do grupo. Tratava-se de um candidato a vereador (e seu assessor) que havia estado com elas em algumas ações do Orçamento Participativo, anos atrás. Este momento me impressionou muito. Primeiro porque nenhuma delas pareceu constrangida ou encabulada. Pelo contrário, a maioria o tratava com leveza e informalidade: *"E aí, Fulano? Tudo bem?"*. *Ou ainda: "Tá sumido, hein?! Por onde é que tu andou?"*. Sem dúvida, a mais tímida na situação era eu. Além disso, também me impressionou a maneira conhecida como Nelsa o tratou: mãos na cintura, olhar firme e bem próximo, apesar dos mais de trinta centímetros de diferença de altura entre eles. Porém, o traço mais forte e revelador era sua voz e o que ela dizia. De timbre doce e tom baixo, ela trazia, como sempre, as palavras tão bem organizadas, que o desarranjou por completo. Impossível reproduzir, mas o saldo do que pude ouvir foi algo como: 'Olha, nós lembramos de ti e te admiramos, pela tua história

etc. Mas não faz sentido tu vir aqui agora pedir pra fazermos campanha pra ti. Nós não acompanhamos você nem o teu trabalho há muito tempo. Você sumiu e só agora aparece? Por onde você andou? [...] Ah, tá. Então acho que tu tem que procurar apoio por lá'. Após a saída dos visitantes, as cooperadas do corte permaneceram comentando o ocorrido por algum tempo. A sensação geral era de indignação, mas também houve risos e muita reflexão, em especial, acerca dos procedimentos utilizados pelos políticos em campanha. Depois Isaurina me disse que outros candidatos já haviam feito o mesmo, inclusive em pleitos anteriores. (Diário de Campo, 21/06/2003. p. 75)

Outro episódio interessante ajuda a apresentar esses traços do grupo de trabalhadoras da Univens. Como na situação anteriormente retratada, nota-se a seguir o frequente comparecimento da política e da crítica no cotidiano de trabalho da cooperativa:

Não estou certa se foi exatamente neste momento que decidi mostrar a elas o resultado da pesquisa que havia feito sobre o grupo delas na Internet, a partir de um *site* de busca. Bem, o efeito não foi dos melhores (acredito). De início, falo com Nelsa a respeito, mostrando-lhe a quantidade de ocorrências registradas em que aparece citado o nome da cooperativa: mais de setenta (!). A princípio surpresas, as cooperadas que ouviam atentamente a nossa conversa (Terezinha, Isaurina, Edília e Claudia) pedem para que eu leia algum artigo. Eu, que havia montado uma pequena pasta com as principais matérias justamente para dar a elas, passo a ler uma notícia publicada em um jornal de Quebec, no Canadá. Vale dizer que parte das matérias era de agências ou sites estrangeiros, para espanto delas. Bem, enquanto líamos a notícia, Nelsa já lamentava em alto tom os erros de interpretação do jornalista, os dados equivocados (por exemplo, a utilização da palavra 'funcionários' em vez de 'cooperados'). A reação de Nelsa pareceu ter desencadeado um processo de debate e uma irritação coletiva. (Diário de Campo, 11/11/2003. p. 14)

Casos como esses são frequentes no cotidiano de trabalho da Univens. Enquanto cortam, costuram ou serigrafam suas peças, as cooperadas conversam sobre temas diversos e com notável senso crítico. Claro que há diferenças individuais: nem todas falam nesses debates informais e participam deles. Mas é certo afirmar que todas estão muito atentas ao que é dito ali, como afirmou certa vez Isaurina. Também é possível afirmar que a maioria dos temas é de cunho político[11].

Elas trabalham e falam. Falam das plenárias do Orçamento Participativo e de seus bastidores, da disputa eleitoral em Porto Alegre, das reuniões ou da organização dos vários fóruns de Economia Solidária de que participam (regional, municipal, estadual e nacional), dos problemas enfrentados por algum grupo conhecido, do debate vivido no fim de semana com pessoas da Vila, das reuniões na igreja local, do posto de saúde, dos filhos daquela vizinha... Em meio a tudo isso, também problematizam seus próprios processos micropolíticos: o mal-entendido do dia anterior sobre a distribuição dos trabalhos, os conflitos com o pessoal dos outros setores (Corte, Costura ou Serigrafia), a ausência de uma companheira na reunião do grupo, o possível atraso na entrega dos produtos a um cliente, a participação do grupo na organização dos preparativos para o Fórum Social Mundial 2005, entre tantos outros assuntos.

O debate em torno das notícias veiculadas pela Internet é um exemplo nítido dessa dinâmica do grupo, posteriormente identificada. Ao receber as tais notícias, nenhuma delas expressou qualquer interjeição de satisfação ou euforia. Pareciam mais ocupadas em compreender o que estava sendo dito, e principalmente, em identificar o embasamento e a orientação política daquelas afirmações que versavam sobre a cooperativa. A esse episódio, muitos outros se somaram, e, em geral, carregavam o mesmo olhar crítico, as citadas exigência e autonomia, e, principalmente, o mesmo traquejo com essa maneira de fazer e viver o trabalho e a política.

---

[11] A convivência entre trabalho e política no cotidiano da Univens nos obriga a tentar diálogo com os estudos de Hannah Arendt (2000). Para essa autora, a atividade humana da ação política só é alcançada por meio do discurso que, por sua vez, não é regido nem pela lógica da necessidade (própria do labor, como a manutenção da vida) e tampouco pela lógica da utilidade (própria do trabalho). Por enquanto, fiquemos com esta questão: é possível ocorrer ação política em um espaço primordialmente de trabalho?

Indícios de enraizamento na relação com a Vila

> *"É tudo ligado. É um quebra-cabeça que, no momento que se encaixa, está tudo numa coisa só. É cooperativa, família, amigos, comunidade, tudo junto."* Terezinha

Já nos contatos iniciais com o grupo, notamos a presença constante da Vila e de seus temas no cotidiano da cooperativa. Essa questão, melhor abordada no capítulo seguinte, pode ser percebida ouvindo as conversas das cooperadas enquanto trabalham, ou, ainda, acompanhando-as em seus trajetos diários para casa na hora do almoço. O trecho a seguir exemplifica isso, ao narrar o percurso que fiz com Nelsa e Isaurina, entre a sede e as respectivas casas, ainda no primeiro dia de convivência com o grupo:

> Na hora do almoço, conto com a companhia de Nelsa e Isaurina para percorrer parte do caminho até o hotel. [...] Durante a primeira etapa da caminhada, de cerca de quatro ou cinco quadras, Nelsa me conta como elas vêm tentando obter financiamentos e parcerias para a compra do terreno e a construção da sede própria. Por coincidência, passamos bem em frente ao terreno almejado e elas o indicam para mim. Elas passam a falar entre si do aumento do preço proposto pelo proprietário e cogitam possíveis boatos no bairro sobre as parcerias em andamento, lamentando o fato e pensando em como proceder. O caminho da casa de Nelsa nos separa, e Isaurina e eu prosseguimos mais umas quadras. Nessa outra etapa da caminhada, Isaurina aponta lugares significativos da Vila: a creche comunitária (ela me corrige quando pergunto se é pública), o posto de saúde, a casa de Edília e de outras cooperadas, o comércio local. Elogia algumas melhorias do bairro, também conquistadas por elas junto ao OP, e passa a defender um princípio estatutário da Univens: todos os cooperados devem morar no bairro. Fala de questões políticas, mas aponta justificativas práticas: *"Como a pessoa vai conseguir vir para buscar e entregar material todo dia? E o custo do transporte? Participar das reuniões...".* (Diário de Campo, 11/11/2003. p. 18)

O princípio estatutário citado por Isaurina é uma das evidências da relação estreita que a cooperativa mantém com o seu entorno. Logo abaixo segue a redação original do estatuto que não apenas fala disso, como também explicita, por meio de outros princípios, o enraizamento e o compromisso das cooperadas com os destinos da Vila:

COOPERATIVA DE COSTUREIRAS UNIDAS VENCEREMOS LTDA.

ESTATUTO SOCIAL

CAP. I - Da denominação, sede, prazo, área de ação no social

Art. 1° – Sob a denominação de COOPERATIVA DE COSTUREIRAS UNIDAS VENCEREMOS LTDA., fundada em 23 de maio de 1996, constituída sob forma de Sociedade Civil de Responsabilidade Limitada, sem fins de lucro, que regerá pelas leis e regulamentos vigentes, tendo:

[...]

b) Área de ação para efeitos de admissão de associados, ser morador da Vila Nossa Senhora Aparecida e/ou Recanto do Chimarrão, no Município de Porto Alegre, domiciliado ou residente;

[...]

CAP. II - Dos Objetivos Sociais

Art. 2° – A Cooperativa objetiva, com base na colaboração recíproca a que se obrigam seus associados: [...]

b) Oportunizar às associadas um melhoramento de vida no aspecto financeiro e também na relação de amizade, solidariedade e união;

[...]

e) Contribuir para a prática de um trabalho comunitário, onde o ideal do espírito cooperativo, de ajuda mútua através do conhecimento da nossa vida e de nossa Vila;

Além do princípio que limita o quadro social da cooperativa ao grupo de moradores da Vila Nossa Senhora Aparecida, a prática de "um trabalho comunitário" aparece como um dos objetivos sociais da Univens (alínea 'e' do artigo 2°), outra demonstração do que queríamos indicar.

Como já dissemos, a história de constituição da Univens será especialmente abordada no capítulo seguinte, e, ali, a relação Vila – cooperativa surgirá explícita e justificada. Aqui, no entanto, vale dizer que o texto que se lê anteriormente – o Estatuto Social – foi escrito com muito esforço somente pelo grupo, sem que elas contassem com qualquer apoio ou assessoria institucional. Portanto, temos a certeza de que os princípios acima apontados emergiram da própria experiência dessas trabalhadoras.

Mais tarde, ainda na *Semana de imersão*, é Dorinha quem fala do mesmo princípio estatutário da cooperativa e dá outros elementos para compreender a relação do grupo com a Vila. É possível notar, especialmente aqui, a intensidade do fluxo de movimentos e de encontros entre as cooperadas no espaço público do bairro, além da participação de muitas delas nas atividades locais:

> Desço novamente para a cozinha e, após algum tempo, ouço Dorinha comentar que iria até a casa de Nelsa buscar uns materiais de que precisavam. Ofereci-me de imediato para acompanhá-la. Pensei que ela, talvez a mais velha do grupo, teria dificuldades de trazer tudo sozinha [...]. Claro que também vi ali uma oportunidade de conhecer um pouco mais da Vila e me servir mais da companhia dela. Prontamente ela aceitou a ajuda e seguimos caminho. No trajeto Dorinha falou mais, com voz simpática e serena. Ia apontando a direção da casa de algumas das cooperadas, inclusive a dela. Conta que sempre faz o trajeto a pé, que gosta dessa caminhada diária. Chegamos até a casa de Nelsa, mas ela ainda não havia voltado da aula de catequese que ministra na igreja da Vila. Porém, como ela mesma havia dito, pontualmente às 11h30min, despontava na esquina. [...] Ainda pela manhã Julieta me comentara sobre a maneira como o grupo se organizava para participar de todos os fóruns de debate públicos de interesse delas: O Fórum Municipal de Economia Solidária, o Metropolitano, as reuniões do Orçamento Participativo, entre outros que não me recordo. Todo início de ano o grupo levanta comissões de três pessoas que acompanharão cada um desses espaços. A continuidade das discussões e a pluralidade são princípios deste critério. [...] Ainda na rua, chegando à incubadora, encontramos as três cooperadas da serigrafia que saíam para o almoço, que, aliás, foram muito simpáticas conosco, brincaram que finalmente eu consegui trabalhar, ajudar em alguma coisa... Dorinha comenta que todas elas moram muito próximas uma das outras, e que essa é uma exigência da cooperativa [...]. (Diário de Campo, 12/11/2003. pp. 29-30)

Conforme o trecho acima, algumas cooperadas participam (ou participaram) das plenárias e dos trabalhos das comissões do Orçamento Participativo. Dessa forma, os debates e as questões vividas ali são levados para dentro da cooperativa, como pude observar. Enquanto trabalham, as cooperadas tratam do destino dos assuntos do bairro orientadas seja pelo que concorre aos fóruns formais de discussão, seja pelos acontecimentos vividos na rua, "na venda", no posto de saúde, na escola, na creche, na capela, enfim, nos vários espaços de suas vidas sociais, que, vale dizer, são comuns a todas.

Terezinha também destaca a relação Vila-cooperativa, mostrando a interdependência e a permeabilidade desses espaços, e, a partir disso, apresenta uma concepção muito peculiar e interessante de desenvolvimento local, conforme podemos notar a partir desta fala:

> *Tu conhece a família, marido, filhos* [das outras cooperadas]. *Essa questão de estar no estatuto nosso, que as pessoas pra trabalhar na cooperativa tem que ser da comunidade... Uma, pela liberdade que tu tem, por exemplo, de ir em casa fazer o almoço, levar o filho no colégio e voltar sem depender de ônibus.* [...] *Tu tem o horário de almoço pra fazer isso. E também que a nossa renda em si também vai beneficiar o bairro.* [...] *Porque se eu trabalhar lá do outro lado da cidade, claro que de repente eu vou comprar lá um pão, um leite, uma bolachinha, uma roupa, porque eu vou chegar em casa de noite e vou sair de manhã cedo. Quando chegar o fim de semana, eu vou lá no supermercado grande fazer o meu "rancho", e aquele mercadinho que tem perto da minha casa, praticamente não vai ver meu dinheiro. E assim não, a gente está trazendo nossa renda pra dentro da Vila.* [...] *É um emaranhado, que é pro crescimento em si. Não é dizer que a Univens está pensando só nela, só nos troços dela. Ela está pensando em toda a Vila, como um todo mesmo.* (Terezinha)

> *Acho que a gente é o orgulho aqui da Vila, sabe? Até por aquelas benfeitorias que acabaram acontecendo. Porque, dentro desse grupo todo, teve essas participações no Orçamento Participativo. A Vila inteira foi asfaltada, esgoto, iluminação, tudo junto com essa mobilização toda. O próprio prédio da Incubadora foi através da cooperativa. Quem lutou pra fazer isso daí foi o pessoal. Foi dentro das rodadas do Orçamento que se conseguiu. Elas disseram: "Tem que ter aqui na Vila uma incubadora popular". E nós vamos sair dali e o prédio vai continuar. Quer dizer, é uma conquista que a gente conseguiu*

não pra nós, e sim pra comunidade. [...] Porque, quando nasceu a Incubadora, a cooperativa já estava quase com quatro anos. E a incubadora, a prefeitura, no caso, usa a cooperativa pra começar os empreendimentos. Ela usa como espelho, a cooperativa. [pausa] *E a gente tem um sentimento assim: quando nós sairmos dali, a gente vai lutar pra aquele espaço continuar sendo utilizado da maneira como ele sempre foi. Porque foi uma batalha árdua trazer aquilo ali. De repente sai a Univens dali, e vêm pessoas, sei lá, como microempresa ou como cabide de emprego, que conseguiu sei-lá-como. "Ah, tem uma salinha lá. Então vou conseguir pra Fulano, que é meu amigo". Não! A proposta da cooperativa é procurar grupos na Vila que tenham necessidade de ter um espaço, de ter aquele tempo pra conseguir um dinheiro, pra aprender a se autogestionar. E que a gente faça ser cumprido isso daí, sabe? E que não caia no esquecimento depois que nós sair. [...] Nós vamos cobrar isso daí! E vamos continuar cuidando daquilo ali. Foi uma luta pra conseguir. E se a gente conseguir mais coisas pra cá... Porque até tinha um propósito de, naquela sala, onde tem as reuniões – tu pode olhar que tem várias tomadas em volta da sala inteira – era pra ter cursos de computação. Pela Incubadora, pros adolescentes, pro pessoal ali, seria uma atividade social pra ter, e que a gente estaria conseguindo. Só que nunca foi conseguido. Mas tem as aulas do MOVA[12]. Daqui a pouco, de repente, tem outra coisa lá também. E a gente vai lutar pra aquilo ali continuar sendo usado pela comunidade.* (Terezinha)

A situação narrada a seguir, vivida com Nelsa, ilustra a preocupação com a Vila e com o destino da Incubadora, mencionada por Terezinha. Nelsa havia estado em uma reunião na prefeitura justamente para tratar desse assunto. Interessante notar que as declarações foram feitas na mesma data, ou seja, tratava-se de um tema que vinha mobilizando o grupo naquele momento:

O almoço termina e Nelsa e eu continuamos conversando à mesa. Tiago lava a louça, Gabi tira a mesa [...] Nelsa e eu comentamos sobre a pesquisa. Ela quis saber como foram as entrevistas. [...] Depois ela passa a falar de

---

[12] A Secretaria de Educação do RS informa que, "Para diminuir o analfabetismo e promover a inclusão social das pessoas, o Governo do Estado criou, em maio de 1999, o Movimento de Alfabetização de Jovens e Adultos, como uma política pública de educação... O primeiro MOVA foi criado em São Paulo, em 1989, com Paulo Freire como Secretário Municipal de Educação. Baseados nessa experiência, muitos outros foram criados no país". Para saber mais, consultar: www.educacao.rs.gov.br/PortalSE/html/Mova_Principal.html.

assuntos da cooperativa, especialmente dos problemas com a SMIC acerca da Incubadora e do destino dela. Na véspera havia ocorrido uma reunião tensa com eles [prefeitura] no centro, em que ela se exaltara com uma das técnicas. Aliás, seu envolvimento é impressionante. Eu estava boquiaberta ali, não achava palavra para estabelecer diálogo [...]. Ela fala que está cansada de serem tratadas como "coitadas", e que não precisam receber "cursos de cooperação" (é realmente um absurdo. Elas é que devem dar aulas a esse respeito). Nelsa reivindica mudanças de postura dos dois lados. Depois ela comenta de um projeto, pelo qual trabalharão para dar palestras [sobre a experiência da Univens] para grupos de mais de nove regiões! [...] *É uma das formas de ampliar isso tão bom que a gente vive, para que não fique restrito a vinte e poucas pessoas e suas famílias"*. (Diário de Campo, 27/03/2004. p. 68)

Um exemplo vivo da relação Vila-cooperativa: em março de 2004, quando estive com o grupo, cinco cooperadas haviam ido juntas ao médico do posto de saúde local para consultas de rotina. Como era preciso acordar muito cedo, a fim de não prejudicar o horário de trabalho e também para conseguir atendimento no mesmo dia, elas mais uma vez cooperaram. Todas conheciam e acompanhavam as queixas clínicas umas das outras, davam opiniões e estavam ali como "acompanhantes" de suas colegas e vizinhas.

Para compreender melhor essa cena, vale a pena resgatar algumas passagens vividas com elas. O mesmo posto de saúde, tão presente na história de formação da cooperativa, é alvo de permanentes críticas e "intervenções" comunitárias. Ele também é fruto da luta de um grupo de moradores, formado por várias cooperadas da Univens, responsável pelo levantamento das verbas para a abertura do posto, a partir de ações junto ao OP – como elas chamam o Orçamento Participativo.

Comentários acerca da qualidade dos atendimentos e dos serviços são frequentes, conforme pude notar. Certa ocasião, uma cooperada me falava do descontentamento de moradores com o "Doutor Fulano", um dos médicos que atendem no posto. Segundo ela, *é só a gente se mobilizar pra tirá-lo de lá, como já aconteceu antes"*. Ou seja, além da relação estreita entre Vila e cooperativa, alguns fatos sugerem que as cooperadas também sentem que têm poder de intervenção em alguns espaços do bairro, em parte, por manter com eles uma relação de sujeito, de coautoria da sua história.

Em um churrasco no qual estive presente com Nelsa e a família dela (junho de 2004), na casa de vizinhos que não fazem parte da cooperativa, os problemas da Vila eram tema prioritário. A anfitriã contava a situação de uma vizinha que *"estava indignada com a situação do posto"* e que iniciava naqueles dias um movimento por uma intervenção no local. Mais tarde, Nelsa comentava o ocorrido com as companheiras da Univens, outro exemplo da permeabilidade desses espaços.

Como ocorre com o posto de saúde, a creche, a pavimentação das ruas, o desemprego que assola muitos moradores, ou, ainda, a situação dos adolescentes da Vila, todos também são temas das mesas de trabalho da Univens.

É interessante notar que os interlocutores, os temas e os espaços assumem combinações das mais variadas: fala-se da Vila no trabalho, do posto de saúde no churrasco, ou da cooperativa no encontro de vizinhas nas ruas do bairro. Os indícios apontam, portanto, para a ausência de fronteiras claras entre política e trabalho, entre Vila e cooperativa, e entre tempo de trabalho e tempo livre para essas mulheres.

A presença frequente de vizinhos e parentes das cooperadas no dia a dia do grupo também chamou a atenção. O espaço da cooperativa não parece restrito e inacessível aos familiares dos trabalhadores, como o de uma empresa privada tradicional:

> Um fenômeno curioso: a visita de familiares das cooperadas. Nesses dois dias vários filhos e familiares passaram pela cooperativa. Alguns ficaram, outros fizeram rápida visita. A filha de Nelsa, por exemplo, ficou mais tempo, utilizando o computador para um trabalho da escola, aparentemente. Isso pode indicar uma aproximação interessante entre trabalho e família, por exemplo. (Diário de Campo, 12/11/2003. p. 32)

Já em São Paulo, analisando os acontecimentos da *Semana de imersão*, observavamos que, em diversos momentos, as próprias cooperadas "me conduziam para fora" dos limites da cooperativa. Ou seja, elas chamavam minha atenção – ou diretamente me levavam – para esses outros importantes lugares de seus cotidianos, os quais, para elas, destacando Terezinha, "é tudo uma coisa só". Dessa forma, as cooperadas da Univens pareciam indicar o rastro a seguir na busca das respostas para as perguntas da pesquisa.

A necessidade de reposicionar os objetivos da pesquisa

Este capítulo procurou apresentar o processo pelo qual foram sendo desenhadas as primeiras impressões sobre a cooperativa e suas trabalhadoras. À medida que conhecíamos a dinâmica psicossocial do grupo, sua história, seu cotidiano, enfim, suas singularidades, algumas questões surgiram e ganharam corpo.

Interessava-nos saber, como já foi dito, que repercussões psicossociais a vivência cotidiana de relações autogestionárias de trabalho promove. No entanto, o contato próximo e fluente com essa experiência nos obrigou a repensar essa proposição.

Teriam sido todas estas características – exigência, autonomia, desenvoltura política, enraizamento – forjadas no cerne da vivência autogestionária? A experiência política, que muitas dessas pessoas tiveram antes mesmo de cogitar a formação da Univens, não teria contribuído para o desenvolvimento desses traços? Ou, ainda, a própria decisão de constituir a cooperativa não seria fruto desse outro "trabalho", também democrático e participativo, vivido no OP, por exemplo?

Além disso, não podemos subestimar as histórias individuais, as idiossincrasias, aquelas características que são identitárias de cada pessoa, e que não devem ser confundidas, portanto, com repercussões da experiência da cooperativa. Muitas questões vinham no rastro dessas perguntas, mas, certamente, não surgiam convicções rápidas a respeito delas. Segue outro trecho do Diário de Campo, o qual fala do momento da emergência de uma dessas questões:

> Comentários sobre a entrevista de Julieta. A solidariedade está nela: *"Sempre gostei muito de ajudar as pessoas. Quando posso fico muito, muito feliz. Quando não posso, fico mal, fico triste"* (ela me ajudou...). Penso que aquilo que hoje é visto como repercussão pode ser anterior, e, assim, determinante de uma dada experiência de autogestão. (Diário de Campo, 26/03/2004. p. 66)

Dessa forma, optamos por recolocar os objetivos da pesquisa, tendo como foco, agora: *compreender o processo de construção dessa cooperativa, identificando suas bases e motivações, assim como suas possíveis repercussões psicossociais.*

Aparentemente sutil, essa correção de rota é também fundamental, se quisermos conservar princípios anteriormente assumidos, como a fidelidade em relação à experiência dessas pessoas e a credibilidade em relação aos resultados apurados a partir deste estudo.

História da Vila e da Cooperativa

Este capítulo objetiva contar uma história, a história de formação da cooperativa Univens, protagonizada por suas trabalhadoras, vivida nas ruas da Vila Nossa Senhora Aparecida, no extremo norte do município de Porto Alegre.

Depois de conhecer a história, não apenas pelos relatos das cooperadas, mas principalmente a partir de seus efeitos, parece difícil caracterizá-la por meio de adjetivos ou mesmo de expressões grandiosas. A sensação de falência dessa tentativa imediatamente se instalará.

Essa dificuldade me fez lembrar as ideias de Hannah Arendt (2000) sobre ação e discurso, sobre os feitos humanos e suas histórias:

> Na ação e no discurso, os homens mostram quem são, revelam ativamente suas identidades pessoais e singulares. [...] Esta revelação de "quem", em contraposição a "o que" alguém é – os dons, qualidades, talentos e defeitos que alguém pode exibir ou ocultar – está implícita em tudo o que se diz ou faz. (p. 192)

E ela prossegue:

> Só podemos saber quem um homem foi se conhecermos a história da qual ele é o herói – em outras palavras, sua biografia; tudo o mais que sabemos a seu respeito, inclusive a obra que ele possa ter produzido e deixado atrás de si, diz-nos apenas *o que* ele é ou foi. (Arendt, 2000, p. 199)

Por tudo isso, a missão de "falar sobre" a história dessas mulheres soa arriscada. É preciso de fato fazer conhecê-la, em outras palavras, contá-la. Para tanto, nada nos parece mais apropriado e seguro que ouvir as vozes e reler os escritos das próprias protagonistas, ou, como diria Hannah Arendt, de suas heroínas.

A Vila Nossa Senhora Aparecida

A Cooperativa Unidas Venceremos reside onde nasceu, na Vila Nossa Senhora Aparecida, no Bairro Sarandi, extremo norte do município de Porto Alegre, no Estado do Rio Grande do Sul.

Como veremos, a história dessa cooperativa está enredada à história da Vila. Os espaços de uma são também os espaços de outra. Ao lutar por eles, os lugares de moradora e cooperada surgem sobrepostos, mesclados. Na realidade, separá-los não parece ser uma preocupação dessas pessoas, mas de quem "olha da janela", admirado com essa teia grossa e firme, na qual correm emaranhados os fios das histórias dessas moradoras, da Vila e da cooperativa.

Conforme já dissemos, as cooperadas da Univens frequentemente me "puxavam para fora" do espaço da cooperativa e da esfera do trabalho propriamente. Mais que apontar as repercussões da vivência da autogestão no trabalho, elas pareciam interessadas em conduzir o meu olhar para os espaços onde suas histórias e suas vidas acontecem: as ruas da Vila, as reuniões do OP, a Capela...

Resgatamos aqui dois trechos do livro de Sylvia Leser de Mello (1988), *Trabalho e Sobrevivência*. Ao acompanhar as experiências e as reflexões sobre vida e trabalho de um grupo de mulheres da Vila Helena, em São Paulo, ela apresenta o bairro onde essas pessoas moram com impressionante acuidade e beleza. Quando tomamos contato coma obra, para nossa surpresa, e apesar das diferenças existentes entre "as Vilas", encontramos vários aspectos semelhantes em seu relato, além de rica inspiração no seu modo cuidadoso de olhar para seguir este trabalho:

> Creio que fui, literalmente, tomada pela mão e levada a conhecer uma outra dimensão das mulheres, um outro personagem que se impôs à minha atenção: o bairro. Os moradores e o bairro formam um todo. Eles o construíram, deram--lhe forma, habitaram-no com a sua humanidade. (Mello, 1988, pp. 21-22)
>
> A Vila, porém, tem uma história que pode ser contada por cada um dos moradores, forjada, como o foi, pelo esforço de todos. Essa é uma história de relações humanas densas, envolventes e constantes [...]. História e histórias, personagens, contos que passam de ouvido em ouvido, de casa em casa, e que formam um repertório de imagens comuns, que todos conhecem. (Mello, 1988, pp. 103-105)

A seguir, minhas primeiras impressões do pouco que pude ver da Vila Nossa Senhora Aparecida na primeira visita à cooperativa:

> Saímos do centro de Porto Alegre rumo à Univens [...]. O caminho até lá é longo (algo como quinze ou vinte quilômetros), difícil e truncado. [...] De carro não vivemos dificuldades. Em cerca de meia hora já estávamos no bairro delas, no extremo norte da cidade, divisa com o município de Cachoeirinha. Do bairro e de suas ruas, o que pude notar nesse primeiro contato é que se trata de uma região bastante urbanizada, em cujos terrenos intercalam-se indústrias e residências, além de um pequeno comércio local. Bairro de ocupação recente (em torno de vinte anos), conta com boa infraestrutura urbana: ruas pavimentadas, iluminação pública [...] A grande maioria das casas é de alvenaria, e, em geral, são pequenas e de desenhos simples. Há poucas árvores pelas ruas, e, quando encontramos algumas, são jovens, e, por isso, pouco vistosas. Já nas casas, ao menos naquelas próximas às ruas principais da Vila, é possível avistar pequenos jardins e canteiros bem cuidados, muitos deles com flores. (Diário de Campo, 17/10/2003. p. 04)

Mais tarde, encontraremos as justificativas históricas para essas impressões, principalmente no que se refere às boas condições de infraestrutura urbana de que dispõe a Vila.

Bairro de ocupação recente e conflituosa

De fato, trata-se de um bairro novo, de ocupação recente. O trecho abaixo, escrito pelas próprias cooperadas, aborda isso[1]:

> Nosso projeto se situa na cidade de Porto Alegre, na Vila Nossa Senhora Aparecida, onde moram mais de duas mil famílias. A Vila foi ocupada em 1978, em uma área particular. A prefeitura comprou a área e tudo foi muito sofrido. (Univens, 2003, p. 01)

No mesmo texto, as cooperadas apresentam mais dados a respeito da Vila:

> A grande maioria dos moradores vem do interior do estado e de Santa Catarina e é de mão de obra não qualificada. A Vila tem duas grandes extensões que são áreas de risco: embaixo da rede de alta tensão da CEEE[2] e na beira do arroio Santo Agostinho [...]. (Univens, 2003, p. 01)

No primeiro trecho citado, as cooperadas discorrem sobre "a ocupação da Vila", ocorrida em 1978. A área em questão era na época uma antiga fazenda de cultivo de arroz. Julieta, cooperada da Univens, participara ainda pequena da ocupação e nos fala desses momentos:

> *Foi uma invasão* [...]. *Até hoje sempre se fala que foi a invasão mais organizada que teve de terra. Porque as pessoas dividiram os terrenos bonitinho. Tudo gente de família, foi bem legal.* [...] *Nós lotávamos os ônibus e íamos pro centro, reivindicar que o DEMHAB[3] comprasse; a gente não queria tomar conta do que não era nosso. Eu era criança e ia junto. Nós íamos no centro, lá na prefeitura, protestar. Até que veio uma ordem e o DEMHAB comprou. Cada morador começou a pagar o seu terreno. Veio o carnê, e, hoje em dia, acho que a maioria paga ou já pagou. O nosso já foi quitado.* (Julieta)

---

[1]   Trata-se do *projeto Conquistando nosso espaço*, de abril de 2003, material enviado a várias instituições de fomento, nacionais e internacionais, com o intuito de pleitear recursos para a construção da sede própria da cooperativa, questão abordada adiante. Ao longo deste capítulo, esse texto, entre outros materiais similares, servirá como importante fonte de informações.

[2]   CEEE – Companhia Estadual de Energia Elétrica (RS).

[3]   Departamento Municipal de Habitação da Prefeitura de Porto Alegre.

Apesar da organização assinalada por Julieta, o processo de ocupação e de constituição da Vila foi marcado por fortes disputas de poder entre dois grupos locais, cada um organizado em uma Associação de Moradores, principalmente nos seus primeiros anos. Um fato curioso ilustra esse conflito: não havia consenso, inclusive, em torno do nome da incipiente Vila. Para um dos grupos, o nome deveria ser "Vila Caiu do Céu"; para o outro, o nome que posteriormente permaneceu era o mais adequado: "Vila Nossa Senhora Aparecida".

Uma notícia de jornal da época trata desses conflitos[4], salientando o alto número de ocorrências policiais – devido à existência de grupos armados na região –, ameaças de morte e constantes brigas e agressões físicas.

Posteriormente, um desses grupos se consolida no poder, e, por muitos anos, detém a presidência da única Associação de Moradores da Vila, influenciando fortemente os destinos da organização política do lugar. É Nelsa quem nos fala sobre essa fase da história da Vila e das marcas que ela deixou nos moradores:

> *A Vila aqui, desde quando ela foi ocupada, tem uma história muito comprometedora. Parece que as pessoas têm um sentimento, até hoje, de que devem alguma coisa pra alguém, sabe? Na época em que ela foi ocupada, teve um domínio muito grande de uma família. Ela determinava quem devia ficar e quem não devia ficar. Essa família criou um grupo de pessoas que inclusive retiravam da Vila as pessoas que elas não queriam que ficassem. [...] Desmanchavam a casa e tinham que ir embora. Daí algumas pessoas ficaram devendo, porque começou a estabelecer relações, do tipo: conseguiu ajudar pra que pudesse comprar coisas no mercadinho; depois foi conseguindo cano pra botar no esgoto [...]. E as pessoas não enfrentavam, sabe? [...] A gente tem documentos de dinheiro que veio pra cá, pro asfalto, e que sumiu. Pra saibramento[5] que nunca teve antes da Administração Popular[6]. De saneamento básico que não teve quem fez. Todo o saneamento básico quem fez foi a Administração Popular. O que teve foram doações de canos pro povo fazer o esgoto, e ela [a família] dava pra quem ela queria. Então a gente tem uma história muito marcada. (Nelsa)*

---

[4] Folha da Manhã, edição de 30/04/1979.

[5] Saibramento é nome dado ao procedimento de colocar saibro nas vias não asfaltadas.

[6] Nelsa refere-se às gestões do Partido dos Trabalhadores na Prefeitura de Porto Alegre, denominadas pelos gestores e por parte da população como *Administração Popular.*

Em 1988, quando Nelsa e sua família se mudaram para a Vila, a situação era a seguinte, conforme ela conta em seu livro, a ser publicado em breve:

> As ruas ainda eram todas sem pavimento e os esgotos a céu aberto, ou então canalizados pelos próprios moradores. Já havia luz e água canalizada. Um lugar calmo e bom; porém uma Vila com uma história de dominação e clientelismo, porque, até então, o poder público repassava os recursos diretamente para a Associação. Havia também programas do Governo Federal, como os tíquetes de leite [...]. (Nespolo, 2003, p. 03)

O Orçamento Participativo como signo de mudança

Em 1988, o Partido dos Trabalhadores assume a prefeitura do município de Porto Alegre, e, pouco tempo depois, inicia a implementação do Orçamento Participativo naquela cidade, inclusive na região da Vila Nossa Senhora Aparecida[7].

Embora esse momento seja um signo de mudanças para os moradores, conforme veremos a seguir, não se tratou de uma transformação rápida ou fácil. Foram necessários novos conflitos e embates, travados, dessa vez, entre os dirigentes da Associação de Moradores à época, e outro grupo de pessoas, que viram no recém--criado OP um lugar com potencial para uma franca participação política, e, por isso, com forte poder transformador. É Nelsa quem nos fala desses momentos:

> *Quando a gente começou no Orçamento Participativo, tinha duas Assembleias dele aqui na Vila. Tinha a que nós chamávamos e tinha a que eles chamavam. E as duas valiam porque o Orçamento Participativo não diz que*

---

[7] Porto Alegre foi pioneira no desenvolvimento da experiência do Orçamento Participativo, hoje presente em diversos municípios: "O Orçamento Participativo (OP) é um processo pelo qual a população decide, de forma direta, aplicação dos recursos em obras e serviços que serão executados pela Administração Municipal [...] Implantado em 1989 pela Administração Popular, até 2001, 45 mil pessoas em média a cada ano reuniram-se, em 32 plenárias regionais e doze temáticas" (www.portoalegre.rs.gov.br/op). Nesse mesmo sítio, encontram-se importantes informações. É possível, por exemplo, acessar o andamento e os resultados das obras realizadas pelo OP, desde 1990, e encontrar um glossário com os significados dos termos utilizados na dinâmica dessa política pública. Mais adiante, no capítulo VI, retomaremos essa experiência, tecendo algumas análises.

tem que ter uma Assembleia por Vila. Qualquer reunião de moradores é considerada uma reunião importante. Eu também acho que ninguém deve ser dono e na verdade era isso [...] [A da Associação] seria a oficial. Tanto era assim que aqui na região o presidente era delegado nato [...] Ninguém precisava eleger ele, ele chamava a Assembleia e já era delegado nato. Por muito tempo foi 'assim, depois eu acho que podia eleger mais dois, era uma coisa assim. Elegia os outros, mas o presidente era certo, já ia automático. E aí a gente teve que romper com isso tudo. Olha, Cris, foi muito difícil, muito difícil mesmo. E a gente tentou fazer oposição a partir de dentro da Associação, mas a gente não conseguiu. E não conseguimos porque tem um estatuto que controla os sócios. Os sócios têm que pagar e ninguém mais queria pagar porque não estava tendo benefício nenhum. A primeira sede da Associação, ela vendeu. A segunda sede, ela repassou; é onde hoje tem o mercado. A sede oficial da Associação, ela transformou, doou pra ser uma creche comunitária – ela é a dona da creche comunitária. Então, na verdade, a Vila perdeu tudo o que tinha. Porque a Associação foi construída em mutirão [...] Os moradores ajudaram, construíram tudo e aos poucos foram perdendo tudo também. (Nelsa)

Em seguida, Nelsa analisa o processo disparado pelo Orçamento Participativo nos bairros de uma maneira geral. Ao que tudo indica, ele pode alterar profundamente a relação das forças políticas atuantes, muitas vezes, enfraquecendo o poder até então cristalizado nas Associações de Moradores locais, bem como legitimando a participação de outras pessoas nas novas ações da Vila:

Hoje, no Orçamento Participativo, ninguém mais mexe no recurso. [...] A gente decide e fiscaliza, mas não pega no recurso. Antes pegavam o recurso! E hoje, além desse lado, que foi importante, isso de que o Orçamento tirou o poder dessas associações clientelistas, a gente vê também que elas perderam o seu papel. [...] Se esvaziaram e não conseguiram refazer o seu papel. [...] As associações de moradores é algo que a gente tem que discutir e repensar o seu papel. Por que, se elas não se adaptam nas mudanças da conjuntura, fica defasado. [...] Hoje, em Porto Alegre, essencialmente, as associações vivem em função de convênios. "Ah, faz um convênio aí." Transforma a associação numa creche e fica administrando o convênio da creche, ou transforma num posto de saúde. Graças a Deus, a prefeitura, depois de muitos anos, está reavaliando isso, porque não foi algo positivo. (Nelsa)

A conquista da Capela: um espaço público para o OP

Nessa mesma época, no início dos anos 1990, o grupo de moradores que iniciava a ocupação das reuniões do Orçamento Participativo dispara um movimento com vistas a conseguir um espaço de fato público no bairro:

> *Quando eu vim e nós começamos a atuar, a gente pensou o seguinte: "Vamos tocar alguma coisa porque aqui não tem nada". E tinha um grupo de casais que queriam ter um lugar pra poder ter missa, celebração. Então a gente pensou assim: "Vamos fazer um lugar que fique com a Igreja, porque se ficar de novo com um grupo de pessoas..."* [...] ***A gente achou que se esse lugar ficasse no nome da Igreja ninguém iria se apossar.*** *[grifos nossos]* A Igreja acaba *tendo outros problemas, mas* ***garantiria pelo menos que não fosse privado*** *[grifos nossos]. [...] E nós conseguimos, nós fizemos campanhas financeiras e conseguimos comprar um salão. [...] Na época, tudo foi muito problemático, mas também muito unido, muito gostoso. A comunidade participava, sempre participou. A gente fazia as festas, todo mundo se envolvia. As pessoas de outras religiões vinham também, e a capela acabou sendo uma referência de construção de algo bem alternativo. Esse grupo que começou ficou sete anos à frente da capela. [...] Porque foi tendo esse espírito: "Não é um lugar só pra rezar missa, dá pra tocar outras coisas". Então teve um grupo da terceira idade que funcionava lá dentro, depois fomos criando a multimistura da cooperativa também lá dentro, o posto de saúde usava pra fazer oficinas e vacinas, o MOVA funcionou muito tempo lá dentro, a alfabetização de jovens e adultos. Então teve várias coisas.* ***Acabou sendo uma referência, as atividades iam acontecendo ali:*** *[grifos nossos] festas com danças iam acontecendo ali, e acontecem até hoje. E essa foi uma grande luta.* (Nelsa)

Com a conquista da Capela, o movimento do grupo de moradores – do qual Nelsa e outras futuras cooperadas da Univens participavam – ganhou forças. Agora, eles dispunham de um espaço essencialmente comum no interior da Vila, o qual foi, aos poucos, sendo ocupado por uma série de atividades coletivas:

> *As Assembleias do OP acabaram sendo únicas aqui, porque a outra Associação acabou, foi se esvaziando, e a gente também foi ocupando o espaço da Capela pra fazer as Assembleias* [grifos nossos]*, e então acabou centralizando.*

E essa é uma comunidade que participa, sabe? Esses dias nós fizemos uma reunião e enchemos a Capela. [...] Eu até cheguei a contar [...]. Tinha umas cento e cinquenta pessoas pra discutir saúde. [...] É uma comunidade que vem, sabe? (Nelsa)

Sylvia Leser de Mello também salienta a importância simbólica que em geral o espaço da igreja pode exercer na vida comum da coletividade de um bairro, fortalecendo os laços entre moradores, na medida em que cede a eles um local de encontro e reunião para a discussão dos problemas locais e para a realização de festividades e de outras formas de manifestações culturais e religiosas (Mello, 1988).

As marcas das experiências do OP segundo as cooperadas

Julieta é uma das poucas cooperadas que já conhecia a experiência do Orçamento Participativo antes mesmo de ele chegar à Vila. Ela nos fala da sua vivência e de seus efeitos no trecho abaixo, apontando-nos para o possível caráter genérico de alguns aspectos desse fenômeno, como a resignificação da política e a comoção diante da descoberta de poder intervir na realidade do bairro:

*Eu não gostava da política. [...] **Tive contato com o Orçamento Participativo, então eu gostei** [grifos nossos]. Quando eu fui morar em Gravataí, naquela outra invasão que eu te falei, que eu montei o mercado, eu fiz amizade com as pessoas e nós fomos numa reunião do Orçamento. [...] E eu comecei a chamar um, a chamar outro... Então, votamos lá, que precisava de esgoto na Vila, então a gente foi em peso. Votamos e foi ganho, o que a gente foi pedir, a gente ganhou. [...] Aí eu saí pulando, com a mulherada, com a criançada! E tinha muita gente analfabeta que vinham lá do Ceará. Então eles vinham e perguntavam, porque eles davam um papel pra votar: "Onde é que eu tenho que marcar aqui, qual é a nossa opção?". Então a gente se emocionava. E nos ajudávamos um ao outro, passávamos os papeizinhos, tinha que ser tudo muito rápido. E, quando anunciaram que "A Marechal Rondon ganhou," a gente saiu pulando! E aquela gente... Gente muito humilde, sabe? [...] **Eles também começaram a se acordar. Eu acho que ninguém é tão humilde que não saiba as coisas, que não possa aprender. Ninguém é tão fraco. [...] Todo mundo tem uma força por dentro. E aquilo me comovia** [grifos nossos].* (Julieta)

Ao enfocar as singularidades da experiência da Vila Nossa Senhora Aparecida e das futuras cooperadas da Univens com o Orçamento Participativo, algo chamou nossa atenção. Perguntada sobre as razões que a levaram a participar das reuniões do OP, Isaurina responde:

> *Quando eles fizeram a plenária aqui na Vila, tinha que tirar representantes daqui que se diz, os delegados e os suplentes. E eu coloquei meu nome lá pra ser delegada. Eu não sabia nem o que era, mas vou representar, vou partici-par. [...] **Eu moro nessa área aqui*** [grifos nossos]. (Isaurina)

Apesar da idade e da evidente timidez, Isaurina não pareceu titubear ao decidir participar daquele "movimento" que tomava a Vila. Minha pergunta não parecia fazer sentido, era como se ela tivesse me dito: *"Como 'por que' participar?! Eu moro aqui"*.

De todas as cooperadas com quem conversamos a respeito do Orçamento Participativo, Nelsa é, sem dúvida, a mais entusiasmada, e com fortes razões para isso. Muitas vezes, ela nos falou do OP com os olhos molhados e a voz embargada. De fato, o envolvimento dela com essa experiência é largo e fundo, motivo de referências em livros sobre o tema, motivo até de viagens ao "fim do mundo", como é conhecida a Terra do Fogo, no extremo sul da Argentina. Nelsa esteve por lá em 2003, a convite do governo local, que havia se interessado em ouvi-la, já que ela é uma das mais destacadas lideranças atuantes no Orçamento.

Nos trechos seguintes, Nelsa justifica esse envolvimento e explicita outras marcas importantes que o OP pode promover em quem exerce o poder de intervenção conferido por esse espaço: apropriação, senso de corresponsabilidade e enraizamento dos moradores, não só na Vila em que moram, mas na cidade como um todo:

> *Na região minha atuação maior foi realmente no Orçamento Participativo. Ela foi muito positiva. Eu me esforcei muito em defender a região, mas também em ter um olhar pra cidade, de participar e ter essa compreensão. Para mim, pessoalmente, o Orçamento Participativo foi algo que me marcou muito. [...] Eu sentia um orgulho muito grande de estar votando. Não essa coisa de levantar a mão e só. Hoje a gente quer reavaliar isso. Tem que mudar o método, tem umas coisas que vai na base da gritaria, do oba-oba, sem ter os argumentos. Mas no Conselho, sobretudo no Conselho aqui na região, é*

legal, porque você acaba votando coisas de outras Vilas; e você tem que pensar quando você está votando, porque, quando você vota pra uma, tu está tirando o direito de outra. A fonte é a mesma. [...] Isso eu acho que é o que mais te dá felicidade! Cris, tu não pode imaginar! Quando eu ando lá pela Restinga, e vejo o nome de ruas que a gente aprovou quando estava no Conselho, eu tenho um orgulho! Por isso eu adoro essa cidade. Eu adoro essa cidade! [...] Eu vejo a reforma no Mercado Público... Puxa, a gente votou essa reforma do Mercado Público! A entrada da cidade, toda aquela favela que tem, na entrada da cidade, ela está sendo mudada, nós votamos por aqueles recursos, sabe? Nós debatemos, discutimos, fomos pra confronto com o governo e tal, de como deveria ser. [...] Mas, se não entender esse lado do Orçamento Participativo, não se entendeu nada. Daí diz, assim: "Ah, o Orçamento Participativo tem obras atrasadas, ele é vulnerável, porque as pessoas vão e votam". Mas tem que entender esse espírito, sabe? [...] Porque a gente diz: "Quem é que antes sempre votou essas coisas? Tem que ser algum político, que faça algum discurso, e geralmente um cara que enrola bastante pra fazer, e fica muito longe do povo?". E hoje tu vê que tu está ocupando esse lugar. (Nelsa)

Nelsa não precisa ir até a Restinga para sentir orgulho ao ver o nome de ruas daquele bairro, nomes escolhidos por ela e por seus companheiros de Orçamento Participativo. Nelsa e os outros moradores da Vila Nossa Senhora Aparecida moram em ruas cujos nomes foram escolhidos por eles, democraticamente. Ela conta essa história neste trecho do seu futuro livro:

> Uma das ações que nos orgulham muito é que as ruas não tinham nome, eram por número ou letra, então decidimos fazer um "plebiscito". Primeiro na rua: recolhíamos as sugestões de nomes e depois passávamos casa por casa daquela rua recolhendo o voto. O nome mais votado hoje é o nome da rua. Com as placas, convidamos os moradores, para junto ao prefeito e lideranças, receberem oficialmente o nome de suas ruas. Isso também é cidadania. Além de ter um endereço, poder decidir o nome desse endereço. Alguns nomes em especial chamam atenção: Cidadania, do Povo, da Cultura, Mário Quintana, Esperança... (Nespolo, 2003, p. 06)

Em outras passagens do livro, Nelsa evidencia como o Orçamento Participativo pode representar o ponto de encontro entre a Vila e a cidade. Também ficam claras nesses trechos aquelas repercussões do OP citadas há pouco: o enraizamento, a apropriação e o senso de responsabilidade em relação à cidade.

> Andar pela Vila e pela região e ver obras sendo feitas, que você contribuiu com seu voto e com seus argumentos, **faz brotar dentro da gente uma responsabilidade e também um orgulho muito grande. Você faz parte desta cidade, você a defende** [grifos nossos]. [...] Nas comissões de acompanhamento das obras, fazer com que os técnicos e as empreiteiras ouçam a opinião da comunidade, abram o debate, e, por várias vezes, as empresas, graças a essas comissões, tenham mais responsabilidade sobre o material usado, sobretudo nas obras de pavimentação e saneamento. (Nespolo, 2003, p. 05)

Nelsa também fala da mudança que sentiu na relação com o poder público, após sua passagem pelo Orçamento Participativo:

> Na relação com o poder público, pelo menos sempre me senti tendo um papel importante. Não estávamos mais reivindicando ou cobrando para alguém fazer. Estávamos decidindo para que fosse feito. [...] A relação que criamos com os secretários, assim como o prefeito, que constantemente participam das reuniões do COP (Conselho do Orçamento Participativo) ou vêm na região para prestar conta, para participar do debate, ouvir a comunidade, **aos poucos nos faz corresponsáveis** [grifos nossos], já não são autoridades longe do povo e que fazem um favor quando nos recebem, ou quando atendem uma reivindicação. Somos gratos, sim, pela forma como podemos participar e decidir, de **nos sentir cidade e cidadão** [grifos nossos]. (Nespolo, 2003, pp. 06-07)

A dinâmica cotidiana da participação no OP e as repercussões dela para a vida familiar e comunitária também são temas de Nelsa. A integração de várias dimensões da vida social e o retração da vida privada são alguns desses aspectos, apresentados por ela em um livro que reúne relatos de várias conselheiras do Orçamento:

> **Minha transição para o espaço público foi sobretudo a partir do Orçamento Participativo** [grifos nossos]. O movimento popular é muito diferente do

movimento sindical. No movimento sindical [...] você não precisa jogar toda a sua vida. Você pode chegar na fábrica, brigar, discutir, fazer greve e, depois, voltar para a sua casa, para o seu aconchego, descansar, e no outro dia, retornar para a fábrica. No movimento popular não tem essa separação. Ele é a sua vida, porque é ali que você mora. Às vezes você está almoçando e chega alguém com um problema. Você tem que discutir o problema **e isso interfere na sua vida particular. De certa forma, você acaba abrindo mão de sua individualidade em função da comunidade** [grifos nossos]. (Gomes & Amaral, 2003, p. 22)

O momento em que eu comecei a participar do Orçamento Participativo foi quando me envolvi mais nessa ação da comunidade, do movimento popular, onde as relações são mais emocionais, mais afetivas, e a garra também é diferente de outros movimentos sociais. Claro que existem os momentos de tristeza, das coisas que a gente não consegue realizar, que faz uma reunião e faz outra e a coisa não anda. **Mas no movimento comunitário parece que a vida não se separa, você a tem como um todo** [grifos nossos]. Qualquer conquista vai ser boa, porque é ali que você mora, é ali que você vive, é ali que moram os seus vizinhos. **Você vive a vida dos seus vizinhos. No dia a dia você partilha as coisas boas e as coisas ruins** [grifos nossos]. Coisas e pessoas que eu quase nem conhecia quando eu trabalhava fora, pois saía de casa às cinco e meia da manhã e chegava às seis e meia da tarde. Na verdade, quando eu estava no movimento sindical, eu não conhecia os meus vizinhos, eu mal cumprimentava eles no final de semana. (Gomes & Amaral, 2003, p. 22)

As falas de Julieta e Nelsa serviram aqui de exemplo para ilustrar algumas das possíveis repercussões ocasionadas pela experiência do OP para quem dele participou ou até hoje participa. Porém, sabemos que não apenas elas se aventuraram pelos caminhos dessa luta política; muitas cooperadas da Univens já frequentaram ou ainda frequentam esse espaço e, apesar das diferenças e das singularidades, teceram relatos semelhantes aos que apresentamos aqui.

O mais importante para nós é que foi justamente no seio das reuniões do OP – dessa experiência política aqui caracterizada – que algumas dessas pessoas se encontraram e se conheceram.

O nascimento da cooperativa

As reuniões em torno do Orçamento Participativo promoveram o encontro das necessidades e dos desejos de várias moradoras da Vila Nossa Senhora Aparecida. A cada reunião, elas reconheciam umas nas outras os mesmos sofrimentos e os mesmos anseios por mudança. A lama nas ruas, o esgoto que adoece e entorpece os sentidos, a porta sempre fechada do único posto de saúde e a violência do desemprego atravessavam a todas. Se antes eram sofridos na solidão da família e dos vizinhos mais próximos, agora surgem reunidos e assumem nova orientação e grandeza. Os flagelos continuam os mesmos, mas os anseios puderam aos poucos crescer e ganhar corpo.

É justamente sobre isso que Isaurina nos fala nesta passagem de sua entrevista:

> *Foi dentro da participação do Orçamento Participativo que eu conheci a Nelsa. Até ali a gente não se conhecia porque ela trabalhava fora e a gente não tinha conhecimento. Então, por eu conhecer ela ali, por causa do Orçamento, que **a gente começou também a caminhar juntas sobre interesses em... política** [grifos nossos]. Na luta pelo posto de saúde, que na época não tinha, por que ele estava fechado, a gente caminhou pela reabertura do posto. **Foi aí que a gente começou a se conhecer. E dentro disso aí foi que a gente começou a ter aquela conversa:"O quê que tu faz? O quê é que tu sabe fazer?"** [grifos nossos]. Foi quando elas se levantaram e se juntaram; **era pra fazer um grupo pra trabalhar** [grifos nossos]. (Isaurina)*

É interessante notar o trajeto feito pela fala de Isaurina. Ao ser perguntada a respeito da história da cooperativa, ela organiza assim seus argumentos: primeiramente ocorreu o encontro de um pequeno grupo em torno das lutas travadas no Orçamento Participativo. Em seguida, elas passaram a *caminhar juntas*, orientadas por interesses políticos, como a luta pela reabertura do posto de saúde da Vila. Nesse processo, segundo Isaurina, elas *começaram a se conhecer* e, finalmente, depois de encontradas e orientadas por sentidos comuns, surgiu a ideia de organizar um trabalho coletivo.

É Nelsa quem nos falará agora de como surgiu a "ideia da cooperativa":

Bom, o que tem aqui na Vila foi conquista do Orçamento. Aí a gente foi percebendo o seguinte, que nós precisávamos fazer alguma coisa a mais que isso. Na época nós sentamos em três mulheres [...] A gente pensou que tinha dois segmentos realmente que a gente queria tocar: com as mulheres e com os adolescentes... A gente pensou na época que devíamos tocar alguma coisa que tivesse ligado ao trabalho. Porque realmente aqui na Vila tem muita costureira, sabe? [...] Nessa região aqui tem fábricas que faliram de confecção. E também tem muitas lojas que vendem tecidos. Nós fizemos um estudo nessa região, ela tem uma vocação pra isso, pra confecção [...] Na época nós não sabíamos disso. Foi uma coincidência. Então a gente pensou assim: "Puxa, nós podíamos costurar pro Hospital Conceição", porque o posto de saúde é ligado ao hospital. Então nós fomos em duas, num dia, falar sobre isso. Teve uma manifestação porque um médico ia sair. Eu e a Maria, nós fomos lá falar se a gente poderia costurar pro hospital. E eles nos empolgaram tanto, Cris! Disseram assim: "Bah, muito boa ideia que vocês tiveram! Quantas mulheres vocês têm?". Nós não tínhamos ninguém, Cris. [risos] Só eu, a Maria e mais duas. Mas nós dissemos: "Ah, a gente tem umas vinte". A gente tinha malandragem, né! [risos]. [...] Porque se nós não falássemos isso... Imagine se a gente dissesse que tinha três, quatro? Eles não iam pegar. Daí ele falou: "Vocês têm que ser uma associação ou uma cooperativa" [...]. Uma entidade jurídica. Associação, pela nossa história, a gente falou "Nem pensar." E nem daria, mas graças a Deus nem precisou a gente ter esse desgaste. E cooperativa foi uma coisa! Ai, mas eu achei tão bonito quando ele falou "cooperativa", pra que a gente pudesse tocar alguma coisa assim [...] Quando ele falou "cooperativa" foi o primeiro contato da gente com o termo, com o que seria. Mas a gente teve uma compreensão, de toda a Vila, com o nome "CO-O-PE-RA-TI-VA". Foi isso que nos motivou, foi o nome. Nada de saber de outras histórias de cooperativas, nada. Nem positiva, nem negativa. Ah, meus pais também sempre foram ligados a cooperativas de vinho e tal. Mas também isso não inspiraria nada, muito pelo contrário. [...] As cooperativas de leite que meu pai foi sócio sempre faliram, sempre ficou sem receber. [risos] Mas isso não somou naquele momento, não pesou nada. [...] Então a gente pensou: "Como é que nós vamos fazer? Então vamos ver as mulheres que a gente conhece". Aí a gente falou de uma pra outra. Cris, se eu quisesse te dizer hoje quem falou exatamente com quem, eu não sei te dizer. Eu sei que a gente foi espalhando, assim, uma pra outra. [...] A notícia foi correndo assim: "vamos fazer uma cooperativa pra costurar pro Hospital Conceição". Era isso. Quando vieram as dezenove mulheres a gente ficou tão feliz, porque eu achei que não iam vir... (Nelsa)

Isaurina também nos falou do "nascimento da Univens", ocorrido em 23 de maio de 1996. Abaixo, ela complementa as informações de Nelsa:

> *Um médico ia sair do posto e a gente fez aquele movimento pro médico ficar. E dentro da conversação com o secretário* [municipal da saúde] *e com os médicos ali, a gente levantou o fato de que tinha tanta gente desempregada. Será que a gente não poderia trabalhar pro Hospital Conceição? Aí ele disse que "sim"!, mas a nossa intenção era de, por exemplo, remendar as roupinhas de nenê, fazer bainha de lençol, aquelas coisinhas simples, porque ninguém tinha profissão. [...] Então, com essa movimentação do médico, depois da manifestação, a gente já conversou com a diretora do hospital. Aí foi quando a Nelsa chegou e... Conversamos. Nós estávamos lá e daí conversamos. A gente podia formar um grupo, alguma coisa, pra gente pegar esse trabalho. Aí foi quando foi chamada a primeira reunião e vieram dezenove mulheres. [...] Esse momento foi que a gente garrou e... Foi o nascimento.* (Isaurina)

Segundo os relatos de Nelsa e Isaurina, após a primeira chamada para a formação da cooperativa, houve uma reunião a que compareceram dezenove moradoras da Vila. Nessa ocasião, elas conversaram sobre a ideia de se constituírem como uma cooperativa de costureiras, a qual prestaria serviços para o hospital. Reconhecendo o entusiasmo umas das outras, elas foram logo em busca de subsídios que pudessem orientar os próximos passos. Mal sabiam a longa e dura peregrinação que teriam pela frente. Sem qualquer referência sobre o assunto, recorreram aos vínculos de amizade:

> *Tinha uma cooperativa habitacional e um deles era nosso amigo. Eu disse pra ele: "Quem sabe tu passa o estatuto e a gente vai tentar ver o que a gente faz". E foi aí que a gente viu que dezenove não dava, então chamamos uma segunda reunião.* (Nelsa)

Diante da barreira legal[8], o grupo foi novamente para as ruas da Vila a fim de conversar com outras vizinhas acerca da "ideia da cooperativa". Finalmente chamaram nova reunião, à qual compareceram 35 mulheres.

---

[8] A legislação cooperativista brasileira (Lei nº. 5.764-16/12/1971) exigia, entre outros pontos, o número mínimo de vinte cooperados para a constituição legal de uma cooperativa.

Além da forte marca do gênero feminino[9], o grupo tinha em comum a vivência de condições precárias de trabalho, já que a maioria se encontrava desempregada e vivia de pequenos serviços de costura prestados aos vizinhos, sempre de maneira autônoma e informal.

Quase todas elas possuíam baixa escolaridade, com exceção de duas pessoas que haviam conseguido concluir o ensino médio. Já as idades dessas mulheres variavam de maneira impressionante:

> *Foi algo que nós organizamos por aquela falta de trabalho, das pessoas de mais idade, que não tinham mais entrada no mercado de trabalho, e pelas pessoas que tinham filhos pequenos e que não tinham como trabalhar fora. Então havia pessoas de oitenta a dezoito anos [...]. Quer dizer, não foi uma integração de pessoas da mesma idade, nem da juventude. Foi uma união total.* (Isaurina)

Outro aspecto que merece destaque é que nem todas haviam passado por experiências de participação política ou comunitária. Assim como Terezinha, que não pôde juntar-se ao grupo desde o início por impedimento do marido, outras mulheres enfrentaram o mesmo problema:

> *Eu não participava de nenhum tipo de atividade até porque o pai dos meus filhos não permitia. Era aquele negócio: "Mulher minha é dentro de casa e encerrou". Então eu tinha atividade dentro de casa, com as crianças, e eu costurava pra fora.* (Terezinha)

---

[9] Como disse a Professora Sylvia Leser, por ocasião do Exame de Qualificação, "a Economia Solidária é muito feminina" (comunicação pessoal, 22/11/2004). De fato, muitas experiências e estudos comprovam a presença majoritária e ativa das mulheres nesse movimento, principalmente a partir das chamadas cooperativas populares (Parra, 2002). No caso da Univens, essa questão comparece de forma notável. O gênero feminino é marca do grupo, mesmo contando com dois homens em seu quadro social, eles ingressaram há pouco tempo na cooperativa e ainda não participam dela com a mesma intensidade que as demais cooperadas. No entanto, apesar da relevância do tema para a Economia Solidária, não será possível dedicar uma análise específica sobre o assunto em função dos nossos objetivos. Porém, de modo indireto, ela será tratado no decorrer do texto.

Os primeiros encontros foram muito marcantes. Segundo Nelsa, não havia uma clara liderança naqueles tempos, embora atualmente seja notável o destaque e a influência da sua presença na cooperativa[10]:

> *Agora, tu imagina o quê é reunir 35 mulheres?! Era muita mulher! Nós fazíamos uma roda – porque sempre foram em roda, nossas reuniões – sempre foi em círculo. [...] E não tinha liderança! Não dá pra tu dizer assim: "Olha, vamos lá, que a Nelsa chamou pra cooperativa". Naquelas alturas nós não sabíamos quem é que ia se sobressair no trabalho, quem é que ia tomar a frente. [...] Porque, quando começa, geralmente alguém tem toda a informação, sabe? E daí chega e automaticamente está eleito presidente da cooperativa, é o que vai coordenar. E com a gente não foi assim, Cris. (Nelsa)*

A escolha do nome da cooperativa surgiu nesses primeiros encontros e em meio a essa atmosfera de união, ressaltada há pouco por Isaurina. É ela quem diz: *"Por exemplo, o nome da cooperativa a gente se reuniu e discutiu, acho que umas três reuniões, pra chegar a tirar o nome. E a gente sempre se reunia e imaginava. Nós fazíamos chá, a gente conversava, imaginava junto".*

Nelsa em seu livro também fala sobre isso: "Decidimos, então, o nome de nossa cooperativa 'Cooperativa de Costureiras Unidas Venceremos', e mais tarde, Univens, que é abreviatura de 'Unidas Venceremos'. Sempre acreditamos no real sentido deste nome" (Nespolo, 2003, p. 08).

A solidão do início

> *Hoje a gente conta assim* [essa história] *porque ela já passou e a gente tem orgulho de dizer: "Puxa, nós conseguimos" [...]. "Nós fizemos tudo isso sozinhas." Mas não é num tom nem de arrogância, nem de orgulho besta não. Quando a gente diz isso, a gente quer dizer pra todo mundo que hoje tem muito mais recurso, hoje tem muito mais possibilidade das pessoas irem pra*

---

[10]   Mais tarde, no capítulo V, discutiremos essa questão.

frente. Porque, se sem nada a gente conseguiu, hoje tem muito mais possibilidade. É isso que a gente quer dizer quando a gente diz essas coisas. Nelsa

Vale relembrar que falamos do ano de 1996. Os anos 1990 marcam o início do ressurgimento da Economia Solidária no Brasil, e, apesar de já existirem algumas ações nesse campo, havia poucas instituições de fomento e apoio a futuras cooperativas realmente atuantes no país[11].

Por isso, mesmo tendo cultivado uma vasta rede de contatos junto ao poder público e a organizações não governamentais, por meio do Orçamento Participativo, as futuras cooperadas da Univens enfrentaram muitas dificuldades em encontrar informações ou parceiros que pudessem orientá-las na tarefa de organizar a cooperativa, tanto foi assim que recorreram ao estatuto de uma cooperativa habitacional para servir de modelo para a elaboração do documento delas. Isaurina e depois Nelsa relembram os fatos:

> *É, isso aí não tinha.* [instituições que pudessem apoiá-las] *Foi bem na época que o PT começou a administrar, foi quando a gente também começou.* [...] *Nós já tínhamos o Orçamento Participativo aqui* [...] **Aí começou aquela rede de conhecimento nas Secretarias** [grifos nossos] [Municipais]. *Então já tinha uma organização maior pra nos colocar. A gente sabia que acompanhando o Orçamento Participativo, a gente estaria dando um passo... Mas a gente não sabia que a SMIC poderia nos apoiar com máquinas. A gente ficou sabendo depois.* **Fazia um ano que nós estávamos trabalhando na Capela quando vieram pela primeira vez representantes da SMIC fazer uma visita pra nós** [grifos nossos]. *Nós já tínhamos um ano de trabalho.* (Isaurina)

> *Ninguém mais vai viver essa história, porque hoje tu pode contratar pessoas que fazem toda essa abertura. Mas não tinha, não tinha, Cris. Não tinha nem sequer uma cooperativa de produção que a gente pudesse pegar e dizer: "Nós vamos fazer assim, desse jeito". A questão das cotas, o que era o capital inicial[12], tu não imagina o que a gente se debateu pra entender o que era.* (Nelsa)

---

[11] Ana Mercedes Icaza (2004) trata do quadro institucional de referência em Economia Solidária no estado do Rio Grande do Sul. Segundo ela, as organizações atuantes nessa área começaram a despontar nesse estado nos anos 1980, mas só se generalizaram e ganharam força após os anos 1990.

[12] O capital social da Univens foi composto pela integralização de três quotas-parte por cooperada, no valor de R$1,00 (um real) por quota.

Os primeiros passos de fato também significaram grandes sofrimentos e dificuldades. Esta passagem da entrevista de Nelsa ilustra bem tal afirmação:

> *A gente foi pegando esse estatuto* [da cooperativa habitacional] *e foi descobrindo algumas coisas, como é que tinha que ser. Olha, sério mesmo, eu acho que foi Deus quem ajudou nós, porque não estávamos completamente sozinhas. E ninguém acredita, Cris! Esses dias eu falei isso e o pessoal de uma Organização* [ONG] *disse: "Ah, isso não existe!". Então eu falei: "Então tu está dizendo que a nossa história não existe". A única coisa que a gente conseguiu, depois de umas três ou quatro reuniões, foi chamar uma pessoa, que era vereador na época, mas que sempre foi muito parceiro nosso. [...] Ele veio e contou como é que funcionavam as cooperativas dos assentamentos do MST[13], pra gente poder ter uma noção. Porque a gente não sabia nada, nem como é que ia dividir o dinheiro [...]. E ele também não tinha tudo. Ele falou assim: "Olha, vocês podem dividir por hora. Lá eles fazem assim: ta, ta, ta". E a gente foi discutindo o estatuto, Cris. Nós fomos discutindo artigo por artigo. Olha, tu pode ler ele e tu vai ver que tem palavras assim, que até o português não está tão legal. Mas ele é nosso, sabe? [...] Sem ninguém, não teve absolutamente ninguém que nos ajudou nesse período. Tanto que na hora que a gente foi digitar, bater à máquina o estatuto, a gente não tinha quem batesse. Aí nós conseguimos uma pessoa que bateu metade, depois nós procuramos outra pessoa que bateu a outra metade. A gente tem o original e ele está batido com duas máquinas diferentes. E aí descobrimos: "Tem que registrar ele numa Junta Comercial". "Onde que é essa Junta Comercial?". Vai pra Junta Comercial e tem que ter a assinatura de todo mundo. Daí nós abrimos um caderno com os dados de cada uma, tudo, tudo. [...] As fichas de matrícula, tudo, Cris! Tudo a gente foi descobrindo assim, sem nenhuma assessoria. [...] Na época quem ficou na secretaria* [do Conselho de Administração] *era quem conseguia ter uma letra legal pra ir anotando as coisas. Era com muito esforço, um esforço tremendo. As pessoas se esforçavam demais. Talvez porque ninguém sentia que alguém era dono, sabe? A gente ia pros lugares e largava panfletinhos, fazia bilhetinhos pra divulgar a cooperativa.* (Nelsa)

---

[13] MST – Movimento dos Trabalhadores Rurais Sem-Terra.

A certa altura da entrevista, perguntei a Nelsa sobre como havia se dado o processo de formação em cooperativismo do grupo. De imediato ela respondeu que a formação delas acontecera ao longo da história da cooperativa, ao enfrentarem tantos empecilhos, e ao se debruçarem, juntas, nas inúmeras reuniões do grupo, na tentativa de encontrar maneiras de transpô-los, teimando em manter vivo "o sonho da cooperativa". Ela, então, passou a me contar alguns casos, tão impressionantes quanto sofridos:

> *Um dia eu desci aquela ladeira, mas eu chorei tanto!... Eu disse: "Eu não acredito. Nós estamos num país, onde a gente quer construir alguma coisa, que não vai tirar o dinheiro de ninguém, que é um trabalho coletivo, e estão nos fazendo sofrer tanto, tanto!". Aquele dia eu senti um sofrimento tão grande, mas tão grande, que tu não pode imaginar. Acho que foi uma das últimas vezes que o estatuto voltou. Porque o estatuto voltou seis, sete vezes pra gente mudar, Cris.* (Nelsa)

> *Tem histórias hilárias, por exemplo, de perder os papéis. Uma vez a Cida foi levar os papéis na Junta Comercial e ela ficou esperando o ônibus. Então ela botou os papéis em cima do banco, ali no ponto do "Diretão." E veio o ônibus. Ela pegou o ônibus e deixou tudo, sabe? [...] E o Diretão é assim, a parada da Cida é a última, e de lá vai direto pro centro, sem parar. Quando ela entrou no ônibus, imagine o escândalo que ela fez! "Pelo amor de Deus!!! Você tem que parar! Você tem que parar! Eu esqueci um documento, você tem que parar!" E tava um vento [...] Ela fez um escândalo que ele parou perto do viaduto e largou ela. Ela voltou correndo, correndo. Quando ela chegou, cadê os papéis?! Não estavam mais em cima do banco do ponto. Alguém viu os papéis e colocou em baixo do banco pro vento não levar.* (Nelsa)

A seguir, transcrevemos outro caso dessa época em que ela narra mais um momento de dificuldades no processo de legalização da cooperativa:

> *A gente ia atrás e chegava lá no Ministério, na Secretaria da Fazenda, e tinha que registrar três livros, e tinha que ser naquele dia, porque, se não fosse, teria uma multa pra pagar. Aí vai, corre com os livros, faz abertura dos livros. [...] Pode perguntar pro Tiago [filho dela], ele tinha quatro pra cinco anos, ele lembra até hoje. A gente tinha que pegar a assinatura do advogado*

Encontro da Política com o trabalho **101**

– porque o estatuto havia sido refeito – então tinha que pegar a assinatura de novo e descer correndo pra poder entregar até às quatro horas [16h]. *Essa criança correu tanto, mas tanto! E nós conseguimos chegar, acho que faltava um minuto pra quatro horas, quando entramos. Ele sempre diz: "Mãe, eu nunca me esqueço daquele dia do advogado, que nós corremos tanto..."* [risos]. (Nelsa)

Motivações e expectativas

Umas das perguntas que fiz para algumas cooperadas diziam respeito às motivações que as levaram a fazer parte da cooperativa, e também às expectativas que as mantiveram nessa empreitada. Foi de fato muito interessante perceber quantas semelhanças, e, ao mesmo tempo, quantas singularidades surgiram como respostas a essas questões. A seguir algumas falas mostram tal fato.

Vale notar que há pontos de vistas evidentemente distintos entre as cooperadas fundadoras (como Isaurina e Nelsa) e aquelas que posteriormente se integraram ao grupo (como Terezinha e Julieta). Nesse último caso, parte das motivações e das expectativas em relação à cooperativa advinha da própria experiência da Univens, a qual já existia ali, bem próximo delas, e era passível de verificação.

Primeiramente é Isaurina quem nos fala a esse respeito:

> *Eu não imaginava nem como seria, nem como deveria ser* [...]. *Eu imaginava assim: "Mas será que eu vou me adaptar nesse trabalho, com isso de estar conversando, de estar discutindo, de estar levando e dando ideia?". Eu achava que o projeto era bom, mas eu não tinha grandes esperanças. Não havia uma imagem, uma luz que abrisse e dissesse assim: "Isso aí é uma coisa que vai dar totalmente certo". Não. Pra mim era um mistério.* (Isaurina)

Julieta, por sua vez, não participou do "mistério" que circundava a fundação da cooperativa, mas pôde acompanhá-la bem de perto: ela morava logo em frente da Capela, local de reunião e de trabalho do grupo. Além disso, entre as fundadoras estava Edília, sua tia, pessoa que a mantinha informada do percurso – e dos percalços – do grupo. Mais tarde, ao sair do emprego que exercia até então, ela resolveu aproximar-se para conhecer a experiência e optar ou não por sua participação como cooperada:

> *Eu entrei e comecei a conhecer como era. As reuniões fora, toda essa solidariedade, de pessoas de baixo conseguirem vencer através da Economia Solidária. **Teve tudo pra me chamar a atenção, sabe?** [grifos nossos] [...] Eu achei legal porque são várias pessoas juntando um determinado comum ali,[grifos nossos] lutando, cada um com suas ideias, mas sempre em grupo, sempre ali, em que todo mundo sai beneficiado. [...] **Aquilo começou a me chamar a atenção de que é possível uma outra maneira de trabalho** [grifos nossos]. Por que geralmente tem aquele grandão lá, que ganha montanhas de dinheiro, enquanto que a gente está suando pra ganhar, pra ele ganhar. E na verdade ali não, **todo mundo trabalha, todo mundo sonha junto, todo mundo administra junto, todo mundo resolve junto e todo mundo divide aquele esforço todo** [grifos nossos]. (Julieta)*

Terezinha também se uniu ao grupo mais tarde, mas o acompanhou com devota admiração, dentro da própria casa, pela vivência de sua mãe, Isaurina:

> *****Desde que começou, eu admirava,** [grifos nossos] porque de repente um grupo de mulheres, que nunca se autogestionaram... Trabalhavam uma numa fábrica de uma coisa, outra numa fábrica de costura, outra vem de trabalhar em casa, tinha máquina em casa, e aí **parece um bando de loucas que de repente resolveram que podiam fazer alguma coisa. E fizeram.** [grifos nossos] [risos] [...] Tem gente que não se dá o direito nem de sonhar. **E elas sonharam e sonharam alto** [grifos nossos]. Porque tu imaginar que tu pode, dentro do mercado de trabalho que tá agora, que não absorve nem aqueles que têm estudo, quem dirá pessoas que não tinham estudo, que não tinham mais nem idade de estar no mercado de trabalho, ou por serem jovem demais [...] ou por estar velho demais, ou por não ter qualificação profissional. E ainda sem nunca ter feito um tipo de negócio desse? Aí de repente resolveram, botaram na cabeça que podiam fazer. E sem ter um outro grupo pra se espelhar. [...] Por isso que eu digo que é como se fosse um bando de loucas, que botaram uma ideia na cabeça e que **todo mundo ficava assim, ó:"Mas o quê isso? Tão pensando o quê essas mulheres? Que vão revolucionar o mundo**

agora?" [grifos nossos] [...] *Porque tem muita gente que achou que aquilo ali ia ser só um fogo de palha.* [...] ***Eu tinha o maior orgulho de saber que tinha essa cooperativa aqui. E tinha vontade de trabalhar lá dentro, de estar junto com elas*** [grifos nossos]. (Terezinha)

Quanto às suas expectativas, Terezinha diz o seguinte:

*Bem, em primeiro lugar, **eu tinha aquela expectativa de arrumar um trabalho perto de casa, onde eu ia poder ter o meu sustento e dos meus filhos** [grifos nossos]. E era uma coisa que eu queria fazer porque eu gostava daquilo ali, no caso, de costura. **E tinha aquela expectativa de entrar num mundo completamente diferente** [grifos nossos]. [...] Eu sabia que era um outro mundo. E que não tinha nada a ver com aquilo que eu já tinha feito. Não era o de ser empregada, o de ser patrão, o de trabalhar em casa por conta própria. [...] A organização é tua. Estar lá na cooperativa eu sabia que ia ser um outro mundo, de participação, de divisão.* (Terezinha)

A primeira fase: três anos trabalhando na Capela

A Capela, que parte do grupo de cooperadas da Univens ajudou a construir, serviu de primeira casa para a cooperativa. Sem outra possibilidade de local para trabalhar, não tiveram outra opção que não a de recorrer à compreensão e ao acolhimento não apenas dos moradores que a frequentam, como também do padre responsável pelo espaço:

Elas precisavam de um espaço e não tinham. Não tinha nem na associação de bairro, não tinha nada. O próprio salão da igreja, quem conseguiu foi esse grupo, essas pessoas. As missas em si eram celebradas num salãozinho dentro da creche antes. [...] Elas iam lá pro salão da Capela. Só que daí, chegava lá, tu imagina a igreja. Aquele monte de banco e tudo ali. Cadeiras, não eram bancos. Elas afastavam as cadeiras pra um lado, colocavam os cavaletes, pegavam umas tábuas grandonas e faziam uma mesa de corte. [...] Todos os dias montavam e desmontavam aquilo ali. E foi assim uns três anos. Iam pra lá de manhã, no início era bem pouquinha coisa, num instantinho elas faziam. Só que depois foi crescendo. Na fita [de vídeo] até mostra as mulheres lá, cortando e fazendo os pacotinhos pra separar pra cada costureira levar. Depois elas iam pra casa. Parecia um bando de formiguinha com as coisas, carregando o seu trabalho. [risos] [...] Daí elas pegavam e cortavam o tecido, separavam as coisas e depois desmontavam. No final do dia elas voltavam lá pra dobrar as camisetas, empacotar tudo, fazer aquele mutirão [...] E um envolvimento bem grande. [...] Elas todas vinham e participavam, de dobrar as roupas, de entregar, de sair pra levar nos lugares. (Terezinha)

Isaurina ressalta que foi justamente nos primeiros momentos de trabalho na Capela que o grupo teve de desenvolver um modo próprio de organizar o trabalho:

Eram praticamente quatro, cinco pessoas que trabalhavam na capela. Era praticamente o corte, porque o resto tudo era feito em casa. E aí a gente teve que se adaptar a trabalhar junto. [...] Foi garrando e agregando mais pessoas. Então, a gente teve que fazer uma discussão melhor, porque daí a gente já tinha um espaço pra se reunir. Daí nós já tivemos que colocar... Dizer que todo dia às oito horas da manhã as pessoas tinham que estar lá pra discutir, ver o que tinha que fazer, se tinha que participar de alguma reunião fora, se tinha que pegar trabalho, se tinha algum trabalho que tivesse chegado e que a gente tinha que ver os valores. Então a gente tinha que todo dia de manhã estar todas as cooperadas lá, pra gente decidir tudo junto. Porque, no momento que a gente foi pra lá, havia um trabalho diversificado. (Isaurina)

Nelsa relembra o respeito das pessoas do bairro com o trabalho delas:

O que a gente fazia? A gente tinha que montar o cavalete pra poder montar a mesa [de corte], todo dia. E quando tinha catequese a gente desmanchava e ia embora. Não sei como nunca ninguém nunca nos roubou nada. Teve uma época que a gente trabalhou pro "1,99", ele dava o tecido e a gente fazia. Sabe aquelas capas para cadeira e banco? [...] Eram pilhas! Ele deixou pilhas lá! E ficava lá e nunca ninguém pegou nada, nada, nada. (Nelsa)

Nessa mesma época, ainda na Capela, o grupo de cooperadas começou a desenvolver um produto que posteriormente tornou-se marca importante da Univens, a "multimistura":

Ao mesmo tempo formamos outro grupo produzindo multimistura (complemento alimentar, composto de folha de aipim, farelo de arroz, casca do ovo, sementes e farinha de milho, indicado para desnutrição e prevenção de doenças diversas). No começo era um trabalho voluntário, mas depois se transformou numa fonte de renda. Desde 1996, participamos das licitações do Hospital Conceição, que adotou a multimistura e a distribuía temporariamente aos postos de saúde. Com o tempo, a cooperativa passou a ter três frentes: da costura, da multimistura e, por último, a serigrafia, que estampa e personaliza os produtos da confecção. (Nespolo, 2003, p. 09)

A precariedade dos primeiros trabalhos

Os primeiros trabalhos realizados pela Univens caracterizam-se pelas mazelas da "facção", contratos frequentes no ramo da confecção no Brasil, nos quais o contratante remunera os trabalhadores por peça produzida, em geral, a cifras irrisórias, por não dizer aviltantes. Em seu livro, Nelsa explica como funciona esse tipo de trabalho e comenta essa fase da cooperativa: "A costura iniciou com facção que é quando as peças de roupas já vêm cortadas e o que pagam é muito pouco. É a continuidade da exploração que vivíamos nas fábricas" (Nespolo, 2003, p. 09).

Como se não bastasse, ainda enfrentaram outros problemas:

> Já o primeiro serviço que a gente fez foi um horror. [...] Teve um serviço de facção que a gente fez, uns moletons. Era um real cada moletom. De capuz, [com bolso] canguru, com fecho e tal: um real! Imagina! E era assim: tinha gente que não sabia nada [de costura], tinha gente que sabia alguma coisa, tinha gente que sabia e não tinha máquina. Então, pra ninguém ficar de fora, a gente juntou grupos em casas. Então ia ter quem olhava, quem tirava fio e quem costurava! [risos] Isso não ia dar certo, né? [...] Pra poder ter lugar pra todo mundo, já que ficaram as 35. E também não tinha onde botar máquina lá na Capela. Imagina botar uma overloque lá, e ia criança, podiam mexer. [...] Quando veio o dinheiro, foi horrível, porque não deu pra dividir nada. Imagina esse monte de gente, foi uma mixaria, foi um desespero. (Nelsa)

A saída de cooperadas do grupo

Nelsa prossegue sua narrativa dizendo que essas dificuldades acarretaram não apenas a saída de várias companheiras, como também a frustração da grande expectativa que o grupo nutria, a de prestar serviços para o Hospital Conceição:

> *Por isso que algumas saíram. Também porque viram que não ia sair o trabalho com o Hospital. Porque sabe qual era a expectativa? Era que nós íamos fundar a cooperativa e o Hospital ia trazer de caminhão as coisas pra gente fazer. Nós imaginávamos isso! [...] A cooperativa foi criada nessa expectativa, de trabalhar pro Hospital. Foi essa a expectativa que eles nos deram. [...] Era isso que a gente pensava. Na época, em vez dele continuar o projeto com a gente, o hospital fez um convênio com as presas do "Madre Pelletier[14]". Então não veio pra gente, por isso que a gente perdeu. Mas também, Cris, eu falo isso pra todo mundo hoje. Nós demoramos em saber disso. O hospital não abria o jogo e nisso nós ficamos na expectativa por mais de um ano. (Nelsa)*

Nos trechos seguintes, Isaurina e Nelsa revelam mais sobre os motivos para as saídas de cooperadas da Univens:

> *Com o correr do tempo, as pessoas foram saindo, as primeiras. Nós éramos em 35 e terminou ficando em 22, por causa que algumas precisavam de trabalho e de dinheiro imediato, outras viram que não era aquilo ali que elas queriam. [...] Outra pessoa porque faleceu, e outras saíram de livre e espontânea vontade. [...] Não foi por atritos que elas saíram. (Isaurina)*
>
> *Algumas pessoas saíram. Saíram com muita clareza, sabe? Algumas entraram e saíram e não entenderam nada, não chegaram a trabalhar nunca. E algumas chegaram e falaram assim: "Eu acho que a é proposta legal, mas eu não posso ficar esperando até a gente conseguir". Teve uma delas que conseguiu um trabalho e saiu, mas daí ela deu um ferro elétrico pra cooperativa, como uma forma de dizer: "Olha, vão pra frente! Eu acho legal isso que vocês estão fazendo". E as pessoas estão aqui em volta, sabe? Muitas saíram. Depois,*

---

[14] Penitenciária Estadual Feminina Madre Pelletier.

> *dentro da cooperativa teve um grupo que saiu, porque a gente não tinha como trabalhar todas na capela.* (Nelsa)

Um aspecto que nos surpreendeu foi o cuidado de algumas cooperadas na tarefa de interpretar as saídas e as dissidências ocorridas ao longo da história da cooperativa. É novamente Nelsa quem nos fornece elementos para exemplificar essa afirmação:

> Nem todas permaneceram nesse projeto [...]. O temperamento de cada uma trazia discussões acirradas nos momentos de reunião, até encontrarmos o caminho e um grupo mais definido que se afinasse com a mesma compreensão e forma de trabalhar. Acredito que esse seja o lado mais difícil de avaliar, pois não podemos afirmar que quem se afasta de um projeto como este seja por menos compreensão ou dificuldade de convivência. Mas poderíamos afirmar que uma equipe de incansável e profunda persistência permanece até hoje. (Nespolo, 2003, p. 12)

> *Nem todo mundo consegue se adaptar a trabalhar num grande grupo, mesmo que a gente considere que é importante esse trabalho coletivo. Tanto que algumas pessoas acabaram saindo. [...] Tem quem não consegue se adaptar a um trabalho em grupo, de jeito nenhum, por mais que precise de renda, não tem jeito. E às vezes não quer também ouvir crítica, não está a fim, quer dizer, também virar a vida pelo avesso não é todo mundo que se propõe, não é? [...] Mas também tem algumas pessoas que se propõem a um grupo menor e conseguem dar certo num grupo menor. E aconteceu isso dentro da cooperativa. Por causa desse trabalho nas casas, teve um grupo menor que foi se consolidando, foi se consolidando... Até que chegou um momento que a gente disse: "Ou vocês vêm com a gente e tocamos todo mundo junto, ou então vocês saem e tocam". E super boas as profissionais, e com máquinas boas também, sabe? Foi um baque. [...] Ai, pra mim, é um pedaço que sai! [risos] [...] Mas esse foi tranquilo. Apesar de ter tido esse baque, elas falaram assim: "Nós criamos uma sociedade, nós somos uma sociedade". E até hoje as três estão tocando e estão muito bem. [...] Sabe por quê, Cris? Todas as coisas são mais fáceis de avaliar depois de um certo tempo. Porque olha o que elas eram antes da cooperativa: elas trabalhavam pra uma facção, que as explorava pra caramba. Hoje elas conseguiram ver que elas não precisam depender de ninguém, e que elas podem trabalhar por conta, juntas. Então a cooperativa foi importante*

também, porque elas se juntaram, compraram suas máquinas, e hoje elas tocam. Elas têm as suas vidas com uma condição melhor. [...] Porque às vezes o pessoal pergunta: "Mas quantas ficaram?". Tudo bem, é um dado estatístico: ficaram metade das que começaram. Metade do grupo que está hoje na cooperativa está desde o começo. Esse é um dado, mas tu pode olhar ele de vários pontos. Onde é que está cada uma das pessoas que saiu, e o quê ficou de cada uma dessas pessoas pra gente também? (Nelsa)

O desafio dos primeiros trabalhos completos

As primeiras experiências de trabalho levaram as cooperadas da Univens a uma decisão audaciosa: "Avaliamos e repensamos, então decidimos buscar a produção de um produto por completo" (Nespolo, 2003, p. 09). No longo trecho abaixo, Nelsa nos conta como se deu a primeira experiência de um "produto completo", revelando suas vicissitudes, ou seja, as dificuldades enfrentadas e as táticas desenvolvidas pelo grupo para enfrentá-las:

Depois a gente percebeu que com facção a gente não podia tocar a cooperativa. O primeiro trabalho que a gente fez completo foi com o Sindicado dos Metalúrgicos, que foram as camisetas. A gente sem dinheiro... Ah, antes disso a gente conseguiu com que a CAMP[15] (ONG) nos ajudasse a comprar umas máquinas: [...] duas overloques e uma reta. Com esse dinheiro que veio deles, a gente abriu uma conta em nome da cooperativa. E compramos as máquinas, mas nós ficamos com a conta aberta, se a gente precisasse. Daí, pra esse primeiro trabalho, a gente pegou e deu um cheque pré-datado pra comprar a malha. [...] Em quinze dias nós precisávamos fazer as camisetas e entregar, porque o cheque era pra quinze dias. Imagine quinhentas camisetas! Era muita camiseta. Cris, sabe o que que nós fizemos? Nós começamos com as camisetas. E quem de nós sabia cortar? [...] E os moldes? Quem tinha? Quem sabia? Tudo isso a gente teve que desenvolver. Cris, quando a gente fala "começar do nada", é começar do nada mesmo, literalmente do nada. Então nós pegamos o quê? Eu tinha os moldes que eu costurava aqui em casa,

---

[15] CAMP – Centro de Assessoria Profissional. É um Centro de Educação Popular que desde 1983 organiza trabalhadores urbanos e rurais. Para maiores informações, consulte: www.camp.org.br

pegamos esses moldes. Percebemos que eles eram pequenos, o [tamanho] G precisava ficar maior, então o transformamos num tamanho maior. Fomos adaptando todos os moldes, nós criamos. A modelagem que tem hoje na cooperativa. [...] Aquilo que tem ali é nosso, não é de ninguém. A gente que foi adaptando e criando. E aí nós começamos a cortar pelas mangas. Cortamos todas as mangas primeiro, e então, quando fomos cortar o corpo, quando nós chegamos no fim, a gente tinha cortado manga demais. Ai, Cris, você não imagina! [...] Então a gente foi comprar mais malha, mas a malha já não era da mesma cor, então não pudemos aproveitar a mesma manga. A gente sofreu, sofreu demais. Quer dizer, é uma história sofrida. Ela é bonita, mas ela é muito, muito sofrida. [...] E na hora de dobrar, tinha "coisa escapada", tinha mal costurado. E de quem era? A gente vinha dobrar, às vezes, aqui em casa e uma de nós ficava lá na máquina arrumando as coisas que estavam erradas. Ou então, dessa vez, das quinhentas, nós fizemos um mutirão e distribuímos um pouco pra cada uma arrumar o que não estava legal. É um sentimento... Imagina, a ribana ficava enrugada. [...] Eu me lembro que tinha umas camisetas cinza, e a ribana que veio não dava, e tinha que dar, mas ficou apertada, sabe? Quase não entrava na cabeça. [...] Então a gente tinha que puxar bem pra poder alcançar a ribana. Porque tinha que dar o dinheiro, a gente não tinha sobra. Não tinha dinheiro de giro que nem hoje. Hoje pode acontecer da gente falhar num cálculo, mas tu repara num outro que tu faz. [...] Agora naquela época não podia, Cris. (Nelsa)

A luta por recursos: o encontro de parceiros importantes

Desde o início de seus trabalhos, o grupo de cooperadas da Univens procurou e lutou por apoios. Em função das suas necessidades e das dificuldades, elas reuniram informações, fizeram contatos, bateram em diversas portas e, a duras penas, escreveram projetos com o intuito de pedir financiamentos para diversos fins, encaminhando-os, inclusive, para o exterior. O trecho a seguir ilustra esses fenômenos no que tange às atividades do grupo da culinária:

No salão capela, em parceria com a Fundação IOCHPE[16], reformamos e azulejamos toda a cozinha. Ela ficou em condições de conseguirmos o alvará da Secretaria da Saúde. Mesmo sabendo que a cooperativa não poderia permanecer na capela, todas entendemos ser um benefício que ficaria para a comunidade, seria também uma contrapartida pelo uso do espaço. [...] Como grupo de multimistura, também não tínhamos quase nada, então fizemos um outro projeto para a Fundação IOCHPE e nos equipamos com fogão industrial, liquidificador industrial, bujão de gás e misturela para torrar o farelo. Buscamos nos capacitar também profissionalmente e neste sentido a SMIC foi uma importante parceira. Fizemos curso de costura, de culinária, pois só a multimistura e as bolachas de multimistura geravam uma renda instável, então começamos a produzir cucas, roscas, panetones, folhados e outros. [...] Com o Orçamento Participativo e a SMIC, conseguimos também o empréstimo de algumas máquinas [...] (Nespolo, 2003, p. 08)

O trecho seguinte fala de outras parcerias e apoios conquistados pelo grupo mais tarde, quando a cooperativa já estava instalada no prédio da Incubadora, outra grande conquista da Univens, relatada adiante neste capítulo. Este trecho, inclusive, é parte de um dos projetos escritos pela cooperativa:

Tivemos um novo apoio da Cáritas (Igreja Católica) onde 60% do valor foi devolvido para apoiar outros grupos. [...] Tivemos a ajuda do COEP (Comitê de luta contra a fome) onde reequipamos todos os três setores (galoneira, reta, máquina de corte, freezer, batedeira industrial, amassadeira elétrica, liquidificador industrial, mesa de serigrafia com berços, secador, mesa de gravação, telas de alumínio, e computador com impressora). A alimentação teve mais cursos em parceria com a EMBRAPA[17]. Em 2000 criamos uma parceria com a artista plástica Cristiane Löff e lançamos uma coleção de camisetas de Porto Alegre. A Fundação Luterana apoiou o projeto e em um ano retornamos o dinheiro investido. (Univens, 2002, pp. 05-06)

---

[16] A Fundação IOCHPE, instituída em 1989, desenvolve programas nas áreas de educação, cultura e bem-estar social, por meio de parcerias entre instituições públicas e privadas. Para maiores informações, consultar www.fiochpe.org.br .

[17] EMBRAPA – Empresa Brasileira de Pesquisa Agropecuária.

Isaurina também comenta as parcerias e os apoios recebidos pelo grupo, no que se refere aos seus instrumentos de trabalho, as máquinas da costura. Na passagem seguinte, é notável o senso de responsabilidade dela em relação às máquinas emprestadas, bem como a atenção que dedica à função social destas:

> As máquinas que nós temos ali, todas as máquinas, elas foram compradas com projetos. As máquinas também não são da cooperativa. Só uma galoneira que é da cooperativa. As outras foram compradas desse jeito, foi feito um projeto, veio o dinheiro e a gente comprou as máquinas. E tem as máquinas que foram compradas com o dinheiro do COEP. Então pra essas máquinas foi feito um documento com uma permissão de uso de dez anos. E dizem que a máquina tem vida de dez anos... Então vamos supor que semana que vem se desacertamos e... terminou a cooperativa. Aquelas máquinas são devolvidas pro COEP. O COEP vai repassar elas, já que nós não podemos vender porque as máquinas não são nossas. [...] Só tem uma que é da SMIC. Essa é cedida. A SMIC comprou e cedeu pra nós. Se chega amanhã e eles acham que precisam da máquina e nós não temos uma explicação pra dar pra eles, eles dizem: "Não. De qualquer maneira, vocês têm melhores condições, vocês têm mais máquinas, então esta máquina nós vamos levar pra dar pra outro grupo". E nós somos obrigados a entregar. Porque ela é emprestada. [...] Eles pegam e emprestam, vem ali e botam a plaquinha. Eles têm um controle, se precisa ou não precisa. (Isaurina)

Na continuidade deste capítulo, outras relações de parceria – tecidas pela cooperativa com o poder público, organizações civis e instituições internacionais – surgirão. No entanto, nem todas puderam ser mencionadas aqui, uma vez que nossa intenção não é a de fazer um levantamento completo dessa questão, mas apontar para as habilidades políticas e as técnicas que as trabalhadoras tiveram de desenvolver, por imperativos das condições precárias de seus recursos iniciais.

A cooperativa "incuba" a Incubadora

Após as primeiras experiências de trabalho da cooperativa, novos contratos aconteceram e um impasse foi, aos poucos, configurando-se e ganhando forças. À medida que o trabalho e a esperança no futuro da cooperativa cresciam, mais urgência elas sentiam em conseguir outro local para sediá-la. O grupo vibrava com cada nova encomenda feita, mas, logo em seguida, ressentia-se da falta de espaço: espaço para dispor as matérias-primas, as peças produzidas, além das máquinas conseguidas pelos apoios recebidos. A situação do telefone também era urgente. Durante todo esse tempo, a cooperativa tinha como contato a linha da residência de uma das cooperadas. Por outro lado, a Univens ainda não tinha alcançado a solidez necessária para dar conta sozinha de custos fixos como aluguel e contas de telefone de um espaço comercial.

Durante os três anos em que as cooperadas da Univens trabalharam na Capela, várias integrantes do grupo continuaram participando ativamente das atividades do Orçamento Participativo na Vila. E foi novamente aí, nos fóruns do OP, local de nascimento do grupo e da cooperativa, que elas encontraram solução para o impasse da sede do grupo. Orientadas por essa necessidade, em um processo dialético, novamente o grupo de mulheres se voltou para o espaço político que tinham como referência, e ali desenvolveram a ideia e lutaram pela construção da primeira Incubadora Popular de Cooperativas e Grupos da cidade, conseguida em 1998.

Pode-se afirmar, portanto, que essas mulheres vislumbravam, no espaço político do Orçamento Participativo, não apenas um campo propício para lutar por melhorias nas condições infraestruturais de seu bairro, mas serviram-se dele para propor uma política pública de geração de trabalho e renda e para promover ações de desenvolvimento local da Vila que ajudaram a construir, trabalhando, dessa forma, por melhorias das condições de vida de modo ampliado no bairro.

É Isaurina quem nos fala deste processo:

> *Aquele espaço ali [a Incubadora], **ele foi uma busca em cima do Orçamento Participativo** [grifos nossos]. Tu participando, tu descobriu como tinha a incubadora empresarial ali no Centro e a da Restinga, e não tinha uma pra grupos. E a gente achou, dentro da discussão, que poderia ter um espaço pra grupos trabalharem assim. Aí a gente foi e colocou nas reuniões, e ela entrou no Orçamento. [...] Foi onde outras entidades de outros locais abriram mão de certas coisas. Por exemplo, o pedido de uma creche. Mas o valor que dava pra fazer aquela creche, o dinheiro não comportaria pra fazer. Ou pra fazer um galpão de reciclagem, mas aí teria que deixar aquele dinheiro parado até o outro ano. Então o pessoal achou que era um projeto importante e abriu mão*

daqueles valores. Aí, quando entrou no Orçamento, a SMIC entrou, a prefeitura. Então pensamos: "temos que garrar e procurar o espaço". Procurar o local. [...] Nós que buscamos o local. Então a gente fazia pesquisa. Chegava de tardezinha e saía. Via que aquele prédio estava pra vender, aquele terreno estava pra vender. Aí a gente localizou aquele galpão ali. Então chegava no final de semana, o pessoal lá da SMIC vinha e a gente mostrava: tem esse aqui, tem aquele ali... Então eles iam buscar negociação pra comprar. Desde o primeiro dia, a gente apresentou aquele ali, e eles foram buscar com o pessoal. Na realidade o que foi melhor foi aquele ali, buscando em tudo. Tinha que fazer umas reformas, então eles fizeram as reformas. Na época eles pagaram oitenta mil [reais] pelo prédio, com o terreno. E gastaram mais 80 mil pra fazer as reformas dentro dele, porque ele era um galpão pra depósito de bebida. [...] Eles adaptaram tudo. **A gente sempre diz que aquilo ali é um pedaço nosso, porque foi como uma casa da gente. Quer dizer, desde que eles começaram a fazer a negociação, a gente começou a participar junto, até a compra. Depois, durante a reforma, a gente ia todos os dias lá, e nós dizíamos que tinha que ser "assim"** *[grifos nossos]. Aquilo que nós achávamos que não deveria mexer, aquilo que a gente não concordava, a gente dizia. "Olha, eu acho que lá está errado, tem que ser assim, tem que ter aquilo..." [...] A gente lutou pra ter o espaço e acompanhou, passo a passo, toda a reforma. Até a licitação que teve, algo pequeno, não muito burocrático na prefeitura, pra gente entrar lá. Ela ia sair no mês de agosto* [de 1999] *e nós conseguimos entrar no mês de fevereiro* [do mesmo ano]. *Quando estava pronto, eles vieram e nos liberaram. E a gente fez um coquetel lá, de inauguração da Incubadora e tudo.* (Isaurina)

Ao ouvir Isaurina, notamos o quanto o grupo de cooperadas lutou e zelou por essa Incubadora, desde os seus primórdios. Não se trata de exagero, portanto, afirmar que, paradoxalmente, foi a cooperativa que "incubou" a sua Incubadora.

Porém, vale dizer que a proposta inicial para esse projeto nunca chegou a ser implementada, uma vez que ele contemplava não apenas a cessão do uso do espaço e das instalações materiais (luz, água, telefone, computador com acesso à Internet, entre outros recursos), como também a realização de atividades de formação e assessoria aos grupos incubados por parte de uma equipe da SMIC, o que nunca chegou a acontecer de maneira satisfatória, conforme fala Nelsa no trecho a seguir: "A incubadora para nós transformou-se num porto seguro, onde poderíamos ficar por até quatro anos. Mas não conseguimos lá aprofundar a capacitação, nem em formação pessoal, nem profissional" (Nespolo, 2003, p. 13).

Apesar do amplo canal de comunicação e da forte influência que o grupo tinha sobre o poder público na época, elas nunca conseguiram completar o projeto da Incubadora como gostariam, conforme demonstra Isaurina:

> *Nós trabalhávamos no início só naquela parte que hoje trabalha a costura. O corte e a costura eram ali. [...] Aí começou a aumentar os pedidos e aquele outro espaço estava vazio. Nós tínhamos uma boa relação com o gerente* [funcionário da prefeitura responsável pelo espaço] *que trabalhava ali, e começamos a conversar com ele e com o Secretário. [...] Então chegou num ponto que a gente pediu pra eles abrirem, pra aumentar aquele espaço pra nós. [...] Porque dentro dessas plenárias que teve do Orçamento Participativo, até o próprio Secretário da SMIC, teve um ano que a gente teve poderes para fazer a discussão e colocar o secretário lá. Nós chamamos os representantes [de outros grupos] e colocamos isso numa reunião lá no Centro. Juntaram os Conselheiros lá, a gente fez um grupo, e colocamos que o Secretário da SMIC deveria ser Fulano. A gente indicou e a gente conseguiu.* (Isaurina)

Em tais passagens do livro de Nelsa, ela não apenas analisa, com impressionante senso crítico, as ações do poder público local, mas também retoma o surgimento da Incubadora junto ao Orçamento Participativo, inserindo-o nos cenários macroeconômico e político atual. Em seguida, alça voos mais altos, ao sonhar com o alcance em longo prazo de várias Incubadoras como a da Vila:

> O poder público tem que atender as necessidades de seus cidadãos. Qual é a maior necessidade hoje? O desemprego é gritante, mas as saídas nunca foram atribuições da administração municipal. Então começamos a participar deste debate, demandando a necessidade de cursos e capacitação e empréstimo de equipamentos de trabalho. Participamos na região e na Temática do Desenvolvimento Econômico também. Foi onde encaminhamos a necessidade de um espaço que se definiu como a primeira Incubadora Popular. [...] Um dos caminhos que acredito ser uma nova forma de pensar nossa vida, nossa mão de obra, pois, conforme conquistamos as demandas de infraestrutura (saneamento e pavimentação), o desafio cada vez mais será no social, e o social vai cada vez mais estar ligado à vida difícil das pessoas frente à falta

de trabalho. O Orçamento Participativo fará esse debate de forma cada vez mais aprofundada. Quem sabe além de máquinas e cursos, conquistemos políticas de incentivo a esses grupos alternativos de geração de renda perante tantos impostos. Quem sabe fazemos uma inversão de propriedades, pois os incentivos e a isenção fiscal ficam para as grandes empresas e geralmente multinacionais. Quem sabe consigamos mudanças para que as licitações facilitem a participação das cooperativas alternativas. (Nespolo, 2003, pp. 11-12)

E continua

A primeira incubadora popular, conquistada por nós no Orçamento Participativo, é um prédio que abriga grupos de produção formais ou não, que ficarão neste lugar por um tempo, e depois deixarão o lugar para outros. A nossa grande expectativa e responsabilidade é que realmente este projeto se afirme, porque, se espalhando em toda a cidade, será um incentivo para esta forma alternativa que gerará futuras cooperativas. E dessa forma será um grande desafio de organização, pois organizará a vida e a economia, e apontará para essa alternativa de viver uma sociedade nova com novos valores. E no futuro não longínquo construiremos a grande rede de produção e consumo cooperativado... (Nespolo, 2003, p. 13)

A conquista da estabilidade econômica

A transição para o espaço da Incubadora marca também uma época de franco crescimento econômico da cooperativa. Pouco a pouco, os contratos de trabalho da Univens cresceram e trouxeram novos desafios para o grupo:

Nesse meio tempo, quando fazia meio ano que a gente estava na Incubadora, veio o presidente da CEASA, que resolveu fazer uma modificação lá. Porque todo mundo trabalhava lá com os seus guarda-pós, à sua maneira. E, como ele já nos conhecia, ele nos convidou pra fazer. Ele foi lá [...] e nos explicou como é que eles queriam o modelo. A gente trouxe pra cá, e teve que se reunir pra ver o preço que nós íamos cobrar, quanto é que ia ser [...]. Foi um produto importante, e já faz quatro anos que nós estamos trabalhando pra eles. [...] Foi um trabalho difícil porque a gente teve que participar das reuniões lá. E ele abriu pra mais empresas, não foi só pra nós. A gente teve que ir pra lá fazer a propaganda, levar os cartõezinhos pra dar pras empresas e botar um jaleco exposto lá, um modelo que a gente tinha feito e tudo, pra ver se eles gostavam. E dar o preço, ver se aquilo ali ia se encaixar. **E realmente nós ganhamos a licitação das empresas** [grifos nossos] *e fazemos até hoje os uniformes pra eles. [...] Depois o presidente da CEASA saiu e entrou outro, e continuou o mesmo trabalho e a mesma busca.* (Isaurina)

Abaixo Nelsa nos fala do processo de "consolidação no mercado" construído paulatinamente pela Univens. As incertezas iniciais, aos poucos, deram lugar a uma carteira cada vez maior e mais diversificada de clientes, fato que trouxe maior estabilidade econômica para a cooperativa:

Parece que tu é diferente, mas não! Olha, teve uma época da história da cooperativa que a gente achou que podíamos fracassar. Foi quando a gente criou as camisetas de Porto Alegre. [...] Porque a gente pensou que o mercado é competitivo, esse das camisetas [por encomendas]. *E nós estamos no Rio Grande do Sul, perto de Santa Catarina, e lá tem isso a varrer. Só que o mercado, ele virou. [...] Elas começaram a ter representação aqui* [as empresas de SC] [...]. *E não é nem fábrica, é assim: tu monta uma empresa e tu vende camiseta, mas tu não faz nada. Tu compra ela pronta de lá* [...]. *E as facções, teve isso também. Mas agora está num período mais estável, sabe? Muitos desses que organizaram empresas* [de representação] *não conseguiram garantir prazo e foram quebrando, quebrando,* **e a gente foi ficando. E a gente foi conseguindo também ir se consolidando no mercado** [grifos nossos], *mas teve uma época em que a gente ficou muito inseguro, porque viver só de encomenda é uma coisa que te deixa vulnerável, e a gente tinha períodos que tinha pouco trabalho.* (Nelsa)

Pra nós, os meses de fevereiro e março sempre foram horríveis. **Nesses últimos dois anos é que está sendo maravilhoso** [grifos nossos], *mesmo sem Fórum Mundial, foi maravilhoso esse ano* [2004]. *[...] Nós não paramos.* **Porque a gente começou a entrar em outros mercados: escolas, atividades** [congressos, eventos], **empresas** [grifos nossos]. *[...] É bem ampla [a carteira de clientes da cooperativa]. A gente foi diversificando: escola de natação, sapatinho de cachorro... Essas coisas que têm mercado o ano todo. Aliás, sapatinho de* *cachorro garante a gente exatamente nessa época.* [...] *Baixam as outras [encomendas] e ela vem com tudo.* (Nelsa)

Gerar renda estável para todos os seus cooperados, e em um patamar bem superior aos valores praticados pelas empresas tradicionais do setor, pode colocar questões e ocasionar dilemas indesejados para as cooperadas da Univens. Exemplo disso é esse contrato citado por Nelsa, os sapatos para cachorros. Cidinha e Terezinha tratam desse tema:

> Para minha surpresa, Cidinha começa uma conversa comigo enquanto eu estava no computador, próximo a ela, procurando um texto na Internet sobre 'manta térmica', feita com caixinhas de leite longa-vida, para o grupo de reciclagem da Vila (um pedido de Nelsa). Ela reclamava dos sapatinhos para cachorro e eu passo a falar com ela. Diante da receptividade, sento-me ao lado dela e ali fico até o fim de seu horário. Ela fala das dificuldades em costurar aquelas peças e do desgosto que sente com isso: *"Quem vai usar isso num cachorro?* [...] *E dizem que vendem por trinta reais, o conjunto!* [...] *Eu sofro para comprar um tênis para o meu filho! Não gosto, não gosto e não gosto disso!* [...] *É que nem namorado, quando não gosta, não dá certo* [risos]. *Eu já faço sem entusiasmo".* (Diário de Campo, 21/06/2004. p. 74)

> **Como as demais, Terezinha estava "fechando" os sapatos para cachorro naquele momento. Sobre isso, ela me diz:** *"Às vezes me dá uma angústia fazer isso, sabendo que as pessoas pagam tão caro, tendo tanta criança de pé descalço por aí.* **Mas a gente não pode escolher sempre o serviço"** [grifos nossos]. (Diário de Campo, 11/11/2003. p. 13)

Um marco econômico e simbólico muito importante para a Univens foi o contrato para a realização das camisetas e das sacolas para os três Fóruns Sociais Mundiais ocorridos em Porto Alegre (2001, 2002 e 2003):

> *Sete anos atrás, quando nós fizemos as primeiras camisetas dos metalúrgicos, quando a gente andava na rua e via alguém com elas, nós fazíamos um escândalo! Você não imagina!* [risos] *A gente apontava e gritava! Agora, hoje, nós não sabemos mais quais são, porque são tantas, tem várias. E depois do Fórum Social Mundial, então, deu outra dimensão.* [...] *As camisetas foram*

pro mundo inteiro. [...] *E isso eu acho que fez crescer muito a cooperativa, sabe? As gurias falam: "Nossa! Quando eu imaginei que ia falar com alguém da França, alguém da Itália, da Argentina, de São Paulo, do Amapá?!". Porque nós fizemos as sacolas e as camisetas dos Fóruns.* **Então parece que o mundo de repente tomou uma outra dimensão** [grifos nossos]. *É isso, Cris: a gente teve muita sorte de estar na hora certa, num momento especial da história. Uma das pessoas que fez contato com a gente, pra gente fazer as primeiras camisetas pro Fórum Mundial,* [...] *disse assim: "Tu sabe que eu me sinto mais importante do que qualquer político, do que qualquer pessoa que passou na história, por estar vivendo esse momento do Fórum Mundial, que se inicia. Porque muitas pessoas que passaram por esse mundo, não tiveram a oportunidade que a gente está tendo".* (Nelsa)

Outro aspecto importante da história da Univens trata das várias experiências de intercooperação econômica vividas e organizadas pelo grupo. Abaixo, Nelsa exemplifica essa afirmação, expondo o cuidado e o respeito que dedicam às outras cooperativas envolvidas em um processo como esse. Além disso, mostra como precisaram lutar, muitas vezes, por certos contratos:

Mesmo essas sacolas do Fórum da Educação, Cris. É o terceiro ano que a gente consegue fazer com quatro empreendimentos juntos. É lógico que a gente acaba assumindo mais o risco porque a gente é que acaba comprando o tecido e tal. [...] *Nós compramos pra todos* [os grupos] *e cortamos pra todos. E agora a gente está fazendo a impressão também* [serigrafia]. *Esse ano a impressão vai ficar aqui, mas nos outros anos tinha um outro grupo que também fazia impressão. Mas acho que eles estão muito fraquinhos... Eles não se manifestaram, a gente os procurou e tudo* [...]. *E a gente quase perdeu essas sacolas! Nós fomos atrás, sabe? Eles queriam fazer com aquele material sintético, então a gente foi pra cima: "O que é isso?! É o Fórum da Educação! Tem que ser dentro da Economia Solidária!". Sem contar também que tem que ser algum material que faça bem pro meio ambiente. E assim conseguimos retomar toda a discussão. Não foi fácil.* [...] *A gente foi pra cima.* [...] *Agora são quatro empreendimentos tocando e cada um está botando a sua etiqueta. Por quê? Pra garantir a qualidade de cada um, mas também pra gente não monopolizar. Porque, senão, todo mundo que quiser sacolas vai entrar em contato com a Univens. E, desse jeito, não, pode entrar em contato com a VICTOR YES, com a BEM-ME-QUER, com a MORRO DA CRUZ* [outras

> cooperativas], *e fazer a encomenda direto com elas. Assim abre mercado pra todo mundo. [...] A gente conseguiu fazer os três* [Fóruns Sociais Mundiais], *e sem disputar mercado. E colocamos também isso: "Gente, quantas cada uma garante fazer?". O quanto cada empreendimento pode fazer, no seu ritmo; sem abrir mão do que está fazendo. [...] A gente não está colocando nenhum valor em cima. O valor que a costureira da Univens está ganhando pra costurar é o mesmo valor que a costureira da MORRO DA CRUZ ganha. [...] Do mesmo jeito. [...] Porque, quando é uma coisa mais aberta e transparente, também se tem mais seriedade. Quando alguém sente que existe um dono, não consegue ter a mesma cumplicidade e responsabilidade.* (Nelsa)

Uma das perguntas que fizemos a Isaurina pedia justificativas para "o sucesso econômico" da Univens. Afinal, são notórias as dificuldades por que passam as cooperativas de confecção, já que, como disse Nelsa, elas têm de enfrentar um mercado extremamente competitivo, caracterizado pela forte exploração da mão de obra, em geral contratada informalmente ou terceirizada, como nas facções.

> *O segredo desse sucesso... Não tem o vendedor, tu mesma vende o teu produto. Como que tu vende o teu produto? Participando, não é? Em todos os espaços que tu pode estar, tu está* [...] *sempre que tu tenha um pequeno conhecimento de alguém. Então sempre tu está levantando as entidades que estão sendo representadas, e a Univens sempre está lá* [...] *ela está presente, se representando.* [...] *Tem a etiqueta também, que é uma coisa que divulga muito. E buscando sempre uma qualidade melhor.* [...] *Também tem a qualidade do tecido, da mão de obra, do prazo... Tudo isso aí tu busca. E o preço também, porque a gente sempre busca fazer o preço justo.* (Isaurina)

A situação econômica atual da cooperativa

É novamente Nelsa quem nos fornece informações importantes para compreender a realidade econômica atual da Univens. Ela fala do intenso ritmo de trabalho atual do grupo e das dificuldades de encontrar tempo para desenvolver outros produtos. Justifica a impossibilidade de recusar contratos devido à relação de parceria e aos vínculos afetivos que o grupo nutre com alguns clientes, e, em seguida, como lhe é próprio, tece propostas de como lidar com essas situações, apontando, entusiasmada, para um ousado projeto do grupo:

Hoje eu acho que a gente está numa fase... [fala com um tom entusiasmado] *Só que a gente tinha que tentar fazer com que o nosso ritmo de trabalho pudesse render mais, trabalhando menos horas. Eu acho que a gente tem uma carga horária que está sendo terrível. [...] Eu não sei como a gente podia conciliar, porque a gente tem vontade de desenvolver outro produto, mas não consegue ter tempo pra isso. Ah, eu vou te mostrar amanhã! Nós estamos com umas oito "artes" novas de camiseta. Nós não conseguimos tempo pra parar todo mundo e dar uma olhada. [...] A gente tinha que agregar mais valor no nosso produto e ter uma carga de horário menor. [...] Mas não tem como tu pegar e dizer assim: "Olha, nós não vamos pegar esse serviço aqui". [...] Porque estabelece uma relação afetiva também com as pessoas, é difícil. [...] A gente tem uma relação afetiva com os clientes. [...] Puxa, vai ter um Congresso agora esse mês, ele [o cliente] está precisando disso, como é que a gente vai dizer pra ele que a gente não vai fazer? [...] Porque ele também é um parceiro. [...] Não é só mercadológico. E mesmo os que a gente tem uma relação comercial, a gente também tem uma relação afetiva. [...] Ainda mais se é uma pessoa legal, que nos respeita, que é pontual, é sério. Você vai deixar na mão? Não sei se nisso também a gente deveria ser um pouco mais frio. Talvez. Mas é difícil, sabe? Cris? [...] Daí o pessoal fala assim "Por que vocês não colocam mais gente, daí vocês trabalham menos?". Só que, Cris, a renda que a gente tem, eu acho que ela deve ser preservada. [...] Então nós temos que agregar valores. Se nós conseguirmos agregar valores, nós podemos colocar mais gente. [...]* (Nelsa)

Aí veio essa luz do algodão [projeto da cadeia produtiva solidária do algodão[18]]. *Porque a gente sempre falou que tinha que buscar isso, da gente poder ter a matéria-prima. Sempre que se falava em redes, a gente imaginava alguma coisa, mas não imaginávamos nunca que isso pudesse ser algo viável um dia. Que pudéssemos ter algum contato nas pontas. E aí o ano passado,*

---

[18]   O projeto a que Nelsa se refere visava à integração econômica entre produtores de algodão orgânico, cooperativas de fiação, de tecelagem e de confecção, em nível nacional, com o objetivo de desenvolver produtos orgânicos e solidários. No Capítulo VI, voltaremos a falar sobre isso, apresentando outros elementos e tratando da viabilidade deste projeto, hoje viva realidade.

quando eu fui pra Espanha[19], o pessoal da ADS [Agência de Desenvolvimento Solidário da CUT] *passou aquele livro que foi feito sobre os complexos cooperativos, que falava disso. [...] E eu fui tão feliz nessa viagem lendo aquele livro! Eu estava vibrando! Lá eu já comentei e tal. E também nessa última ida pra São Paulo, pudemos conhecer o pessoal da TEXTILCOOPER* [cooperativa de tecelagem] *e o pessoal da CONES [cooperativa de fiação] [...] A gente pôde ver que isso pode ser bem concreto, fazer um produto 100% solidário. [...] E isso empolga, empolga qualquer um. [...] Acho que dá pra trabalhar, agregar valores aqui dentro, mas não só, pensando fora daqui também.* (Nelsa)

Os conflitos no cotidiano

Apesar de não ser foco deste trabalho, apontaremos brevemente aqui algumas questões a respeito do cotidiano micropolítico da Univens por entender que elas são importantes para o cumprimento da tarefa de apresentar a experiência dessa cooperativa de modo coerente e fiel à realidade vivida por suas trabalhadoras.

Assim como ocorre em todo contexto democrático, os conflitos de interesses comparecem nas práticas autogestionárias (Andrada, 2006). Aliás, eles podem ser compreendidos, inclusive, como fortes indícios da presença viva da democracia, do debate e embate público das diferenças, signos inerentes aos encontros humanos. Assim, é inevitável e desejável que os conflitos apareçam no cotidiano das cooperativas autogestionárias (Sato & Esteves, 2002).

Pode-se dizer que a experiência da Univens ratifica as afirmações acima, e rompe, portanto, com expectativas idealizadas que almejam encontrar extintos os conflitos outrora existentes nas cooperativas que alcançam relativo êxito econômico.

---

[19] Nelsa esteve na Espanha em dois momentos. Em 2003, a convite da UNISOL São Paulo, por ocasião do intercâmbio entre essa instituição, a FESALC (Federación de Sociedades Laborales de Cataluña), e o governo da cidade de Badalona. A segunda visita, em maio de 2004, ocorreu por convite direto das instituições espanholas. Em ambas as situações, Nelsa viajou como representante da Univens, escolhida pelo fato de participar ativamente de todos os Fóruns de Economia Solidária reunidos em Porto Alegre, conhecendo, assim, diversos empreendimentos solidários.

Pudemos identificar alguns pontos nodais de conflitos na experiência da Univens. Trataremos aqui, sempre por meio das falas das próprias cooperadas e a título de exemplo, de dois deles: os conflitos nas relações interpessoais e o conflito de interesses travado entre as cooperadas que trabalham em suas casas e aquelas que trabalham na sede do grupo.

Os conflitos nas relações interpessoais das cooperadas

As falas e as experiências transcritas a seguir expõem aspectos interessantes a respeito da maneira como as cooperadas da Univens tratam os conflitos interpessoais. Ao falarem sobre o tema, todas elas demonstram a mesma convicção e naturalidade: conflitos existem e sempre vão existir. Não há muito a se fazer a esse respeito, a não ser desenvolver recursos pessoais e coletivos para trabalhá-los, de modo a buscar, quando possível, um entendimento comum e posterior sobre o tema gerador do conflito (Esteves, 2004).

> *Com Isaurina novamente tive ótima conversa, densa e perturbadora. [...] Voltamos para o tema da reunião da manhã. Ela volta a falar dos conflitos existentes: "São muitas cabeças com pensamentos diferentes. Não é fácil"* [grifos nossos]. *Comentamos sobre as diferenças com uma empresa capitalista, em que os conflitos também existem, mas permanecem abafados pela ameaça do desemprego e pela própria subordinação: "O patrão mandou, tem que obedecer". Já na cooperativa ninguém é obrigado a se calar diante de algo que não concorda, é sócia tanto quanto as demais. [...] Pergunto a Isaurina se ela acredita que a vivência em cooperativa pode ser muito melhor do que o que elas vivem. Sobre isso ela me diz: "Não, cooperativa é isso mesmo. Sempre vai ter esses conflitos, a gente é que precisa se acostumar, e nem todo mundo se adapta"* [grifos nossos]. (Diário de Campo, 12/11/2003. p. 32)

> *Eu já imaginava ter uma união boa pra aquilo ali não se desmoronar. [...] Por exemplo, se tinha um atrito entre nós, as colegas, a gente então chegava dizendo: "Não é assim, não foi com essa intenção que ela disse e tal. Ah, isso aí passa." [...] Então eu sempre busquei fazer isso aí. [...] É um jeito meu mesmo. [...] Pra gente poder ter uma boa convivência, senão tu não consegue. E, se tu não tiver uma boa convivência no grupo, tu não consegue garrar e tocar pra frente. Quer dizer, se nós não tivéssemos uma boa harmonia, nós não estaríamos aqui, agora com nove pessoas antigas, sendo que praticamente*

as outras saíram de livre e espontânea vontade. Não foi por atritos que elas saíram. (Isaurina)

Às vezes é difícil conciliar tudo. [...] Às vezes eu tento, nas que dá pra intervir, intervenho. Apesar que... Eu vou te falar, com toda sinceridade: eu conheço muitos empreendimentos. E Nossa! A gente está bem, sabe? **Essa é uma das questões que menos pesa na cooperativa, os conflitos pessoais. Uma das coisas que é legal é que, nos conflitos pessoais, a gente não fica martelando em cima deles** [grifos nossos]. *Talvez, se quando tivesse um conflito, a gente fizesse uma reunião e: "Vamos colocar na roda pra ver e pá, pá, pá", a gente ia se destruir. [...] E às vezes também tu diz, e no outro dia, tu vai pra casa, tu pensa, repensa, e tu mesmo, pela tua iniciativa, tu retoma aquilo que tu disse. [...] E isso a gente sempre achou legal tentar respeitar.* (Nelsa)

Eu imagino as pessoas de um jeito, mas eu começo a analisar, e eu tento ver elas de outro jeito. Que nem a Fulana[20]. Ela tem uma maneira ali dentro, mas lá fora é outra pessoa. Então a Nelsa começou a contar um pouco da história dela, como aconteceu, ela e a família, então eu comecei a ver ela com outros olhos. Por que não adianta eu maltratar as pessoas, tem que tentar entender elas. É difícil. Nem todo mundo pensa igual, nem todo mundo é igual. E eu já procuro um lado positivo dela. Não adianta eu desenhar ela como um bicho-papão, eu tenho que tentar entender o lado dela. [...] Às vezes as pessoas surpreendem a gente. Ao mesmo tempo em que estão ali se pegando, ao mesmo tempo, ela vem e me abraça. Ou ela vem e bota a mão por cima, ou ela vem e me dá um beijo. A cada dia elas me surpreendem. Parece que eu estou conhecendo cada uma, sabe? [...] Eu tento entender as pessoas. Ou como eu posso chegar em cada uma e falar as coisas, sabe? [...] Na cooperativa mesmo, é muita gente. E cada um tem um comportamento, então a gente tem que aprender a conviver e aprender a como chegar em cada um. [...] Eu acho que sempre vai existir o conflito, até pela razão de que nem todos pensam igual. Mas na assembleia sim, nem todos pensam igual, mas aí a maioria vence, porque é por votação. Mas acabamos respeitando o que foi decidido, mesmo que não seja do meu acordo, mas acharam que a melhor saída seria aquela. Talvez se for fazer não vai dar certo, mas é tudo uma experiência. [risos] (Julieta)

---

[20] Cooperada não identificada intencionalmente.

Trabalho em casa *versus* trabalho na sede

É preciso pouco tempo entre as cooperadas da Univens para perceber a existência do conflito vivido entre algumas trabalhadoras favoráveis à manutenção do atual regime – pelo qual é permitido à trabalhadora eleger entre alocar-se em casa ou na sede para trabalhar pelo grupo – e aquelas que exigem modificá-lo, principalmente, após a conclusão da sede própria da cooperativa que, em tese, poderá abrigar todas as sócias com suas respectivas máquinas. Para estas, só deveriam trabalhar em casa aquelas pessoas cuja situação pessoal ou familiar impedisse completamente a saída diária da cooperada para o trabalho. As falas de Terezinha e Isaurina são representativas desse último ponto de vista:

> *Estando lá na incubadora, aquelas pessoas que trabalham lá dentro, acabaram se envolvendo mais. E as que continuaram em casa ficaram só com o trabalho em casa. [...] É bem grande* [a diferença]*, se tu pegar uma pessoa que trabalha em casa e uma pessoa que trabalha lá fora, da visão que se tem. E tu convivendo, não só de tu falar, mas tu convivendo, tu vê que é bem diferente. [...] Tudo acontece ali dentro. [...] Tudo tu está vendo ali, ao vivo e a cores. Enquanto a outra, que vem de casa, ela só vai receber aquilo que a gente passar e da maneira que a gente passar. Tu não pega a emoção da coisa... É igual à decisão que às vezes a gente tem que tomar, tipo o que eu falei antes, de diminuir o valor de uma peça. Ou tomar a decisão se nós vamos participar de tal evento ou não vamos. Se tem que ser uma coisa "jogo rápido", quem está ali dentro decide. Faz uma reunião rapidinho ali e está decidido. As outras acatam numa boa porque elas sabem que a gente está fazendo o melhor pela cooperativa. [...] Eu penso que, quando a gente ir pro nosso prédio, se todas conseguissem ficar juntas ali, ia melhorar, eu acho que 100%, o entendimento da pessoa e da cooperativa, de tu se integrar naquilo ali. Ser uma coisa só, sabe? Tu e a cooperativa. Tu te sentir cooperativa. [...] Um dia nós estávamos discutindo alguma coisa lá sobre isso, de ir trabalhar lá. E eu sou muito metida, nas reuniões eu fico me metendo, falando, dando opinião, e o que eu achar que tem que falar, eu falo mesmo. Daí o pessoal se restringindo assim: "Ah, eu não quero ir pra lá". Tão mais confortável trabalhar em casa, né? Faz teu serviço na hora que quer, vai lá e toma um cafezinho, vai lá lavar uma roupa. Tu faz o teu horário. Eu sei porque quando eu entrei na cooperativa eu trabalhei em casa primeiro. Logo que eu entrei pra cooperativa, eu fiquei uns três meses trabalhando em casa. E pra mim era muito mais*

confortável. [...] Mas quando a gente estiver no prédio, não tem porque a gente ter um prédio nosso, e continuar as pessoas trabalhando em casa. [...] Poxa, tu defende uma coisa e ao mesmo tempo tu está fazendo outra? "Vocês queriam tanto um prédio da cooperativa e tem gente que continua costurando em casa? Por quê?". Tem aqueles casos que eu já te comentei, de pessoas que precisam mesmo ficar em casa. Aí são casos a parte, que a gente entende e pronto. [...] Só que tem outras que não vão porque não querem ir. Eu peguei e disse: "Não, peraí. A gente tem que se modificar, tem que se dar a chance de trocar de vida." [...] Vive aquilo ali, pra depois tu dizer se tu quer ou não quer. Tem tanta gente que jamais imaginou que nós íamos chegar no ponto que a gente está. Não digo nem das pessoas de fora, nós mesmos. Quem é que achou que um dia, quando se reuniu a primeira vez, pra formar a cooperativa, pensou que um dia ia chegar tão longe?" [...] Aí vai nós mesmas pegar e desvalorizar isso daí? A gente tem que pensar grande. [...] A gente pensava que ia conseguir comprar o terreno, só que depois ia passar vinte anos pra construir alguma coisa. Podia pensar: "Bom, já conseguimos o terreno, é uma grande coisa. Agora vamos botar um pavilhão e entrar lá pra dentro". Não! Vai ter um prédio, lindo, maravilhoso, esperando por nós, com todas as condições. Então tem mais é que pegar e se dar o direito de experimentar. Não achar que vai ser desconfortável pro marido ou pro filho, porque tem que fazer isso ou aquilo. (Terezinha)

Eu acho que pra nós trabalhar numa cooperativa, seja ela qual for, nós temos que ter uma certa responsabilidade. [...] Tem limite! Tu tem que ter a responsabilidade! Porque não quer dizer que se tu não é uma empregada, uma funcionária, que tu não tem que ter. Se nós buscar o mercado, qualquer tipo de mercado, qualquer tipo de empresa, na verdade, o patrão trabalha mais que o empregado. Ele trabalha mais do que o empregado. O que nós fazíamos? Nós íamos lá cumprir nosso horário de trabalho. Mas ele não, depois que ele fecha o estabelecimento, ele vai ver o que falta, ele vai ver se tem dinheiro suficiente pra pagar as contas dele no outro dia, vai verificar o que ele tem que fazer amanhã. Quer dizer, na verdade, o patrão trabalha mais do que nós, que somos empregados[21]. [...] O cooperado não, o cooperado ele tem que participar daquele trabalho todo. É a grande diferença que tu pode buscar,

---

[21] Depois de conhecer a história de trabalho de Isaurina, apresentada no capítulo seguinte, compreende-se melhor a polêmica afirmação acima. Ela só faz sentido para alguns empreendimentos de pequeno porte, como o mercado que teve em sociedade com o marido.

*dentro da verdade, no nosso caso, de quem trabalha lá dentro e quem tra-
balha aqui fora. Porque quem trabalha aqui fora, o que ela faz? Ela vai de
manhã lá, pega o trabalho dela e tem a responsabilidade de entregar durante
o dia. Agora, nós que estamos lá dentro, nós temos a obrigação de fazer o
nosso trabalho, de conversar com as pessoas que chegam lá... Se tu precisar,
tu está aqui fora, e tu precisa de qualquer papel, nós é que temos a obrigação
de ver onde é que o documento está. Se precisa comprar alguma coisa, quem
está lá dentro é que tem a obrigação de avisar a pessoa aqui de fora: "Ó, tu
tem que ir em tal lugar". Quem está aqui fora não tem essa obrigação. Então,
assim somos nós, que estamos lá dentro, que temos aquela obrigação que o
patrão tem e que o empregado não tem.* (Isaurina)

Nelsa, por sua vez, apresenta outro ponto de vista. Para ela, é fundamental que
o trabalho se adapte à pessoa, e não o contrário[22]. Assim, considera importante,
sempre que possível, manter "a equipe junta", mas levando em conta os limites
singulares de cada cooperada:

*Nós poderíamos construir um grande pavilhão e que todo mundo fosse pra
dentro da cooperativa. Nós já fizemos essa discussão. Por que as empresas
colocam todo mundo pra dentro da empresa? Porque as pessoas têm que se
adaptar ao trabalho. Então é importante que o trabalho se adapte à pessoa.
E isso das pessoas trabalharem em casa, o quê que significa? Para a Gladis
é fundamental ela poder trabalhar em casa. Porque a vida dela hoje está
condicionada a não poder sair de casa, mas ela quer trabalhar. Então poder
adaptar o trabalho à vida da gente, dentro do que a gente pode, a gente não
tem que abrir mão disso. Nós abrimos a discussão assim: "Todo mundo que
puder, e quiser vir trabalhar na cooperativa, é bom, porque a gente cresce
mais, a equipe está mais junta. Mas isso não pode ser o fator determinante de
você ficar ou não na cooperativa".* (Nelsa)

---

[22] No capítulo seguinte, ao abordarmos a experiência de autogestão de uma das cooperadas que trabalha em
casa (Gladis), discutiremos melhor essa questão e apresentaremos o seu ponto de vista, junto ao de outras
duas cooperadas que se encontram na mesma condição.

O sonho e a conquista da sede própria

Em meados de 2004, pode-se dizer que todas as cooperadas da Univens se encontram tomadas por um mesmo tema: a conquista da sede da cooperativa. Todas as trabalhadoras com quem pudemos conversar falaram a esse respeito com muito orgulho, mas também com notável ansiedade. Abaixo, Julieta e Nelsa tratam do assunto, revelando detalhes do processo, desde o nascimento do "sonho", passando pela luta para a obtenção dos recursos para a compra do terreno, até o momento em que aguardam o início das obras, já com os recursos disponíveis para sua conclusão.

> *A princípio o sonho seria a gente sair dali e comprar o nosso terreno. Já realizamos. Foi feito o galeto, foi feito rifa... Foi mandado projeto pra fora. A gente já tinha um fundo lá, que desde que começou a cooperativa a gente vai deixando ali os 10%* [das retiradas]. *Nós já compramos o terreno, e o nosso sonho é ver o prédio erguido agora. Está todo mundo bem ansioso, sabe? O sonho é que a gente cresça juntas. [...] A gente sabe que vai ser importante, pra cada uma de nós, lutar. O nosso maior sonho é ver o prédio erguido. [...] Eu acho que nós temos muito a crescer. Dá um medo porque às vezes não quer dizer que a gente vai crescer e que a gente vai conseguir administrar isso. Muda muita coisa. Mas eu digo sempre [...] que eu já vejo o prédio pronto, eu já vejo nós trabalhando. Eu vejo que a gente tem muito que aprender na organização também. Eu já vejo tudo organizado. Como é que vai ser o trabalho do CEASA... O pedido, o cliente, como é que vai ser organizado. O cliente vai chegar e já vai estar tudo empacotadinho. Eu já estou pensando em tudo isso.* (Julieta)

O desafio é a conquista de um local definitivo para a cooperativa. Sempre tivemos o sentimento de encarar as dificuldades ou necessidades como desafios. Conseguimos durante o passar dos anos acumular certa economia para a busca de um local definitivo para a cooperativa. [...] A conquista de um local para construirmos nossa sede tem uma marca profunda na cooperativa, pois é a economia de vários anos, ocasionada muito por estarmos na Incubadora Popular da Prefeitura. Com uma complementação do Fundo de Miniprojetos da AVESOL[23], somamos o valor de 38,5 mil reais que foi o valor do terreno. Construir... Não esperávamos mais esse desafio, e lá vamos nós. O engenheiro Everton doou o projeto arquitetônico, hidráulico, elétrico e sanitário. E vamos somando tantos parceiros... Da Espanha vem o financiamento para a construção, e isso vem de fato ao encontro de tudo o que acreditamos, não há fronteiras para a solidariedade. O limite está nas forças do que nossos sonhos possam ter a ousadia de buscar, e de construir relações que ampliam uma visão de mundo, dos problemas, das dificuldades, e de onde queremos chegar. (Nespolo, 2003, pp. 13-14)

A inauguração da sede da cooperativa está prevista para janeiro de 2005 e será celebrada com uma grande festa nas ruas da Vila. Este é o sonho das cooperadas, e deles, sabe-se, é arriscado duvidar.

---

[23] "A Associação do Voluntariado e da Solidariedade – AVESOL – nasceu em 2002 com o objetivo de promover ações voluntárias e solidárias, apoiar iniciativas de pessoas e de grupos que se organizam para enfrentar a crise social e econômica, lutar pela construção da cidadania e a melhoria da qualidade de vida da população excluída (www.avesol.org.br).

Repercussões da autogestão para quatro cooperadas

Essa Univens conseguiu melhorar a vida de todas as pessoas. Dá pra você ir na casa de todas elas e você vai ver as mudanças que vieram, dentro das próprias condições de vida, fruto da cooperativa, e que também deram outro sentido pra vida delas. **Nelsa**

Este capítulo objetiva identificar e discutir algumas das mudanças ocorridas na vida de quatro cooperadas, articuladas ou disparadas por esta história de construção de relações autogestionárias de trabalho.

Algumas considerações merecem lugar aqui. Primeiramente, vale dizer que a experiência de autogestão da Univens marcou de modo ímpar cada uma dessas pessoas. Isaurina, Gladis, Julieta e Nelsa dirigiram-se a ela partindo de suas histórias singulares, histórias de trabalho, histórias de família, de aventuras e desventuras, mas, principalmente, histórias de luta por sobrevivência e por sentidos para seus projetos nos movimentos do cotidiano. Ou seja, se suas trajetórias se encontraram na experiência coletiva da Univens, elas a viveram e a significaram a partir de suas singularidades, o que caracteriza o cunho social e ao mesmo tempo singular de todo processo de significação.

O enraizamento, por exemplo, levantado como uma das repercussões dessa autogestão, assume, para diferentes pessoas, distintos matizes de significações, geralmente em função de experiências anteriores e singulares com os espaços da Vila ou da cidade.

Abaixo, Nelsa dá outro exemplo que ilustra tais considerações, ao apontar as diferenças de olhares entre pessoas que tiveram experiências distintas de trabalho:

> *Você imagine uma mulher, por exemplo, que nunca trabalhou fora, que não viveu o que é a exploração do trabalho, viveu a exploração de casa, às vezes com o marido e tal. [...] Ela vai ter um outro olhar. Até a relação com o trabalho. É bem diferente quem trabalhou a vida inteira fora, e que teve aquela marcação, com quem o primeiro trabalho foi na cooperativa.* (Nelsa)

Há também outra questão identificada como repercussão da experiência dessa autogestão: o desenvolvimento do que chamamos de *habilidades políticas*. Quem olha rapidamente para a maioria das cooperadas da Univens é capaz de reconhecer esses traços na intimidade notável que elas demonstram ter com as práticas do discurso e das negociações micropolíticas. Porém, se nos detivermos na observação e lançarmos o olhar para a história de algumas dessas pessoas, chegamos à conclusão de que essas características foram engendradas em outros sítios, junto a outras experiências. Nesse caso e sentido, portanto, temos que aquilo que pode ser visto como repercussão para umas é anterior para outras, e assume o lugar de uma das causas da fundação e do desenvolvimento da experiência específica de autogestão.

Porém, não pretendemos aqui explicar questões tão complexas como são a vida e as experiências dessas pessoas ao modo frio e raso das causas e das consequências. No mundo dos fenômenos encarnados, sabemos que essas ferramentas didáticas rapidamente se perdem de vista, são engolfadas pela vida em seu estado bruto e sempre intangível. Não há vias de mão única, já nos indicara Marx, com o seu método dialético. Trata-se de um só processo, amarrado pelos fios do vivido por essas mulheres, seja antes ou durante a cooperativa e dentro e fora da égide do trabalho. Porém, não se trata de um todo amorfo e monolítico, mas de um processo situado em tempos e lugares específicos, e dotado de momentos distintos entre si, pressupostos uns dos outros, entrelaçados e mutuamente determinados (Gorender, 1982).

Por isso, assumimos a difícil tarefa de olhar para pequenos fragmentos de alguns processos vividos por essas trabalhadoras. Olhar e colher algo que já será, de certa forma, natureza morta, sem o vigor do efêmero cotidiano. Porém, uma vez resgatado e revivido pela memória delas, isso nos permitirá realizar recortes e tecer relações na busca, em parte infausta, de uma compreensão desses movimentos humanos.

Diante disso, colocamos como objetivo prático deste capítulo tratar o tema das repercussões psicossociais dessa autogestão a partir das experiências de cada uma dessas quatro pessoas. Cada seção deste capítulo recebeu o nome de uma delas, e tem como função inicial o breve relato da história de vida e de trabalho da cooperada em questão para, em seguida, e de maneira atrelada sempre que possível, apresentar as repercussões apontadas por ela da autogestão que vive e constrói[1].

Seria missão mais simples, provavelmente, tomar o caminho da análise de cada repercussão por si, mas perderíamos assim os matizes de significação de que falamos e, a rigor, poderíamos comprometer o cumprimento do objetivo principal, que passa pela consideração das repercussões da autogestão na vida de pessoas determinadas. Contudo, reconhecemos que muitos aspectos nos escaparam e, portanto, não se trata de uma tarefa acabada. Mas, ainda que os resultados se encontrem carregados de falhas e de lapsos, persistimos na escolha metodológica em função das razões aqui apresentadas.

Isaurina

Isaurina nasceu e cresceu na região rural de Sombrio, sul de Santa Catarina. No corpo pequeno, ela carrega marcas fortes, expressões das experiências vividas ao longo dos seus 62 anos, e sinais dos seus contatos presentes com o mundo.

Moradora da Vila há dezesseis anos, viúva do segundo casamento, ela compartilha sua casa própria, e zelosamente cuidada, com a filha menor. Aos fundos do terreno, logo após o pequeno pátio, encontra-se a casa da filha Terezinha, companheira de cooperativa.

Em nosso primeiro contato, chamaram minha atenção as linguagens de Isaurina, essas linguagens do rosto, do olhar e da voz, mas também do seu silêncio. Ela

---

[1] É notável a desigualdade entre a quantidade de conteúdo dos casos apresentados. Isso se deve principalmente à experiência de proximidade que pudemos ter com cada uma destas pessoas, mas, além disso, pesaram também aqui suas singularidades. Algumas delas foram mais objetivas no decurso da entrevista e não se detiveram muito na descrição de suas experiências.

normalmente fala pouco, observa muito, mas, principalmente, possui a qualidade da boa escuta. Foram frequentes os momentos em que ela captava minhas intenções antes mesmo de obter minha fala completa. Em nossas conversas informais, bem como no decorrer da longa entrevista que realizamos[2], Isaurina tomava a frente do diálogo, antecipando questões, algumas delas, inclusive, que eu nem mesmo conhecia. O ritmo vagaroso de seu corpo contrasta fortemente, portanto, com o tônus e a agilidade de seus pensamentos.

Como citado, a distância, ela é sempre séria. Esse adjetivo, aliás, cabe muito bem ao modo como ela se posiciona nos espaços que ocupa. Isaurina movimenta-se pelos seus temas com extrema seriedade, e parece exigir o mesmo de quem a acompanha. Entretanto, essa seriedade não deve ser confundida com sisudez ou aspereza. De perto, em situações especiais, ela é capaz de uma doçura comovente, como constatei na noite em que fomos juntas ao CTG[3] de Cachoeirinha.

Porém, como também já dito, a princípio previ com ela uma difícil aproximação, uma vez que não se esmerou em demonstrar simpatia ou qualquer outro sentimento afável de antemão. Mas já na primeira tentativa Isaurina me surpreende. Nesta, como em várias outras ocasiões, tivemos uma longa e reveladora conversa. Embalada por seu sotaque peculiar, ainda que sutil, ouvi dela confidências acerca da história e do cotidiano da cooperativa já no dia em que nos conhecemos.

Isaurina sempre teve comigo a preocupação da coerência e da desmistificação. Dela partiram importantes pistas a serem seguidas na empreitada da pesquisa, *"para que você não escute só o lado bom"*. Importante frisar o que já foi anteriormente dito: ela parece muito dedicada a compreender e intervir nos pontos de conflito vividos pelo grupo de cooperadas da Univens. Para isso, realiza processos complexos de análise das posições de suas companheiras e das dinâmicas do grupo nas tomadas de decisão. Verifica hipóteses que possam eventualmente explicar determinadas posições, desloca-se para o lugar do outro, retoma seu posto e volta a olhar para o problema em questão; tudo isso, com impressionante habilidade.

---

[2] As informações que se seguem a respeito da vida de trabalho de Isaurina foram colhidas principalmente na entrevista gravada, realizada na casa dela, em 25 de março de 2004, com duração aproximada de três horas. Outras fontes importantes nesse caso foram as inúmeras conversas informais ao "pé de sua máquina", ocorridas desde o dia em que nos conhecemos, narradas no Diário de Campo.

[3] Centro de Tradições Gaúchas.

Isaurina já era costureira antes de ajudar a fundar a Univens, além de ter atuado como agricultora, comerciante, empregada doméstica, balconista de várias lancherias, como são chamadas as lanchonetes no sul do país. Conhecer um pouco sobre a sua história de vida e de trabalho nos auxiliará muito na tarefa de conhecê-la propriamente, para, assim, identificar quais foram as principais repercussões ocasionadas pela experiência da autogestão da Univens, a partir de sua singularidade.

Os trabalhos de Isaurina: embates com a necessidade e a subordinação

Suas passagens e paradas por outras atividades de trabalho são contadas por ela a seguir. Para contar a história de trabalho de Isaurina, assim como das demais cooperadas entrevistadas, privilegiamos novamente a voz do sujeito da experiência, como meio de garantir a maior legitimidade possível, e também de permitir ao leitor o contato direto com os fenômenos narrados.

Os primeiros trabalhos como agricultora

Como veremos a seguir, duas importantes questões emergem da análise da história de trabalho de Isaurina: o enfrentamento cotidiano de dificuldades na busca de recursos para contemplar suas necessidades básicas, próprias da manutenção da vida, e seu inconformismo perante relações de mando ou subordinação.

> *Como eu comecei a trabalhar?! Bem, eu sou filha de agricultor. Quer dizer, eu comecei a trabalhar com meus oito anos de idade. Estudava num colégio perto de casa, mas que só tinha até a quarta série* [ensino fundamental]. *Eu trabalhava com meu pai na lavoura. Nós fazíamos plantação de arroz, plantação de milho, de feijão. Depois nós passamos a trabalhar com fumo.*

O estranhamento com que Isaurina recebe minha pergunta inicial, demonstrado pelo tom com que a repetiu, indica que a tarefa de isolar o trabalho da própria vida não lhe faz sentido, assim como ocorre com várias de suas companheiras de cooperativa. Novamente recordo uma passagem dos estudos de Sylvia Leser de Mello (1988):

> Observamos como não há nenhum momento em que o peso do trabalho não se faça sentir, tão fundamente se inscreve no corpo como memória carnal,

Encontro da Política com o trabalho **135**

na percepção do mundo como essência e não acidente. Qualquer propósito de considerar o trabalho como um instante isolado revela-se infactível. [...] O tecido de suas vidas tece-se com o fio do trabalho (Mello, 1988, p. 157).

Ainda em Santa Catarina, Isaurina casou-se aos quinze anos, tendo seus filhos pouco tempo depois:

> *Aí eu continuei sendo agricultora, trabalhando de agregada – na época se dizia "arrendatária" – com meu pai e com outras pessoas estranhas, até que a gente conseguiu comprar um terreno pra nós. Compramos e continuamos trabalhando, até uns quatorze anos de casada.*

Passado esse período de relativa estabilidade, o casal decide tomar outros rumos, e a vida de Isaurina passa por severas mudanças:

> *Aos quatorze anos de casada, a gente fez umas loucuras na vida. [...] Comprar caminhão, comprar mercado, deixar de trabalhar na lavoura... Eu trabalhei uns três anos com o mercado. Quem administrava o mercado, fazia as compras, fazia as contas, tudo era eu que fazia, porque ele trabalhava no caminhão e eu cuidava do mercado. [...] Foi quando meu pai faleceu e... Aí foi aonde deu o desencontro no meu casamento e eu me separei. Foi quando eu vim embora pra Porto Alegre.*

Destino Porto Alegre: necessidade e subordinação

Sozinha, Isaurina parte para Porto Alegre. Ali, e por um longo tempo, ela travou embates cotidianos com muitas *necessidades*[4], em grande parte, advindas das rendas escassas e dos vínculos precários dos trabalhos que realizava:

> *Eu tinha 29 anos, daí fui trabalhar de doméstica, mas sempre achando que o trabalho doméstico pra mim não era, porque na realidade, desde quando eu nasci, nunca gostei da lida da casa.* [risos] **Passei muitas necessidades**

---

[4] Apesar de não tecermos análises a esse respeito aqui, é importante dizer que as experiências vividas por Isaurina, sob o signo da necessidade, são próprias da incerteza da obtenção ou da escassez dos recursos necessários para a sobrevivência, para a manutenção da vida (Mello, 1988; Arendt, 2000).

[grifos nossos], *porque eu me separei, vim morar com a minha mãe, e o que eu ganhava era muito pouco. A minha mãe também não tinha condições. Ela tinha os outros filhos, ela era viúva, não tinha como sustentar a gente.*

Da memória dos primeiros trabalhos em Porto Alegre, surge o choque entre o "mundo da roça" e o "mundo da cidade." É nesse momento também que Isaurina experimenta o fel da subordinação. Em uma de nossas conversas na cooperativa, ela relatava a experiência com pesar, inconformada com o fato de ter de ouvir de outra pessoa como deveria fazer o seu trabalho:

> *Eu vim pra cidade e tive que ser uma pessoa que tive que ser mandada, que eu tinha que fazer o que os outros mandavam. Eu não sabia o que eu tinha que fazer! Como iria limpar o banheiro que estava limpo, sem a terra da roça? [...] Tive que aprender com tudo isso.* (Diário de Campo, 11/11/2003. p. 15)

Para livrar-se da tarefa que tanto a desgostava, mas, principalmente, na busca de melhor remuneração para seu trabalho, Isaurina procurou um meio de dominar a atividade da costura. Para isso, recorreu a uma prática tradicional de formação profissional – presente inclusive nas antigas corporações de ofício –, ofereceu seu trabalho como aprendiz, sem direito a qualquer remuneração:

> *Eu trabalhava na casa de uma senhora durante o dia, e à tardinha, quando eu largava, eu ia trabalhar de graça na casa de uma outra, para aprender a profissão, de fazer acabamento em malha. Quando eu tive a certeza que eu ia ganhar um dinheiro – porque ela disse pra mim: 'Tu já tem condições de garrar e trabalhar' – eu larguei o emprego de doméstica e fui trabalhar com ela* [na malharia].

Ao falar de suas experiências de trabalho passadas, Isaurina salienta especialmente a qualidade das condições em que estas se davam e a maneira como ela e seus companheiros eram tratados pelos patrões. Também são notáveis, no trecho abaixo, as dificuldades e os recursos a que teve de recorrer para ter direito ao trabalho:

> *Mas aí, nessa casa* [onde costurava], *eles me pagavam pouco, mas davam o almoço. [...] Então eu tinha que tomar o café às seis horas da manhã em casa,*

*e almoçar lá só meio-dia. **Eles eram uma família muito durona, sabe?** [grifos nossos]O lanche deles da tarde era meia dúzia de pãozinho torrado pra três, quatro pessoas, e numa xícara de chá preto, colocava o leite. E trabalhava até às seis horas [da tarde]. Aí eles montaram uma firma. Dentro dessa trajetória, eu buscava trabalho em firma, pra deixar de trabalhar de doméstica. E sempre as firmas pediam pessoas solteiras. E a minha carteira era 'casada', né? Aí eu rasurei a minha carteira. Onde estava escrito 'casada', eu coloquei 'solteira', pra tentar pegar serviço. Com essa família eu trabalhei seis meses com carteira assinada. [...] A firma faliu em seis meses, aí eu saí.*

No trecho seguinte, Isaurina relata não apenas como começou, mas também como se seguiu uma longa experiência de trabalho, e, mais uma vez, comparecem marcados os aspectos apontados, quais sejam, as condições de trabalho e a relação com seus chefes:

*Aí eu já fui trabalhar com um outro senhor que tinha um ateliê. Eu trabalhei três meses com ele. Eu fazia a lida da casa e ajudava no atelier que ele tinha de malha. Eu olhava os anúncios todos os dias, e eu encontrei um de uma malharia que estava precisando de remalhadeira. Eu não tinha grandes experiências, mas... Fui lá. Aí a moça perguntou se podia já fazer o teste, disse que podia e fiquei. Trabalhei... **Acho que eu trabalhei uns dez dias, mas eu não gostei da minha gerente** [grifos nossos]. Eu saí pra ir almoçar e não voltei. Daí eu continuei morando na casa desse senhor, porque ele era um senhor muito legal [**grifos nossos**], a mulher dele também. Eles disseram: 'Tu pode continuar trabalhando lá, mas venha almoçar aqui e fica aqui com nós. Pode dormir aqui se tu quiser'. Eu não voltei mais. Aí passou aquela tarde, e no outro dia, ao meio-dia, eu estava lavando a louça, quando bateram na frente e fui atender. Era minha gerente. Ela chegou dizendo assim: 'Olha, eu soube que tu tava aqui e vim ver o que tinha acontecido, por que você não tinha voltado mais pra trabalhar'. Aí eu contei uma desculpa, e ela disse: 'Pode ir à uma hora [da tarde] lá e volta a trabalhar'. Eu voltei, já no outro dia, levei minha carteira e eles assinaram, e lá fiquei onze anos. [risos]*

Isaurina desconhecia a subordinação nos tempos de agricultora. Suas primeiras experiências como empregada revelam que o encontro com ela gerou, no mínimo, um forte estranhamento. Posteriormente, ela ainda permaneceria inconformada diante desse fenômeno. No entanto, a relação de confiança e de respeito desenvolvida com o patrão dessa "firma", em um momento de grande sofrimento, é relatada com profunda gratidão:

> *E foi assim, uma coisa super maravilhosa, porque aí eu refiz a minha vida. Arranjei um companheiro, saí da casa da minha mãe, fui morar com ele na Vila Elizabeth. E, por uma fatalidade, ele teve problema de rins. E esses patrões, pra mim, foram melhores que meus pais. Quando ele ia ganhar alta do hospital – ele esteve três meses no hospital –, eu cheguei no patrão e disse pra ele que eu tinha que sair da firma: 'tenho que fazer companhia pro meu companheiro, porque ele está assim, assim e assim, não pode ficar sozinho em casa, então eu tenho que sair'. Então ele fez uma carta, mandou eu assinar e assinou. E disse que eu ia ficar em casa por tempo indeterminado, e que, quando eu pudesse voltar a trabalhar, eu voltaria. Só ele baixaria meu salário um pouquinho. Ele iria me pagar 80% do que eu ganhava na firma. [...] Eu ia ficar em casa, sem trabalhar. E levou mais ou menos uns seis meses... E nesse intermédio, de vez em quando ele voltava pro hospital, ficava uma semana, quinze dias, e eu voltava pra firma trabalhar. Quando ele voltava pra casa, eu ficava lá. Até que ele melhorou bem, e depois de onze anos, ele faleceu.*

Com a perda do companheiro, Isaurina viu-se novamente sozinha. Apesar da pensão deixada por ele, não houve como evitar o reencontro com as "necessidades", conforme ela nos relata. Nesse momento, também se inicia uma etapa em sua história de trabalho na qual se sucedem três experiências como balconista de lancheria. O retorno à atividade da costura só aconteceria na cooperativa.

> *Eu já estava desempregada, ele já tinha morrido, eu estava sozinha [...] Aí uma senhora, que era minha conhecida, me convidou pra trabalhar com ela numa lancheria durante três dias, porque o filho dela ia viajar. Eu fui. Dos três dias, eu fiquei dois anos e meio. [risos] Aí trabalhei um ano e pouco sem carteira assinada, depois eles assinaram a carteira. Daí eu resolvi sair, nos desacertamos lá e eu saí e fui procurar trabalho. Quando eu saí dali, eu morava num apartamento perto do Hospital Conceição. Eu vi que, sem trabalho, com a minha pensão e as prestações muito altas e o condomínio, não tinha condições de pagar. Aí eu botei lá à venda e comprei aqui. Quando eu*

vim morar aqui [na Vila], *eu fiquei quatro meses sem trabalhar. Era hora de procurar serviço.*

Foi quando eu vi um anúncio no jornal, não li bem lido o anúncio e fui. E foi nessa outra lancheria, que depois fiquei. [...] Trabalhei sete anos no balcão. Saí dessa lancheria, vim pra casa, fiquei três meses sem trabalhar, e fui trabalhar com a minha filha [Terezinha], que ela tinha lancheria aqui, no final da rua.

Dessas experiências, Isaurina novamente sublinha as dificuldades vividas com a subordinação, mesmo quando projetam nela a posição de chefia. Do trecho abaixo, emerge nítida certa concepção de trabalho que prescinde do mando:

Quando o meu patrão vendeu a lancheria dele pra outro, o patrão que entrou me chamou e quis me botar pra administrar os outros funcionários e eu não aceitei. Ele queria que eu fosse gerente dos outros. Ele queria que eu fosse aquela pessoa que dissesse: 'Ó, tem que fazer isso, tem aquilo'. Mas eu sempre achei que eu não sabia mandar em ninguém. [...] Ele até me pagaria mais... Mas eu acho que ninguém é mais do que ninguém. Eu acho que nós temos que ter aquela visão, **que tu nunca deve buscar o emprego, tu tem que buscar o trabalho** *[grifos nossos]. [...] Eu já tinha esse olhar na época. Eu já achava que* **não tem por que alguém estar te mandando fazer as coisas** *[grifos nossos].*

O processo de transição para a cooperativa

Nos trechos seguintes, Isaurina fala da experiência de trabalhar na lancheria da filha e do genro, bem como do momento em que inicia sua participação nos fóruns do Orçamento Participativo na Vila, berço simbólico da cooperativa:

Aí fui trabalhar com ela. Foi uma experiência... Péssima, porque trabalhar com família não é legal. Eu e ela nos demos muito bem, nos acertamos muito bem, mas eu e o marido dela... não fechou muito legal. Então, dentro dessas idas e vindas, quando eu estava ali na lancheria, [...] eu participava da Associação de Moradores, daí comecei a participar do Orçamento Participativo.

Esse período da história de trabalho e de vida de Isaurina se refere, portanto, às vésperas da formação da cooperativa. O que importa frisar aqui é como Isaurina viveu os primeiros momentos da Univens. Assim como ocorreu com a maioria das sociofundadoras da cooperativa, ela passou por um verdadeiro processo de transição que durou pelo menos um ano. A entrada para a cooperativa se deu de maneira paulatina:

> *A gente garrou e começou. Aí eu disse pra elas: 'Eu estou trabalhando, não posso parar de trabalhar* [na lancheria da filha]*, mas posso participar das reuniões, trabalhar de noite e no sábado'. Então eu fiquei um ano trabalhando assim.* [...] *Eu participava das reuniões, eu trabalhava de noite se fosse necessário, ajudava a dobrar camiseta, participava de tudo, mas... Mas eu não ganhava grandes valores pra estar só na cooperativa porque eu tinha outro trabalho e trabalhava pouco lá.*

Questionada sobre suas reais motivações para fazer parte da Univens, Isaurina revelou que não foi a estrita vertente econômica da cooperativa que mais a atraiu, já que ela contava com outras fontes de renda na época e possuía pouco tempo disponível para exercer mais uma atividade de trabalho.

Se de início Isaurina considerava um grande "mistério" o futuro daquela iniciativa, pouco a pouco ela foi consolidando a escolha pelo trabalho exclusivo na Univens, à medida que esta lhe acenava com possibilidades efetivas de remuneração estável e condizente com sua situação pessoal, mas, principalmente, conforme ela pôde ver representadas ali, no futuro daquele projeto, certas condições simbólicas de vida e de trabalho há tempos celebradas por ela como ideais, como a "liberdade" ou, em outras palavras, a ausência de subordinação:

> *O que motivou a gente é aquela experiência de vida que tu tem, de um trabalho longo. Quer dizer, de onde eu vim até onde eu tinha chegado, tinha passado por muitas fases. Então, no momento que fosse fortalecer a cooperativa, ia voltar a ter aquele trabalho que eu tinha lá na agricultura. Que eu administrava, que eu mandava, que eu era livre* [grifos nossos]*. E eu vim pra cidade e tive que ser uma pessoa que tive que ser mandada, que eu tinha que fazer o que os outros mandavam. E, dentro da cooperativa, eu enxerguei que a gente ia se formar um grupo de pessoas que iam se autoadministrar, uma por uma. Ninguém iria te mandar* [grifos nossos]*.*

*Durante um ano eu fui trabalhando em paralelo, então, ali eu tive que optar entre duas coisas. [...] Eu achei que se eu fosse trabalhar na cooperativa eu ia ter mais **autonomia** [grifos nossos], eu ia ser uma pessoa que ia ter melhores conhecimentos [grifos nossos], porque eu ia ter que lutar mais pelo meu próprio trabalho, eu ia ter que ser **mais responsável** [grifos nossos], porque eu que ia totalmente garrar e construir o meu trabalho. Administrar aquilo ali, além de ser eu, mais aquelas outras todas que estavam junto. Quer dizer, se tu não fizer um bom trabalho, às vezes, por uma sócia um grupo se desfaz, né? Então tu tem que sempre ter aquela intenção que é um bom negócio, que é uma boa coisa pra tu fazer, e que tu tem **uma liberdade melhor** [grifos nossos] pra ti. Eu acho que nesse ponto eu busquei isso aí. **Preferi trabalhar na cooperativa, porque eu podia trabalhar perto de casa, não depender de ônibus, não ser mandada por ninguém** [grifos nossos], tudo isso aí foi o que fez com que eu ficasse.*

Repercussões da autogestão para Isaurina

Em sua fala, Isaurina condensa as principais repercussões ocasionadas pela vivência da autogestão, as quais foram construídas por ela e por suas companheiras de cooperativa, o que vale sempre ressaltar.

Interessante notar que ela fala sobre esse tema ancorada em uma situação pretérita, ou seja, deslocando-se para o período em que escolheu fazer parte da cooperativa. É o momento em que as marcas da autogestão passaram a ocupar o lugar do angustiante "mistério", porém, na perspectiva do devir, já que ainda habitavam o espaço de um futuro desejado. Hoje, ao relembrar o momento da escolha pela cooperativa, nota-se que Isaurina o *refaz*, tendo em mãos, também, os resultados presentes da experiência vivida nesses anos de Univens. Tal fenômeno nos põe em contato com a bela obra de Ecléa Bosi, *Memória e Sociedade*:

> Na maior parte das vezes, lembrar não é reviver, mas refazer, reconstruir, repensar, com imagens e ideias de hoje, as experiências do passado. A memória não é sonho, é trabalho. [...] A lembrança é uma imagem construída pelos materiais que estão, agora, à nossa disposição, no conjunto das representações que povoam nossa consciência atual. [...] O simples fato de lembrar o passado, no presente, exclui a identidade entre as imagens de um e de outro, e propõe a sua diferença em termos de pontos de vista. (Bosi, 2001, p. 55)

Vejamos agora como Isaurina trata o tema desta pesquisa, quais aspectos materiais e psicossociais ela elegeu para ilustrar as principais transformações operadas pela experiência da autogestão em sua vida, e como eles se articulam com suas experiências anteriores.

O direito ao trabalho assegurado: "uma segurança imensa"

Primeiramente, Isaurina compara alguns aspectos práticos das condições de costureira empregada e de costureira cooperada da Univens:

> *Eu acho que se tu buscar uma análise em cima de todos esses, dependendo da maneira que tu analisa [...] Claro que se tu trabalhar numa firma que tu tem carteira assinada, o patrão guarda pra ti, né? Chega no final do ano, tu tem férias, tu tem 13º., tu tem fundo de garantia. Mas isso não quer dizer que o patrão vai te dar. Aquilo ali, dentro do teu salário, ele já é separado, quer dizer, ele é cortado do teu salário para colocar ali. Então, se tu trabalhar na cooperativa, se tu souber disso aí, tu vai ver que tu ganha mais dentro da cooperativa. Então tu tem que ver aqueles valores, né? Porque tu olha a costureira, o valor dela é quatrocentos reais por mês [...] Isso com carteira assinada. Aí tem desconto de vale-transporte, tem o desconto de vale-refeição, tem o desconto de INPS, aí baixa um pouco. Se tu buscar isso aí, e ver na cooperativa, que eu ganho uma média de quinhentos a seiscentos reais por mês, então tu está ganhando acima daquilo que tu ganharia de empregada, e que tu teria que manter horário... Então existe essa diferença. Se tu souber organizar o pensamento, tu vê que, se tu trabalhar na cooperativa, tu tem uma situação melhor que se tu trabalhar de empregada.*
>
> *E tu não vai ir pra rua! Pra isso, não tem necessidade nem de tu ser uma boa sócia, como se diz. Mas, se tu precisa, tu vai trabalhar. Mas mesmo que tu não seja uma pessoa superideal pra ser uma sócia, mas tu sabe que aquela cooperativa não vai te tirar dali por mínimas coisas, né? Só em últimas instâncias, e pra isso o estatuto manda. Se tu tiver as tuas falhas, tu pode ser chamada a se retirar, mas é muito difícil de isso acontecer. **Então tu tem uma segurança imensa em cima do trabalho ali** [grifos nossos].*

Nos trechos acima, Isaurina aborda uma questão muito presente para quem se expõe a viver um vínculo autogestionário de trabalho no Brasil atual: a inexistência de um contrato social de trabalho apropriado para os trabalhadores da Economia Solidária[5] (Cunha, 2003; Parra, 2003).

Porém, como ela própria revela, foi possível à Univens, pese estes e outros empecilhos mais, garantir a suas cooperadas renda estável e em patamares superiores àqueles praticados pelos empregadores capitalistas, e sem o risco iminente do desemprego. Em outras palavras, foi possível a elas conquistar o direito ao trabalho, segurança que representa um aspecto de suma importância dos pontos de vista político e psicossocial, como veremos mais adiante. Estes fenômenos – renda adequada e estável e segurança em relação à manutenção da vida –, em companhia da autonomia do vínculo cooperativo, surgem para Isaurina em forte contraposição a um histórico marcado por muitas necessidades e pela subordinação. Eles conformam importantes repercussões da experiência de autogestão vivida por ela e por suas companheiras da Univens e, por conseguinte, possibilitam a emergência de outras repercussões de cunho psicossocial.

Abaixo, ainda sobre isso, ela fala da reação da família e dos amigos frente a seu ingresso na cooperativa e, a partir daí, reflete, de modo interessante, sobre a chamada "cultura do emprego":

> [Minha família] *reagiu daquela maneira [...]: "Quais as vantagens que a senhora vai ter? Qual a segurança que a senhora vai ter em trabalhar numa cooperativa? Qual é a garantia do seu trabalho? Se a senhora ficar doente, como é que a senhora vai viver?" Então teve essas reações, onde eu buscava explicar: "eu tenho que pagar o meu INSS de autônoma, pra ter os mesmos direitos que se eu trabalhasse numa empresa eu teria; e eu tenho que ganhar mais pra compensar aquilo que a empresa me proporciona nos finais de ano". [...] Isso porque não se conhecia* [o cooperativismo]*, não se sabia como é que funcionava, como é que era. [...]* [A reação] *muda, mas ela não muda*

---

[5] Segundo Gabriela Cunha, "as cooperativas brasileiras são regulamentadas pela Lei 5.476/71 (alterada parcialmente pela Lei 6.981/82) cujas exigências muitas vezes inviabilizam a formalização de cooperativas entre pessoas mais pobres – por exemplo, o número mínimo de vinte sociofundadores ou a tributação dupla dos cooperados (como sócios de empresa e como trabalhadores autônomos). Aliás, como é legalmente considerado trabalhador autônomo, o cooperado não possui os direitos que a Consolidação das Leis de Trabalho assegura aos assalariados. [...] A questão é política e gira em torno de garantir, também nas cooperativas, os direitos sociais e trabalhistas alcançados pelas lutas históricas dos trabalhadores, o que exige marco regulatório diferenciado para a economia solidária, inclusive com redefinição de normas tributárias" (Cunha, 2003, pp. 65-66).

muito. Porque eles sempre têm aquela impressão que o capitalismo é maior do que qualquer outra coisa, que se tu trabalhar como empregado, tu tem muito mais futuro que se tu trabalhar por conta própria. Isso é uma coisa que sempre vence. Essa imagem sempre vai ter, de um emprego como um futuro melhor. Aquilo que a gente sempre diz, a gente foi criado e continua criando a família nessas condições: 'Estuda pra tu ter um bom emprego quando tu for grande'. A gente não diz: 'Tu estuda pra ter um futuro melhor, pra quando tu for grande, tu construir um trabalho próprio'. Não, a gente sempre diz que tem que estudar pra ter um bom emprego. [...] É a cultura do emprego".

Pertencimento a um grupo: relação de interdependência entre as cooperadas

Nos trechos seguintes, Isaurina apresenta a autonomia e o pertencimento ao grupo de cooperadas como importantes marcos identitários da experiência da autogestão por ela vivida.

Eu acho que ser cooperado mexe com a tua vida porque tu deixa de ter alguém que vai... Tu sabe que tu não tem alguém que vai te dar o dinheiro. **Tu mesma tem que garrar e tem que lutar pra aquilo ali dar certo, porque é uma cooperação. E não só pra ti** [grifos nossos]. *Tu sabe que tu tem mais alguém em volta de ti, então tu tem que buscar sempre que dê certo, pra que tu possa ter o teu ganho e os outros também ter o ganho deles. [...] Se tu pensar que tu é uma cooperada e não te valorizar como cooperada naquele trabalho ali, tu não vai conseguir que o grupo vá pra frente.*

Em geral existe uma dificuldade pra gente nessas coisas, [debater questões no interior do grupo] *enquanto a gente não trabalha assim, né? Porque, se tu trabalha numa empresa, tu vai fazer o teu trabalho ali, tu não depende do outro que está trabalhando junto contigo. Tu vai fazer, é individualista e pronto. Se tu tiver que perguntar alguma coisa, tu vai lá na gerência, tu vai lá na administradora e vai perguntar: "Escuta, como é que eu vou fazer isso aqui?". E nós aqui não, nós temos que resolver dentro das colegas... Quer dizer, se vier uma peça que eu não sei fazer, eu sou obrigada a chegar na minha colega e perguntar pra ela. Então ela* [a experiência de autogestão] *muda dentro de ti porque tu tem que ser mais humilde. Tu tem que ter uma humildade melhor.*

> *Tu tem que garrar e saber que, às vezes, as pessoas te dizem alguma coisa que tu não gostou, mas tu sabe que daqui duas horas tu tem que ir até ela, conversar com ela. [...] Tu não pode ser tão bruta como tu era antigamente. Tu tem que te amadurecer. Isso aí é praticamente um casamento. Então num casamento tu tem que ter os atritos mas... Deu aquele atrito lá na sala, tu veio aqui pra cozinha, daí tu refletiu: "Não, mas eu acho que eu exagerei um pouquinho". Daí tu dá uma volta, dali um pouco tu dá uma chegada lá e dá uma olhadinha e tal. Então, com nós também tem que ser a mesma coisa.*

Ao mesmo tempo em que a condição de cooperado liberta o trabalhador do jugo da subordinação, possibilitando e exigindo dele autonomia e poder de intervenção na tarefa de construir e reorientar coletivamente as condições de seu trabalho, também enreda seu destino aos destinos de seus companheiros, criando e alimentando uma verdadeira teia de interdependência entre eles. A esse fenômeno, no tocante ao campo da autogestão, chamamos **conceitualmente pertencimento ao grupo**[6].

Ainda que este não apareça como uma repercussão da autogestão, mas como uma condição identitária, podemos dizer que ele se encontra estreitamente ligado a marcas importantes desse tipo de organização do trabalho.

O pertencimento opera em firme dialética com a noção de autonomia, segundo relata mais uma vez Isaurina, no primeiro trecho deste tópico. Pode-se pensar que só goza de plena autonomia quem reconhece fundas e fortemente fincadas suas raízes num coletivo capaz de salvaguardar as condições básicas para a revelação política que move as expressões autônomas. Por outro lado, não tratamos aqui de qualquer relação de pertença, mas, sim, daquelas cujos membros não precisem sofrer uma espécie de cooptação para tomar parte, ou qualquer outra forma mais ou menos sutil de dominação, que possa tolher sua autonomia.

---

[6]   Egeu Esteves (2004) define o pertencimento ao coletivo como uma das características psicossociais da condição de cooperado: "Apesar de serem sócios da cooperativa e donos das quotas-partes, corresponsáveis por ela e dela beneficiários, os cooperados não se sentem donos da cooperativa, mas associados desta. [...] Este sentimento é próprio da condição de *pertencimento* a um coletivo, do qual a pessoa se sente parte e partícipe. Como quem cuida com zelo de algo que lhe é caro, esta condição de *membro* da cooperativa justifica a preocupação que sentem por ela e também possibilita o controle que exercem sobre ela. Esta condição está vinculada à *adesão simbólica* entre cooperado e cooperativa, contida nas expressões já apresentadas, pela qual dizem que estão 'todos no mesmo barco' e 'vão todos chegar no mesmo lugar'" (Esteves, 2004, pp. 166-167). Para saber mais, consultar ainda Pedrini (2000). Esta autora também fala de uma *consciência de pertencimento ao grupo,* ao estudar a experiência da Bruscor, empresa autogestionária de Brusque (SC).

Isaurina compara o relacionamento entre as cooperadas com um casamento, metáfora bastante praticada por trabalhadores da Economia Solidária. Nas relações conjugais, como nas relações entre os cooperados, há forte *interdependência* entre os membros, ou seja, partilham-se perdas e ganhos importantes, lançados em longas perspectivas de tempo. Em outras palavras, trata-se de relações de mútua dependência – material e simbólica – íntimas e duradouras, e, por tudo isso, certamente conflituosas, em maior ou menor intensidade.

O Enraizamento nos espaços da Vila e da cidade

Isaurina também aponta uma profunda mudança nas relações com os vizinhos da Vila, consequência da sua experiência como cooperada da Univens. Se suas vivências nas atividades do Orçamento Participativo já haviam promovido uma considerável aproximação entre ela e essas pessoas, a participação na cooperativa, e tudo o que isso encerra, culminou no estreitamento ainda maior desses laços e na assunção de um peculiar enraizamento de Isaurina no lugar em que vive e trabalha.

> *No momento que eu comecei a trabalhar na cooperativa, eu tenho uma visão diferente daquela visão que eu tinha. Eu tenho uma visão bem diferente. Ela é uma visão que tu enxerga mais longe. É uma visão que tu tem um melhor conhecimento, tu faz uma amizade maior. Na época em que eu trabalhava em firma eu não conhecia ninguém. Os próprios moradores daqui, que eu conhecia pelo meu trabalho lá, eles iam fazer lanche lá no meu trabalho, mas eu não sabia que eles eram meus vizinhos. [...] Depois que eu vim pra aqui, foi que eu descobri que aquelas pessoas que eu atendia no balcão lá são moradores da mesma rua que eu moro. Depois que eu comecei a trabalhar na cooperativa, porque daí tu tem uma relação mais íntima dentro da própria Vila. Com a própria comunidade, com o próprio povo daqui... Porque tu fica mais aqui junto. Tu tem uma visão melhor.* (Isaurina)

> *A gente teve mais uma ligação com a comunidade. Depois da cooperativa, a gente teve uma ligação maior, porque daí já veio participação na Comissão da Habitação [OP]... Tu vai mais em outras reuniões, que buscam mais a comunidade, então eu tive um envolvimento maior. Antes da cooperativa eu só participava dentro do Orçamento Participativo. Depois eu saí da associação antiga, a gente formou a associação nova – continuo hoje nessa associação – daí a gente teve uma relação maior com o Posto de Saúde, uma*

relação maior com o Hospital Conceição... Quer dizer, pra mim, em tudo isso aí, ela mudou pra uma relação maior [com a Vila]. *Tenho um conhecimento maior da comunidade em volta, não eles envolvidos na cooperativa, mas a gente tem um conhecimento maior com eles, fora dali.* (Isaurina)

Para falar das repercussões que a experiência como cooperada da Univens promoveu em sua relação com a Vila, Isaurina refere-se a uma alteração perceptiva, a uma "mudança de visão", pela qual passou a "enxergar mais longe" e a ter "um melhor conhecimento" desse espaço e de seus habitantes. Tal aumento de profundidade da visão de Isaurina parece indicar uma diferença na maneira de perceber o mundo em que vive, o mundo de suas relações cotidianas de amizade e de vizinhança. Merleau-Ponty (1999), em seus clássicos estudos sobre a fenomenologia da percepção, afirma que o sentido de profundidade da visão revela imediatamente o elo do sujeito ao espaço:

> Quando digo que vejo um objeto a distância, quero dizer que já o possuo, ou que ainda o possuo, ele está no futuro e no passado ao mesmo tempo em que no espaço. (p. 357) [...] **Quando dizemos que ele está distante ou próximo** [grifos nossos], frequentemente é sem nenhuma comparação, mesmo implícita, com algum outro objeto ou mesmo com a grandeza e a posição objetiva de nosso próprio corpo, **é apenas em relação a um certo "alcance" de nossos gestos, a um certo "poder" do corpo fenomenal sobre sua circunvizinhança** [grifos nossos]. (Merleau-Ponty, 1999, pp. 359-360)

Como fazem os fenomenólogos e os estudiosos da *Gestalt*, podemos procurar as dimensões existenciais para as experiências perceptivas, afinal, "o vertical e o horizontal, o próximo e o longínquo, são designações abstratas para um único ser em situação, e supõem o mesmo 'face-a-face' do sujeito com o mundo" (Merleau-Ponty, 1999, p. 360). Assim, quando Isaurina diz que passou a "enxergar mais longe", ao enfocar sua relação com a Vila e com os habitantes dali, após a experiência de trabalho na cooperativa, podemos pensar, em companhia das ideias de Merleau-Ponty, que seu alcance e seu poder de intervenção nesse campo cresceram. Nesse processo, do campo de visão alargado, emerge uma gama maior de fenômenos, agora percebidos em suas relações intracampo, o que corrobora com o "melhor conhecimento" de tais relações, apontado por Isaurina como mais uma repercussão da sua experiência com a autogestão.

Olhemos agora para essa questão com a lente do cotidiano. Uma das questões feitas a ela na entrevista pedia uma breve descrição de suas atividades ao longo de uma semana. A resposta não poderia ser mais reveladora:

> *Por exemplo, toda primeira segunda-feira do mês a gente trabalha e depois tem a reunião da Comissão da Habitação. Nas quartas-feiras tem a reunião do Fórum de Delegados do Orçamento Participativo. Tem também as outras reuniões que de vez em quando a gente garra e participa, reuniões eventuais. Por exemplo, amanhã tem uma que de vez em quando aparece, então a gente está sempre presente naquilo ali. Eu participo das reuniões com a AVESOL, com a ADS, eu participo nas reuniões da Comissão da Habitação... Como agora, que teve uma reunião, lá na Câmara de Vereadores, com o pessoal da Caixa Federal e o pessoal da [Comissão da] Habitação. Eu fui nessa reunião. Tem as reuniões com os Delegados do Orçamento... Quer dizer que tu está sempre envolvida dentro daquilo ali. [...] Chega nos finais de semana, então eu recebo meus filhos em casa ou eu vou na casa deles. E de quinze em quinze dias eu vou na casa da minha mãe.*

Mesmo se considerarmos o fato de que Isaurina é membro do Conselho de Administração da Univens[7] e que, pela força do cargo, teria o dever de manter--se informada sobre as diversas reuniões que dizem respeito à cooperativa, ainda assim, é notável sua disposição em comparecer a praticamente todas elas, mesmo quando o acordo do grupo trata do estabelecimento de um rodízio entre as cooperadas, de modo que semestralmente haja comissões de duas a três pessoas com a missão de representar a cooperativa em cada um dos fóruns de discussão que interessam a todas.

Outro ponto que merece destaque é a maneira como Isaurina dispõe os fóruns dos quais participa em sua fala. As reuniões dos delegados e da Comissão da Habitação do Orçamento Participativo, orientadas para os assuntos da Vila, surgem mescladas às reuniões relativas à cooperativa, aquelas com a AVESOL e a ADS.

---

[7] Isaurina ocupava o cargo de vice-presidente da Univens.

Talvez esse fato seja mais um indicativo de que os interesses dela, como moradora da Vila e da cidade de Porto Alegre e como cooperada da Univens, não estejam simbolicamente muito separados. O uso do plural em sua fala – *a gente está sempre presente naquilo ali"* – também aponta para uma vivência coletiva desses interesses, já que outras cooperadas da Univens também frequentam, com ela, os espaços de reunião ligados ao Orçamento Participativo.

A partir dessa fala de Isaurina, podemos colher outros indícios que apontam para o alto grau de pertença e de participação dela nos destinos dos espaços, tanto da cooperativa, como da Vila e da própria cidade em que mora. Esses fenômenos parecem intimamente relacionados à noção de enraizamento, como já dissemos. Simone Weil (2001) assim a define:

> O enraizamento é talvez a necessidade mais importante e mais desconhecida da alma humana. É uma das mais difíceis de definir. **Um ser humano tem raiz por sua participação real, ativa e natural na existência de uma coletividade** [grifos nossos] que conserva vivos certos tesouros do passado e certos pressentimentos de futuro. [...] Cada ser humano precisa ter múltiplas raízes. Precisa receber a quase totalidade de sua vida moral, intelectual, espiritual, por intermédio dos meios dos quais faz parte naturalmente. (Weil, 2001, p. 43)

É preciso aqui muita cautela, pois sabemos que a relação experimentada pelas cooperadas com a Vila e com a cidade foram forjadas muito antes do surgimento da cooperativa. Podemos inclusive supor que a cooperativa Univens foi fruto dessa teia de relações. Porém, também podemos suspeitar, nesse momento, que a consolidação do projeto da cooperativa e o advento de algumas de suas repercussões – como o direito ao trabalho assegurado – conferiu mais vigor a tais enraizamentos, (re)alimentando dialeticamente as experiências de participação ativa e democrática nos espaços da Vila, da cidade e do trabalho.

Novas configurações para os tempos livre e de trabalho: repercussões da autogestão para as relações familiares

O trabalho das cooperadas vai muito além da realização das atividades-fim da cooperativa, do cortar, do costurar e do serigrafar as peças produzidas. Elas não são apenas trabalhadoras da Univens, mas também suas sócias, responsáveis pela definição e pela gestão dos seus destinos. Soma-se a esse fato a maneira como elas compreendem o trabalho, dotado de claras funções políticas e sociais.

Todas as atividades advindas desse quadro expõem as cooperadas a uma jornada extensa de trabalho, a qual certamente transborda as horas de sol dos chamados "dias úteis", invadindo as noites e os finais de semana.

Ainda sobre a última fala de Isaurina, notamos que seu recorte traz em primeiro plano a participação nas reuniões citadas, deixando os encontros familiares restritos aos finais de semana.

Muitas das repercussões mencionadas pelas cooperadas da Univens são relativas à esfera da família. Segundo Isaurina, ela se diferencia da maioria das trabalhadoras do grupo por não ter companheiro ou filhos pequenos em casa, mas não por isso deixou de sentir o impacto da experiência de trabalho na cooperativa na vida pessoal e na familiar:

> *Eu posso estar hoje pensando que no sábado eu vou ir em tal lugar fazer um passeio, mas, por uma eventualidade, surgiu amanhã alguém e disse assim: "Olha, nós temos um compromisso de fazer uma apresentação no sábado de manhã em tal lugar". Então, como cooperada, eu tenho que abrir mão do meu passeio pra garrar e fazer cumprir. Então muda muito a vida da gente, nesse sentido também. [...] Mexe com o dia a dia, de deixar de fazer alguma coisa que eu tinha planejado pra fazer na vida pessoal da gente. [...] O certo seria tu ter aquela grande capacidade pra chegar amanhã e dizer assim: "Olha, mês que vem nós temos um encontro lá no Rio de Janeiro e precisamos de alguém pra ir". Então tu tem que ter uma adaptação na tua vida pessoal. Digo eu, que sou sozinha, já teria que ter, ainda mais quem tem família, marido e tudo.*

Os compromissos assumidos no tempo de trabalho na cooperativa muitas vezes invadem o tempo livre das cooperadas, como Isaurina relatou. Este fenômeno carrega consigo diversos conflitos em potencial, já que daí podem surgir impasses para a cooperada. De um lado estão o marido e os filhos, muitas vezes ressentidos pela ausência da esposa ou da mãe em casa, nas noites ou nos finais de semana. De outro, as expectativas das demais companheiras que esperam, umas das outras, a priorização dos assuntos da cooperativa, com o cumprimento dos compromissos assumidos pelo grupo.

Com o vínculo autogestionário, os tempos livre e de trabalho das cooperadas sofrem mudanças, sendo levados a uma maior flexibilidade e a uma separação muito mais tênue se comparados à realidade do vínculo empregatício. Assim, esse processo representa uma repercussão na medida em que exige adaptações e negociações cotidianas das cooperadas e de suas famílias, e, mesmo assim, pode ser gerador de conflitos importantes (Parra, 2002; Esteves, 2004). Exemplo disso, segundo Isaurina, é que o envolvimento da família com o trabalho da cooperada se faz praticamente inevitável e se torna muitas vezes de fundamental importância, já que entra em casa e invade o seu tempo e o seu espaço:

> [A família da cooperada] *precisa ter aquele entusiasmo com a cooperativa também. Sentir que a cooperativa é algo importante pra aquela cooperada, que a família consiga dar apoio pra ela. Por que no momento que tu trabalha na cooperativa, mas a tua família em casa, ela não te dá apoio, ela não te ajuda, tu vai te desiludindo com aquilo que tu está fazendo.*

Habilidades políticas: "melhores conhecimentos" e "o ouvir e o falar"

Os trechos abaixo falam por si. Neles, Isaurina revela uma das mais importantes repercussões ocasionada pela experiência de trabalho na Univens para ela:

> *Se tu tem que ter um diálogo maior, tu vai com uma abertura maior pra fora. Quando eu não estava na cooperativa, eu não tinha conhecimento, eu não conversava com vereador, eu não conversava com pessoas de entidades... Eu não tinha muita participação nas coisas. **Era dificuldade, pra mim, chegar e escutar as pessoas falarem, quanto mais eu chegar e falar. E hoje em dia, quer dizer, tem vinte pessoas lá, e eu garro e vou lá, contar a história da cooperativa e conversar** [grifos nossos]. Embora não tão bem, igual a outros, mas, da maneira que a gente sabe, a gente fala, né? E não tem aquela dificuldade. Pra mim foi a maior dificuldade o dia que eles vieram e quiseram fazer uma filmagem, pra aparecer na televisão, pra falar sobre o Orçamento Participativo. Era sobre o Orçamento, a Nelsa já tinha falado e eles queriam outra pessoa que falasse. Pô! Pra mim foi a maior dificuldade, eu me enxergando ali na televisão, eu ia aparecer depois na televisão. Mas hoje eu já acho que não é tão difícil. Hoje pode chegar lá, pode tirar uma fotografia, pode filmar, e eu não me sinto mais tão encabulada. Eu já não acho tão difícil de fazer isso.*

Por exemplo, naquela época, que eu trabalhava de empregada, jamais eu ficaria esse tempo todo conversando contigo. Jamais! [...] Graças à cooperativa que evoluiu a minha vontade de expor [grifos nossos]. *Eu já não me sinto naquela dificuldade porque eu entendi que nem todo mundo tem a mesma facilidade de conversar, nem todo mundo fala da mesma maneira. Mas as pessoas entendem da mesma forma.* [...] E, quanto mais a gente conversa com as pessoas, mais tu aprende, e tu tem aquele melhor conhecimento pra sobrevivência [grifos nossos]. *Dentro da cooperativa, naquela união que nós temos ali, tu conhece mais a vida das pessoas, tu sabe mais. Aí tu pensa que tu tem uma baita de uma dificuldade, mas tu vai ver que aquela outra pessoa que está ali, trabalhando e lutando, ela tem mais dificuldade do que tu ainda.*

Trata-se de habilidades políticas, por excelência, essas que Isaurina identifica como ganhos decorrentes da vivência da autogestão na Univens: o ouvir, o falar, a vontade de expor. Assim como ocorre nas plenárias do Orçamento Participativo, o cotidiano de trabalho da Univens apoia-se na democracia participativa. A cooperativa, por sua vez, não só propicia o levante da fala e a constituição de arenas de negociações micropolíticas (Sato & Esteves, 2002; Esteves, 2004), como necessita delas para sua sobrevivência, em um só tempo, econômica e política (enquanto espaço democrático).

Julieta

Julieta nasceu em Jacareí, interior de São Paulo, há 36 anos. Seu rosto claro e os sobrenomes incomuns revelam a origem de seus antepassados: *"Eles são espanhóis, de Madrid. A família do pai veio de lá, o avô e a avó, naquela época da migração".*

Aos sete anos de idade, Julieta veio com a família para Porto Alegre, e, aos dez, já morava na Vila Nossa Senhora Aparecida. *"Deve ter uns 25 anos que a gente mora ali. A casa e o terreno eram da minha mãe e do meu pai, depois ficou pros filhos. Ali moro eu* [com o marido e os dois filhos], *meu irmão mora nos fundos e a Juliana mora com nós* [irmã de Julieta]."

Julieta conheceu cedo os efeitos da mobilização popular. Hoje ela recorda com vigor os momentos iniciais da ocupação das terras e o processo de luta pela regulamentação do novo bairro, fatos que marcaram sua infância: *"Nós lotávamos os ônibus e ia pro centro, reivindicar que o DEMHAB comprasse, porque a gente não queria tomar conta do que não era nosso. Eu era criança e ia junto"*.

As memórias de Julieta revelam a maneira como se davam as relações com o poder público na Vila naquela época, aliás, modo muito semelhante ao que acontece hoje em vários pontos do país:

> *Quando eu era pequena, eu me lembro uma vez que ia vir um político. [...] E nós tínhamos que agradar o homem, né? Aí o senhor Cassiliano fez uma música bem bonita pra Vila. A gente cantava que "a Vila era a nossa vida e não-sei-mais-o-quê", era uma música bem bonita. O outro dia eu estava tentando lembrar pra cantar, porque esse senhor não mora mais aqui. Aí eles vieram visitar a Vila, a gente cantou, homenageou ele e coisa e tal. Bah! Era horrível! Isso tudo e a gente pisando nos barros! E ele todo bonitão, todo chique, pisando no barro... Era época de política, de eleição.*

As experiências políticas vividas por Julieta ainda na infância certamente deixaram marcas, memórias dos interstícios do que Nelsa chama de movimento popular. Para Julieta, portanto, a participação na cooperativa não trouxe os encontros políticos e a mobilização em torno de causas comuns como novidades, como revelações de fenômenos até então desconhecidos. Segundo ela mesma afirmou em sua entrevista, conhecia muito bem situações como grandes reuniões, cujos temas eram os problemas do bairro e as carências de suas famílias. Porém, conferiu a esses fenômenos sociais outros sentidos, propiciando, inclusive, uma leitura crítica das diferentes maneiras de se "fazer política."

Julieta é dona de um sorriso doce e de um senso de humor admirável. Em todas as vezes em que estive com ela, pude reconhecer esses traços. Diferentemente de outras cooperadas da Univens, ela logo me recebeu com simpatia e franca curiosidade. Ainda no momento em que nos conhecemos, Julieta me fez rir, conferindo leveza à tensão característica dos primeiros encontros. Hoje são incontáveis essas situações, durante as quais ouvi dela casos curiosos e comentários engraçados, seja a respeito de suas experiências ou de seus companheiros de cooperativa, seja acerca da situação presente que compartilhávamos.

Em poucas palavras, posso dizer que Julieta é capaz de uma disposição admirável frente ao mundo em que vive. Em todo momento, temos a impressão de que ela encontra forças para intervir e dirigir-se ao outro que está a seu lado. Outro traço marcante de sua presença é a sensibilidade que demonstra, tanto em relação ao que recebe do outro, uma espécie de aguçada suscetibilidade, quanto em relação ao que capta do estado de humor das outras pessoas. Em outras palavras, Julieta emociona-se com facilidade e identifica com grande acuidade os afetos que ocupam suas companhias. Ao falar de suas experiências de vida e de trabalho, poderemos colher diversos exemplos dessas características de Julieta.

Ainda em relação à minha experiência com ela, vale comentar o momento da entrevista propriamente[8]. A pedido seu, conversamos em uma das salas do hotel em que eu estava hospedada. Diante da possibilidade da escolha do local em que nos reuniríamos, ela considerou que seria melhor o fazermos ali, já que *"em casa é um entra e sai, é muito tumulto. Não vamos ter sossego"*. Tanto nessa situação como em outras, Julieta demonstrou zelo pela pesquisa, afinal, *"é o seu trabalho"*, disse-me com naturalidade. Também foi a primeira cooperada a ler a carta que escrevi para elas, na qual explicava os procedimentos da pesquisa, e, junto de Janete, teve a ideia de me levar para conhecer os lugares de sua Vila e de sua cidade.

O trecho do Diário de Campo que se segue foi escrito logo após a entrevista e traz informações curiosas e também reveladoras a respeito dela:

> **Comentários sobre a Entrevista com Julieta** [grifos nossos] [...]. Ela me presenteia com uma camiseta delas [Univens]; ela também veste um modelo da cooperativa. Vamos para uma sala e conversamos tranquilamente. Julieta não se inibiu com o gravador, com o lugar, com nada. [...] Ao final, a convido para jantar comigo, já era tarde e certamente ela não havia feito a última refeição do dia. Ela aceita sem pestanejar. O jantar foi longo, com conversas sobre família e temas do cotidiano. Interessante o olhar de Julieta no restaurante.

---

[8]   A entrevista com Julieta foi realizada em 26 de março de 2004.

Assim que chega, estabelece uma relação de proximidade com o garçom[9], conversando com ele com soltura, como se já se conhecessem. Depois foi direto contemplar a máquina registradora do início do século passado, disposta como elemento de decoração do balcão do bar: *"Eu trabalhei com isso, né?"*. (Diário de Campo, 26/03/2004. pp. 66-67)

Além desses fatos, é preciso dizer que Julieta se dirigiu para a entrevista com grande disposição e tranquilidade para falar, e assim se manteve até o final. Quando não entendia determinada pergunta ou afirmação, questionava-me até alcançar a plena compreensão daquelas intenções, debruçando-se pensativa sobre o tema, e, se preciso, recolocava suas ideias com precisão e clareza.

Atualmente, Julieta trabalha na serigrafia da Univens, atividade que desenvolve desde seu ingresso na cooperativa, em 2001. *"Eu era do comércio, agora sou serígrafa. [...] Hoje eu posso dizer que já sei bastante [sobre esta atividade]. Tenho pra aprender ainda, mas já sei o suficiente pra trabalhar nesse ramo"*. Ela também é membro do Conselho Fiscal da Univens e costuma participar ativamente de suas atividades internas e externas, tendo inclusive viajado pela cooperativa para representá-la em eventos no estado do Rio Grande do Sul.

Os trabalhos de Julieta:"vida agitada de casa e trabalho"

Julieta conheceu o trabalho em casa, em companhia da mãe: *"Desde nova eu ajudava a mãe, como eu te falei hoje. Minha mãe lavava roupa pra fora, então eu intermediava, levava pras clientes, buscava e ajudava ela a cuidar da menina* [irmã caçula]*, que era muito pequena"*.

---

[9] A aproximação instantânea de Julieta com o garçom do restaurante me fez lembrar um belo e importante trabalho de José Moura Gonçalves Filho (1998). Na pesquisa sobre humilhação social, realizada no encontro com mulheres moradoras da Vila Joanisa, periferia sul de São Paulo, ele relata um momento vivido em companhia de duas delas, bastante semelhante com a cena protagonizada por Julieta. Salvo importantes diferenças, podemos dizer que ambas as situações falam do momento em que emerge, forte, uma identificação entre iguais, um reconhecimento recíproco da partilha de uma condição comum, qual seja, a de membros de uma mesma classe social; "A última vez que Natil e Rose vieram a minha casa, dezembro, decidimos jantar fora [...] No restaurante, tudo se repetiu. Reparavam inquietas no garçom que nos atendia. A prestimosidade do moço só servia para envergonhá-las. Quando chegou a refeição, consultaram-lhe: o senhor está servido? Quando se deteve conosco, por uns instantes, numa conversa sem trejeitos serviçais, foi só então que nelas apareceu o apetite" (Gonçalves Filho, 1998, p. 35).

Como todas as cooperadas da Univens com quem conversamos, ela começou a trabalhar muito cedo, no istmo entre a infância e a adolescência. A aparente naturalidade da presença precoce do trabalho em suas vidas parece congruente com a também natural necessidade do alimento e dos demais recursos necessários para a manutenção da vida, ao menos para os membros da *classe-que-vive-do-trabalho*[10].

Da lida doméstica, Julieta partiu adolescente para a primeira experiência de trabalho assalariado no comércio, como operadora de caixa de supermercado:

> *Logo em seguida, eu tinha uns catorze, quinze anos, eu comecei... Fiz ficha num supermercado. Era final de ano e eu fiquei no pacote. Naquela época eles pegavam de menor. Aí, dois meses depois, eles gostaram do meu serviço, mandaram me chamar no escritório e me promoveram pra caixa. [...] Fiz o teste de uma semana, fiz as provas, tudo, passei e comecei a trabalhar de caixa no supermercado. [...] Aí eu trabalhei, acho que uns dois anos. E eu sempre gostei, sempre gostei de trabalhar com bastante pessoas e com o público.*

Dessa primeira experiência de trabalho, Julieta salienta o quanto gostava de *"trabalhar com pessoas"*, ou seja, em um grupo de trabalho cujo cotidiano fosse pleno de interações. Esta é uma consideração que devemos conservar com atenção; veremos o quanto ela é representativa de sua história de trabalho.

A necessidade de interromper o trabalho devido à maternidade

Ainda adolescente, Julieta passa por importantes experiências pessoais: torna-se mãe e dona de casa, o que determinou uma saída momentânea do mercado de trabalho:

> *Mas aí eu comecei a namorar e naquele ano eu parei de estudar também[11]. Comecei a namorar, namorei acho que um ano, mais ou menos, aí engravidei. Engravidei, casei e peguei a minha licença do serviço. Trabalhei quase*

---

[10] Ricardo Antunes (1999) reafirma a centralidade do trabalho e a noção de classe nos tempos atuais: "A expressão 'classe-que-vive-do-trabalho', utilizada nesta pesquisa, tem como primeiro objetivo conferir *validade contemporânea* ao conceito marxiano de *classe trabalhadora*. Quando tantas formulações vêm afirmando *a perda da validade* analítica da noção de classe, nossa designação pretende *enfatizar o sentido atual da classe trabalhadora*, sua *forma de ser*" (Antunes, 1999, p. 101).

[11] Julieta interrompe nessa época seus estudos, mas chegou a concluir o ensino fundamental.

até os nove meses. Quando eu voltei, eu pedi [demissão]. Porque o Anderson [primeiro filho de Julieta] estava doentinho, e aquela coisa toda, e eu, mãe de primeira viagem. Aí eu cheguei à conclusão que eu tinha que deixar de trabalhar e cuidar do Anderson. Acho que eu fiquei uns três, quatro anos sem trabalhar. Fiquei assim, tipo dona de casa. Dona de casa e mãe.

Se o vínculo de trabalho empregatício possibilitou a Julieta o direito à licença-maternidade, permitindo a ela cuidar de seu filho em casa, em seus primeiros meses de vida, mais tarde, ao menos nesse caso, tornou inconciliáveis as atividades de mãe e de trabalhadora. Embora não tenhamos em mãos elementos suficientes para analisar com cuidado como foi forjada a escolha final de Julieta por afastar-se do emprego, podemos pensar que não houve ali, naquele vínculo, flexibilidade suficiente para adequar sua situação familiar à rotina de trabalho. Em outras palavras, parece se tratar de uma relação na qual a pessoa deve adaptar-se ao trabalho, e não o contrário, inversão pela qual tanto lutaram e lutam as cooperadas da Univens.

Busca de conciliação entre família e trabalho: os pequenos comércios familiares

Anos mais tarde, ao retomar a vida de trabalho fora dos limites domésticos, Julieta vivencia a primeira e única experiência de emprego em uma grande indústria. Apesar de breve, o tempo que ela passou ali foi suficiente para confirmar o gosto pelo *"trabalho com pessoas"*, por um cotidiano repleto de interações sociais imprevistas:

Depois que eu ganhei o Felipe [segundo filho de Julieta], *quando ele tinha um ano, eu comecei a trabalhar de novo [...] Nesse meio tempo eu fui trabalhar em uma fábrica de chocolate [...] Só que era provisório, temporário, né, que se fala? Porque era época da páscoa. Eu trabalhei um mês. **Mas eu me sentia fechada dentro da fábrica** [grifos nossos]. Era muito bom, o serviço, e eu tinha chance de ficar porque eles gostaram de mim. Mas aí surgiu uma vaga no mercado do primo do meu marido. Eles me ligaram, perguntaram se eu queria trabalhar com eles, coisa e tal. Eu fui lá, pedi dispensa da fábrica, e fui trabalhar de mercado também.*

Salta aos olhos, no trecho acima, a escolha de Julieta por um trabalho familiar, em uma pequena e incipiente empresa, em detrimento do emprego em uma indústria de grande porte que, visto a distância, poderia parecer mais promissor e estável. O que teria levado Julieta a optar por isso? Não há respostas imediatas para essa pergunta; por ora, apenas indícios, como a sensação de aprisionamento que a acometia no interior da fábrica. Continuemos ouvindo Julieta:

> *Quando nós mudamos* [para Gravataí, região metropolitana de Porto Alegre], *eu fui trabalhar com outro primo dele que também tem mercado. Ali eu trabalhei no mercado, depois passei a trabalhar no atacado dele, e, depois, a gente abriu um mercadinho pequenininho.* [...] *Nós abrimos, estávamos indo bem, nós tínhamos tudo pra estar bem.* [...] *Daí a gente vendeu esse mercadinho, pra montar em sociedade um mercado maior, com meu cunhado. Mas não deu certo, porque **não era o ramo deles e o nosso era** [grifos nossos]. Então começou a ter conflitos entre eles, entre eu e minha cunhada, mais* [da parte] *dela. Não sei se ela se sentia chateada, porque não entendia muito e não gostava disso e eu gostava. **Eu podia amanhecer, anoitecer! Eu sempre amei trabalhar, sabe?** [grifos nossos] Daí foi vendido o mercado. Nesse meio tempo todo, eu saí do mercado e fui cuidar da mãe, porque a mãe ficou entrevada na cama.* [...] ***Tinha que conciliar tudo** [grifos nossos]. [...] Daí eu vim embora pra cá, onde eu moro, pra continuar cuidando da mãe, mas aí ela faleceu. Mas isso eu trabalhando e cuidando da mãe. Sempre.*

Ao falar dos lugares pelos quais passou tão logo saiu da indústria de chocolates, Julieta expõe uma das questões que orientou essa decisão: a possibilidade de viver o trabalho aliado ao prazer, ainda que de modo restrito. O gosto pelo cotidiano de trabalho nos pequenos mercados de bairro surge explicitamente declarado: *"eu gostava", "eu podia amanhecer..."*. Se já havia uma relação de filiação simbólica à atividade ainda quando era vivida na condição de empregada – filiação revelada na expressão *"meu ramo"* –, Julieta e o marido buscaram materializá-la por meio da construção do "mercadinho próprio", projeto capaz de condensar não apenas o prazer e os saberes de Julieta, como também a convivência familiar à conquista de autonomia.

Outra questão que retorna nas palavras de Julieta é a imposição, mais uma vez, da necessidade de conciliar vida familiar e trabalho. Com o agravamento do estado de saúde de sua mãe, ela prioriza a dedicação a seus cuidados, mas, quando possível, retoma as atividades no mercado. Portanto, ressalte-se, nessa nova condição de trabalho, familiar e autônoma, a despeito das dificuldades e dos conflitos interpessoais, Julieta consegue encontrar brechas para "*conciliar tudo*", e, assim, adaptar seu trabalho à difícil situação familiar por que passava à época.

Não podemos afirmar que é próprio de todo vínculo empregatício a impossibilidade de adaptar situações sempre mutantes da vida do empregado às suas condições de trabalho. Se assim o fizéssemos, estaríamos mutilando a infinita diversidade de experiências travadas nesse campo, na tentativa entusiasmada de defender um argumento. Ainda que existam fortes limites em uma relação pautada por mecanismos de reificação, podem emergir em certos casos, das pessoas ali envolvidas, patrões e empregados, relações afetivas de respeito e de confiança, como bem demonstrou Isaurina.

No entanto, tampouco podemos ignorar a força das determinações que embasam e amarram as relações de trabalho nesse contexto, se vistas em panorâmica. Assim como Julieta, inúmeras trabalhadoras empregadas sofreram e sofrem com o impedimento de conciliar os direitos ao trabalho e à família, principalmente em momentos cuja situação pessoal ou familiar exige uma pontual, porém aguda, dedicação da parte delas[12].

O que podemos afirmar é que, quando ocorre essa possibilidade de conciliação no interior de relações subordinadas de trabalho, isso se dá devido a um caráter de exceção, uma concessão feita em nome da generosidade ou da compaixão do patrão. Já a trabalhadora autônoma familiar ou cooperada sabe que encontra, nessas condições de trabalho, o direito resguardado de adaptar as contingências de sua vida familiar ao trabalho, ainda que tenha de arcar com as consequências materiais e simbólicas de um possível afastamento de suas atividades.

---

[12]   Sabe-se que conciliar família e trabalho é tarefa primordialmente feminina em nossa cultura. Sylvia Leser de Mello (1988) nos auxilia a analisar esse tema: "Um dos elementos cruciais para o entendimento da dimensão que o trabalho ocupa na vida das mulheres é o fato, já apontado por elas, quando discutem a relação homem-mulher, de que trabalham o tempo todo. À labuta 'fora', isto é, aquela que é feita no mundo, fora do âmbito da própria casa, sempre se acrescentou a labuta doméstica. [...] Os filhos e o cuidado com eles constituem preocupações absorventes, e muitas vezes propõem-se situações dilemáticas entre a extrema necessidade do dinheiro obtido pelo trabalho 'fora', para não deixá-los perecer à míngua, e o abandono em que podem ficar quando a mãe sai de casa para trabalhar. [...] Divididas entre as duas alternativas, não sabem qual a pior: a necessidade que a família terá que passar, se deixam o trabalho, ou a carência de cuidados, da autoridade e da ordem a que submetem os filhos quando não estão em casa. É possível trabalhar e ao mesmo tempo resguardar as crianças? Existe uma solução para este dilema?" (Mello, 1988, pp. 174-176).

Após a curta temporada em Gravataí (cerca de dois anos), Julieta e sua família retornam a Porto Alegre e à Vila. Ali, bem próximo à casa paterna, ela encontrou outro emprego, em outro mercado. Principal mercado local, de médio porte e de organização familiar: assim é o lugar onde Julieta vivenciou sua experiência de trabalho mais prolongada, na qual permaneceu seis anos.

Na longa citação seguinte, ela nos descreve um pouco da sua rotina, e podemos novamente encontrar a dupla jornada feminina, *as labutas de casa e de trabalho* (Mello, 1988). Quiçá pela proximidade física entre esses dois lugares, quiçá pela possibilidade de ir para casa ao meio-dia, preparar o almoço da família e *"curtir um pouco a casa e os filhos"*, como me disse, Julieta não chega a enfatizar o cansaço nessa experiência de trabalho. Ao contrário, ela dá mostras explícitas do prazer que sentia em realizar aquelas atividades, como salientamos:

> *Eu acordava cedo porque o Vladimir* [marido de Julieta] *sempre trabalhou com lotação, então ele sempre levantava às cinco e meia* [...]. *Então eu já aproveitava e levantava, dava uma arrumadinha na casa, estendia uma roupa... Às sete e meia eu já estava no mercado porque eu gostava de ajeitar tudo antes de abrir. Eu deixava tudo arrumadinho, tudo limpinho. Aí eu abria, trabalhava até meio-dia. Meio-dia ia pra casa, fazia o almoço, ajeitava as coisas e às duas horas eu voltava. Só que o horário... À tarde era das duas às sete e meia, oito horas* [da noite]. *Claro que eu recebia hora extra, né? E era de domingo a domingo. Na segunda eu tinha folga. Ganhava o domingo, porque eles são muitos corretos, o pessoal que trabalhou comigo. Eles são muito corretos. Não é aquele patrão que escraviza, não.* [...] *Eles eram nota dez. Tenho minhas reclamações mas acho que nem tudo é perfeito. Mas pra nós, pros funcionários, eles eram muito bons. Só que era uma jornada...* **Mas eu sentia falta, se eu não fosse um domingo, eu sentia falta** [grifos nossos]. *Eu ficava em casa, andando pra lá e pra cá, eu sentia falta de trabalhar.* **Eu gostava** [grifos nossos].

Julieta demonstra gratidão pelos seus patrões ao relembrar a experiência de trabalho, diferenciando-os daqueles *"patrões que escravizam"*. O respeito aos seus direitos como trabalhadora e o reconhecimento demonstrado por eles pelo seu trabalho forjaram essa admiração em Julieta:

> [Como empregada] *eu sempre tive, graças a Deus, tranquilidade. Não sei se foi pelo meu jeito, de contornar as coisas, tentar fazer que dê certo. Dificuldades, assim, não. Talvez porque eu caí em lugares que as pessoas me receberam bem, me tratavam bem. [...] Mas eu sei de histórias diferentes, e têm muitas... De uma escravidão, né? [...] Se ganha muito pouco, é o único problema. Se trabalha muito e ganha pouco. [...] Então, **pra mim, não teve uma experiência ruim** [grifos nossos].*

Para ela, portanto, a subordinação, ou qualquer outro aspecto do vínculo empregatício, não representou fonte de sofrimento. Outras condições de trabalho são destacadas por Julieta. Direta ou indiretamente, ela salienta a necessidade de realizar atividades que lhe fossem prazerosas e, além disso, de *trabalhar com pessoas,* ou seja, em constante interação.

É certo, trata-se de condições apreciadas, quiçá, pela maioria dos trabalhadores, afinal, companhia, diálogo, sentido e prazer são fenômenos caros a toda gente. No entanto, volta e meia, escolhas são necessárias, e é justamente aí que surgem em relevo, como figuras dentro de um único campo, aquelas condições tidas para cada um como as mais fundamentais, em detrimento de outras também importantes, como a estabilidade ou a autonomia.

Após seis anos de trabalho nesse mercado e a despeito da boa relação com seus patrões, Julieta optou por pedir demissão devido a uma série de conflitos sofridos com uma de suas colegas de jornada.

> *Aí eu tava meio chateada com a vida [...] E eu já não tava gostando do ambiente. Acho que eu te falei da outra vez que tinha uma pessoa muito... Danadinha. [...] E eu via as coisas erradas e não tinha coragem de prejudicar ela. E aí eu achei melhor sair porque eu não tava aguentando mais ver certas coisas.*

Os recursos micropolíticos de interação como condição de trabalho

Aqui, nos motivos que embasaram a saída de Julieta desse emprego – até então tão prezado por ela –, reside outra importante condição de trabalho, qual seja, o estabelecimento de uma relação pouco conflituosa com seus pares, ou melhor, a disponibilidade de recursos micropolíticos para *"contornar as coisas",* lidando com situações de desentendimentos no cotidiano de trabalho. Sabe-se também que essa é uma condição que merece grande consideração para a maioria dos trabalhadores. Porém, é a própria Julieta quem ressalta o quanto sofreu com tal experiência, o que, por sua vez, nos ajuda a ilustrar sua grande sensibilidade, de que falamos anteriormente. Os momentos de conflito no mercado da Vila significaram um longo período vivido em constante angústia e reflexão, o qual exigiu dela inúmeras tentativas de conciliação e de entendimento, além de, posteriormente, diante do fracasso desses gestos, desencadear sua saída do emprego e uma tristeza que até hoje a desassossega, ao relembrar essas passagens[13].

Novamente em busca do próprio negócio

Pouco tempo depois, Julieta e o marido partem para mais uma luta em busca do mercado próprio, desta vez, no município vizinho de Cachoeirinha. Porém, o entusiasmo diante da nova ousadia esmorece rapidamente frente às diversas dificuldades enfrentadas pelo casal:

> *Só que lá era uma invasão, era uma Vila que estava começando. Nós tínhamos tudo pra dar certo. Só que era um lugar meio perigoso. Atacavam, entravam lá, então nós estávamos tendo muito gasto. Imagina, tinha que vim pra Porto Alegre quatro, cinco vezes no dia, buscar mercadoria. Então a gente foi fazendo os balanços e achamos melhor... Tinha muita coisa... Sabe? Adolescentes drogados, essas coisas. E nós quisemos preservar o Anderson também, que já era adolescente e ele conhecia os meninos, tudo. [...] Daí nós fizemos uma reunião e decidimos: "Vamos embora pra Porto Alegre que mais vale a paz do que o conflito".*

Julieta e o marido ousaram. Ousaram e teimaram uma, duas, várias vezes, na tentativa de construir um meio próprio de trabalho. Algo que lhes garantisse o sustento da família, mas, ainda que esta fosse a necessidade mais fundamental, não somente isso. Essas teimosias parecem disparadas pela força de outras motivações,

---

[13] Logo no dia seguinte ao que nos conhecemos, Julieta me fala longamente a respeito desse assunto, ou seja, dos conflitos vividos com essa colega de trabalho do mercado da Vila. Hoje, ao consultar meus registros no Diário de Campo desse dia, encontro justamente o quanto ela salientou o sofrimento por que passara na época e o tom de desabafo incontido de sua fala (Diário de Campo, 12/11/2003).

por necessidades e desejos de alcançar também aquelas condições tão caras a eles, já comentadas aqui.

No trecho abaixo, Julieta fala das dificuldades vividas nessas empreitadas:

> *É bem difícil. É tudo muito difícil porque é muito imposto, é muita coisa que não depende da gente. Mas, em questão de trabalho mesmo, eu nunca encontrei dificuldade. Eu gostava do que eu fazia. Eu sempre procurei fazer bem o que eu tava fazendo, sabe? Mas, quando tu tem um negócio, tu tem que ter um giro de capital, tu tem... Ai, é muito difícil, sabe?! Ainda mais sozinho.*

Além das dificuldades frente às exigências legais e tributárias, a solidão aparece em destaque, tanto na ausência de um capital de giro – o que poderia vir pela reunião de recursos de outras famílias, ainda que de modo restrito – como na falta de companhia para buscar saídas para esses empecilhos.

A entrada na cooperativa: solidariedade e vínculos de parentesco

> *Quando fundaram a cooperativa, que era na Capela, a Nelsa me conhecia, gostava de mim do mercado, e ela passou no meu caixa* [no mercado] *e disse assim: "Ju, vamos trabalhar na cooperativa com nós?". Eu disse: "Não, Nelsa, nem é meu ramo".*

Interessante notar a maneira como as cooperadas da já fundada Univens buscavam novas companheiras de trabalho. Tanto Julieta como Gladis foram chamadas reiteradas vezes para fazer parte do grupo. Para isso, Nelsa, Edília e outras cooperadas foram buscá-las em suas casas ou em seus lugares de trabalho e ali formalizavam o convite, às vezes, insistentemente. Parece se tratar de um franco processo de escolha, que passava pela contemplação de algumas exigências que a futura cooperada deveria ter para ingressar no grupo e que, de certa forma, elas localizavam nessas pessoas, a partir do convívio nos espaços da Vila:

> *Eu estava na frente de casa, a mãe da Janete tinha um armazém ali. A Edília chegou e disse: "Ju, o que tu está fazendo? Tu está trabalhando?". "Não, estou parada". "Você não quer ir vender camiseta no Fórum Social da Educação? A gente quer uma pessoa que cuidasse das camisetas e que vendesse. Vai ganhar*

uma porcentagem". "Ah, eu até vou porque... Vou!". "Então vai lá amanhã falar com a Nelsa". Aí eu cheguei lá.

Com a Nelsa tem uma história bem antes. [...] A Nelsa: "Ju, tu não quer trabalhar com nós, lá na serigrafia?". "Eu não, Nelsa! Tu tá louca? Nem sei que bicho é esse". [risos] "Não, não é difícil, não! O pessoal já aprendeu, e também tu tem capacidade!". É que a Nelsa sempre gosta de levantar o astral das pessoas, né? Falei: "Ah, Nelsa, não sei, vou pensar, vou falar com o Vladimir" [...] Eu fui lá, no outro dia, e falei: "Tá, eu vou tentar. Se não der, estou no direito de dizer; 'eu não quero', né?". Ela disse "Claro, aqui as pessoas têm liberdade".

Agora, depois de conhecer a história de trabalho de Julieta, podemos supor o tamanho do desafio que provavelmente significou para ela compor uma equipe de trabalho cuja atividade não apenas *"não era o seu ramo"*, como ela sequer sabia "que bicho era esse". Além disso, ela ainda teve de enfrentar a já citada exigência, por parte de algumas cooperadas, e um conflito vivido à época pela equipe da serigrafia, o que caracterizou um processo de entrada bastante difícil:

O João, que era irmão do Seu Luizinho [cooperado da serigrafia na época]*, estava ali [na equipe] convidado por ele, mas eu não sabia de nada. Aí começou o conflito porque se eu entrasse, o João tinha que sair, e eu não queria aquilo. Pensei: "Puxa! Onde eu fui me meter!" [...] É que o pessoal convidou ele pra trabalhar sem falar na assembleia, sem nada. E é errado, porque a gente não pode resolver nada sem assembleia, a não ser um assunto mais leve. Daí eu fiquei naquelas: "Pô, mas ele é um pai de família...". **E ficava lá, dentro do meu coração... Se ele tiver que sair eu digo:"Não, deixa ele ficar"** [grifos nossos]. Porque, além disso, ele não morava na comunidade, e está no Estatuto que tem que morar na comunidade. E assim, se ele tiver que sair, eu prefiro sair. Por que eu sou assim. [...] **É o meu instinto. Se eu não fizesse assim, eu vou sofrer igual** [grifos nossos]. [...] Mas como naquelas semanas veio muita coisa [novas encomendas de trabalho]... Eu gostei, fui ficando. Dava pra todo mundo ficar, e eu fui ficando. Eram cinco pessoas. Aí logo em seguida veio uma encomenda enorme do Fórum Social da Educação, e tinha ainda 20 mil sacolinhas pra CEASA. [...] [Na assembleia] o Seu Luiz não quis optar porque era irmão, a Tânia porque era cunhada, o Tiago porque era primo. Sobrou pra mim. Aí eu disse: "Se vai vim todos esses orçamentos que a gente andou dando, de trabalho, eu acho bem viável o João ficar". Porque ele era um*

Encontro da Política com o trabalho · **165**

*rapaz muito legal, trabalhador. A gente sempre chegava bem cedo, eu e ele, e já ajeitava tudo, como eu gostava. E ele também tinha o meu jeito, então nós nos dávamos bem. Então, se vai vir todo esse serviço, a gente pode ficar com o João. E, se Deus quiser, que venha bastante serviço, que dê pra nós cinco se dividir. [...] **Isso eu sempre tive** [solidariedade], **desde pequena** [grifos nossos]. [...] Por que, geralmente, é o marido que é o "cabeça" da casa e coisa e tal. Então, a esposa dele não trabalhava. **Aquilo pra mim doía** [grifos nossos]. [...] Mas graças a Deus **eu consegui contornar aquilo e ele ficou** [grifos nossos]. E eu fiquei contente, veio bastante serviço naquela época, dava pra todo mundo.*

Esse episódio nos parece interessante por revelar importantes características de Julieta, anteriores à participação na cooperativa: a solidariedade e a busca de entendimentos em situações de conflitos ou impasses micropolíticos.

Em todas as entrevistas que realizamos, as cooperadas mencionaram a solidariedade entre as principais condições que uma pessoa precisa ter ou desenvolver para viver a experiência da autogestão. É preciso cuidado ao examinar essa questão, primeiro, porque chegar a um bom entendimento em torno do que seja solidariedade já, por si, é tarefa complexa e arriscada. No entanto, se defini-la como um conceito parece difícil, identificá-la quando operante em uma experiência humana pode ser muito mais simples, como ocorre quando ouvimos o relato de Julieta no trecho apresentado.

A solidariedade manifestada por Julieta, assim que ingressa na Univens, serve-nos como um bom exemplo de que vários dos traços que poderíamos apontar como repercussões da vivência da autogestão já faziam parte da vida de algumas dessas mulheres muito antes de conhecerem a experiência cooperativa. E quiçá, justamente por isso, a experiência da Univens foi possível tal como elas nos contam.

Julieta, por exemplo, já trazia consigo, viva e pulsante, essa solidariedade que, diga-se de passagem, de tão internalizada, não recebe dela maiores nomes ou destaques. Ela surge exemplificada no empenho de Julieta em tentar "contornar" o conflito em questão em defesa do colega de trabalho, apesar da delicada condição de recém-chegada ao grupo.

Como outras companheiras de cooperativa, Julieta entrou na Univens com o intuito inicial de *"conhecer como era"*, para, somente depois, decidir pela sua permanência ou não ali, afinal, trata-se de uma *"outra maneira de organizar o trabalho"*, uma novidade, um mistério – como disse Isaurina – que exigia uma exploração paulatina e muito criteriosa.

> *Daí eu entrei, comecei a conhecer como era... As reuniões fora, toda essa solidariedade, de pessoas de baixo conseguirem vencer através da Economia Solidária. Teve tudo pra me chamar a atenção, sabe?* [grifos nossos] *É bem difícil, eu, a Ju, ter um dinheiro pra começar um negócio sozinha, é bem difícil. Acontece de dar certo, mas é muita coisa, é muita lei... Muita coisa, que muitas empresas acabam falindo. **Eu achei legal porque são várias pessoas juntando um determinado comum ali, lutando, cada um com suas ideias, mas sempre em grupo, sempre ali, em que todo mundo sai beneficiado*** [grifos nossos]. *[...] Ah, eu gostei... Eu tive lá, nessa reunião, vi a Nelsa falando, vi outras cooperativas falando, sabe? **Aquilo começou a me chamar a atenção de que é possível uma outra maneira de trabalho*** [grifos nossos]. *Por que geralmente tem aquele grandão lá, que ganha montanhas de dinheiro, enquanto que a gente tá suando pra ganhar, pra ele ganhar, né? E na verdade ali não, **todo mundo trabalha, todo mundo sonha junto, todo mundo administra junto, todo mundo resolve junto e todo mundo divide aquele esforço todo*** [grifos nossos].

Essa fala de Julieta, já citada anteriormente, retorna aqui mais completa para apontar justamente o que teria consolidado sua escolha pela permanência na cooperativa e pela "mudança de ramo" e de rumos, ou seja, de projetos de trabalho e de vida. Aqui surge clara e nítida a admiração de Julieta diante do alargamento de possibilidades que aquele projeto coletivo pode proporcionar a todos os seus membros: *"é possível uma outra maneira de trabalho. [...] [em que] todo mundo trabalha, todo mundo sonha junto, todo mundo administra junto, todo mundo resolve junto [...].".* O plural vira o sujeito, toma o lugar das ações e faz agigantar o horizonte dos possíveis, já que ao lado do *trabalho* aparece *o sonho* em sua fala.

Julieta juntou-se ao grupo de cooperadas da Univens e, pouco tempo depois, já se incluía nesse sujeito plural de trabalho e de sonhos. Uma curiosidade interessante apontada por ela é a presença de vários vínculos de parentesco entre cooperados.

Encontro da Política com o trabalho **167**

Quando iniciou seus trabalhos na equipe da serigrafia, ela encontrou ali parte da família do ex-cooperado Luizinho. Junto a ele, trabalhavam sua esposa e seu irmão, além de um primo.Três anos mais tarde, trabalhavam com ela os irmãos Janete e Zezinho, primos em primeiro grau de Julieta. Os três, por sua vez, são sobrinhos de Edília[14].

Janete e Julieta comentaram o tema dos parentescos entre cooperados com muita naturalidade, dizendo que em geral é um aspecto positivo, já que dispõem de confiança e intimidade nessas relações de trabalho. Às vezes, porém, os assuntos familiares podem surgir no cotidiano das atividades da cooperativa, *"misturando as coisas"*.

Como já apontamos, nessa cooperativa, os espaços da família e do trabalho aparecem, muitas vezes, mesclados – como mostram também as visitas dos filhos de cooperadas na sede do grupo – o que não nos pareceu conflituoso, pelo contrário. Controlada pelas trabalhadoras, essa *"outra maneira de trabalho"* permite que suas vidas fluam de modo mais integrado, sem a necessidade de muros que as apartem temporariamente de suas outras esferas de ação no mundo.

Ao falar sobre o desenraizamento operário, Simone Weil (1996) se dedica a imaginar como seria uma fábrica livre dele, o que, para ela, é *"a mais perigosa doença das sociedades humanas"* (p. 415). Nesse trecho, como em outros de sua obra, a separação completa entre vida de trabalho e vida familiar é vista como mais uma marca do desenraizamento vivido pelos trabalhadores no interior das fábricas capitalistas:

> Cooperativas ou não, essas pequenas oficinas não seriam casernas. Um operário poderia de vez em quando mostrar à sua mulher o lugar onde trabalha, sua máquina, como ficaram tão felizes em fazer isso, em junho de 1936, durante a ocupação da fábrica. As crianças viriam depois da aula encontrar-se aí com seu pai e aprender a trabalhar, na idade em que o trabalho é o mais apaixonante dos brinquedos. Mais tarde, no momento de entrar na aprendizagem, já estariam quase de posse de uma profissão, e poderiam

---

[14] A serigrafia concentra esse fenômeno talvez coincidentemente, já que não identificamos qualquer intenção deliberada de seus membros em fazer do trabalho em família um princípio da equipe. Mas os vínculos de parentesco também podem ser encontrados nos outros setores da cooperativa, no Corte e na Costura, onde trabalham as irmãs Tetê e Lúcia, além de Isaurina e Terezinha, que, como já dissemos, são mãe e filha.

aperfeiçoar-se nela ou procurar uma outra à sua escolha. O trabalho se iluminaria de poesia para a vida inteira com esse deslumbramento infantil, em vez de ter, para toda a vida, a cor do pesadelo, devido ao choque das primeiras experiências. (Weil, 1996, pp. 426-427)

A Univens representa um lugar de trabalho possível para os filhos de várias cooperadas. Julieta me disse, por exemplo, que *"Anderson acha muito legal essa maneira de nós trabalharmos"*. Esta, junto de outras afirmações semelhantes, demonstra que eles não apenas conhecem o contexto de trabalho de suas mães, como muitas vezes o desejam para si.

Seja pela não separação completa entre as esferas da família e do trabalho, seja por outras condições que vêm sendo apontadas pelas cooperadas aqui, podemos dizer que a experiência dessa cooperativa caminha ao encontro do enraizamento tão almejado por Simone Weil, ao pensar nos sofrimentos da condição operária de seu tempo, os quais, infelizmente, podem ser facilmente encontrados em muitas fábricas dos dias atuais (Svartman, 2004).

Repercussões da autogestão para Julieta

Como vimos até aqui, Julieta encontrou na cooperativa boa parte das condições de trabalho tão caras a elas, entre outras, as quais serão a seguir apresentadas. A companhia surge em contraposição à solidão do mercadinho próprio. E, se ela não se viu livre dos conflitos micropolíticos, traumáticos na experiência junto ao mercado da Vila, ela encontrou na Univens as possibilidades simbólicas de trabalhá-los coletivamente.

Autonomia: possibilidade de adaptar o trabalho à pessoa

Diretamente ligada ao tema da não separação completa das esferas da família e do trabalho e da inversão da lógica capitalista, que adapta a pessoa ao trabalho, encontra-se a autonomia maior de que gozam as trabalhadoras que vivem a autogestão da Univens. Nessa nova condição, Julieta logo experimentou o gosto de poder conciliar melhor tempos e afazeres, questões da família e do trabalho, ou, ainda, como diz Egeu Esteves (2004), os "lugares de sócia, de trabalhadora e de pessoa".

Quando eu era empregada era diferente. Hoje em dia, que nem, tem muitas saídas [...] Eu acho legal que eu posso sair, ir pra alguma palestra, ou ir no médico. Ou hoje, se eu estou com um problema na minha casa, eu posso ir, tenho toda a liberdade de ir, porque os meus colegas vão aprovar: "Vai, Ju, que tu está com problema". E não vou deixar de ganhar aquele meu dia. Se eu precisar ir viajar... É uma coisa bem legal, que eu não poderia ter num emprego.

Uma revelação: ausência de maiores repercussões nas relações familiares

No entanto, Julieta ressalta que não houve mudanças significativas no cotidiano da família, para além da tranquilidade de poder promover algumas conciliações necessárias entre as demandas desse lugar e aquelas oriundas do próprio trabalho.

> *Não mudou muito porque eu sempre levei essa vida agitada de casa e trabalho. Não mexeu muito [...] É trabalhoso porque tu tem uma família, tu tem que saber que tem seus filhos, tu tem que ter o diálogo com eles, ver como é que eles estão... É tudo muito difícil pra uma mulher porque é uma jornada e tanto. Mas você tem que dar uma parada e refletir, ver qual a melhor maneira de conduzir a família, o serviço [...] Por exemplo, quando eu tenho* [uma reunião fora da cooperativa], *eu já me programo. Eu já digo: "Pessoal, amanhã de noite eu vou a tal lugar e eu vou ficar até mais tarde. Eu vou vir, vou tomar banho e vou sair". Deixo avisado e eu já deixo a janta meio encaminhada. E, como a minha irmã mora comigo, ela me ajuda, ela faz a janta naquele dia.*

Hoje, para Julieta, a marca mais forte promovida pela participação na cooperativa, no âmbito da família, é o acirramento de suas atividades de um modo geral, além da necessária adaptação da família a esse fato:

> *Eles comentam* [a família]... *Não muito, pouco. Eles têm curiosidade* [sobre a cooperativa]. *Alguns falam assim: "Ah Ju, vai lá em casa". "Hoje eu não posso porque eu tenho uma reunião em tal lugar". Então eu acho que eles pensam que me perderam, sabe? Mas eles veem que eu estou indo, que eu estou lutando, porque eu estou contando aquela história...*

Porém, como diz Julieta, ela sempre levou *"essa vida agitada de casa e de trabalho"*, e, desde o início de seus trabalhos na cooperativa, ela pôde contar com o apoio e com a compreensão do marido e dos filhos:

Eu chegava e dizia as coisas pra ele [o marido] *e ele também dava ideias.* [...] *Por que, a cada dia que passar, nós vamos aprender alguma coisa diferente. Então eu me perguntava como que a gente estava administrando, "será que é por aí?". A própria Nelsa chega às vezes e diz: "Ai, Ju, como é que a gente faz tal coisa?". Então eu e ela conversamos, "a gente tem que sair por lá..." e coisa e tal. Então eu ia dizendo as coisas pro Vladimir e ele também ia me dando ideia, sabe? Apesar dele não ser cooperado, mas ele tem uma visão de administração, porque a gente já tinha tido alguns negócios... Ele mesmo dizia que a gente tinha que se unir e achar a melhor maneira de resolver os conflitos, os problemas.* [...] *Ele sempre tem uma ideia pra me dar pra falar.*

Eles se adaptaram legal. Porque o meu marido... A gente tem uma relação legal. Se eu tiver que ir, ele não vai se importar. Às vezes, cai até num domingo ou num sábado. "Domingo eu tenho uma reunião com a Nelsa". Ou ainda: "Eu fiquei encarregada de ir na cooperativa fazer tal coisa". Ele aceita bem. Ele não é aquele marido que fica criticando em vão. Até porque a gente casou, mas ele não é meu dono, nem eu, dona dele. Claro, tudo é em comum acordo. [...] *Ele me respeita mesmo.*

Essa fala de Julieta representou uma surpresa, já que a experiência com outras cooperativas formadas majoritariamente por mulheres, junto à ITCP-USP, por exemplo, dava mostras do contrário, ou seja, que a experiência da autogestão revolvia as relações familiares, acirrando conflitos e questionando suas bases, em geral, marcadas por padrões patriarcais de dominação e autoridade (Parra, 2002).

Isso nos leva a supor que talvez essas mulheres em especial gozem de maior autonomia no ambiente doméstico, conquistada seja por meio de outras experiências – como as vividas junto ao Orçamento Participativo, seja ao longo da história da cooperativa que, lembremos, já ultrapassa oito anos de formação.

Todavia, trata-se de uma questão delicada que merece ser cuidadosamente investigada no bojo do predomínio do gênero feminino no movimento da Economia Solidária. No caso da Univens, seria necessário ouvir mais e melhor as cooperadas a respeito desse assunto, e, ainda assim, correríamos o risco de não atingir nível de intimidade suficiente para alcançar temas delicados como os conflitos familiares. Pela nossa experiência junto a esse grupo, sentimos que existe nelas um forte recato aí, já que falam com leveza e soltura dos filhos e de suas histórias de vida, mas poucas vezes compareceram expostas as relações conjugais.

Táticas de ajuste pessoais e coletivas à condição de cooperada

Conforme já dissemos, a legislação trabalhista brasileira atual não conta com um contrato social adequado para os cidadãos que assumem livre e coletivamente o controle de seu trabalho na condição de cooperados. Frente a isso, torna-se imperativo para eles desenvolver recursos pessoais ou coletivos a fim de amenizar os efeitos da ausência dos direitos trabalhistas de que dispunham quando empregados. Julieta também trata desse tema, revelando o que chamou de "táticas" criadas por ela para manejar a situação:

> *Com o Vladimir, a gente conversava porque é uma maneira diferente* [de trabalhar]. *Porque, quando tu está empregado numa empresa, tu sabe que tu tem todos os direitos. Tu tem o INSS, tu tem o fundo de garantia, se tu sai, tu tem os seus direitos. E ali, não. Então eu também às vezes ficava pensando: "Pra eu trabalhar aqui, eu tenho que pensar bem se é isso o que eu quero". Por que eu sei que eu não vou ter esses direitos, mas, muitas vezes, eu vou conseguir ganhar muito mais do que eu ganharia num supermercado. Então o que eu vou ter que fazer? Um fundo de reserva. Eu mesma vou ter que reservar meu fundo. Então eu comecei a criar táticas, porque também tinha que pensar no meu futuro e dos meus filhos. Então, se eu ganhar mil reais esse mês, se eu tivesse numa empresa ganhando isso, eu ia ter que deixar... Aliás, isso já vinha descontado em folha, né? O INSS que a gente paga... Então eu que tenho, eu mesma, que criar meu próprio fundo. [...] Eu achei uma saída pro meu conflito, pra aquilo que eu estava passando: [...] Eu que tenho que administrar o meu ganho. Então eu achei saída. Seria a mesma coisa que a empresa estava fazendo por mim, né? [...] Porque na realidade a gente consegue tirar mais.*

Pertencimento ao grupo: interdependência e apropriação coletiva

Uma das primeiras marcas da vivência da autogestão que pudemos identificar em Julieta é o *pertencimento ao grupo*, por meio da interdependência que une e enlaça as mulheres nesse coletivo, como já apontado por Isaurina:

> *Eu sei que eu tenho que dar tudo de mim, fazer com que tudo dê certo, porque não é só meu. Dali dependem mais vinte e poucas cabeças. Porque onde eu também fizer errado, eu vou prejudicar mais outras pessoas. [...] A gente tem que cuidar muito do empreendimento. Por que se desmoronar, desmorona*

todo mundo junto, então tem que sempre procurar ter uma ideia pra... pra dar certo.

Além desse elemento, Julieta apresenta o pertencimento ao grupo por meio da apropriação dessa experiência, sempre de maneira coletiva. Ao formar parte do coletivo, intervindo ali com legitimidade e companhia, o grupo e a própria cooperativa também passam a tomar parte da vida do cooperado, a ocupar nela um lugar de grande sentido e importância:

> *Depois de ter conhecido, de ter trabalhado lá e de saber o que é uma cooperativa, acho que eu e a Isaurina temos a mesma ideia: a Univens não é um prédio. É a nossa vida. A Univens é cada um de nós, cada um que tem uma força por dentro. Então ela não é uma cooperativa de máquinas, e sim de vidas. É a nossa vida, é a nossa alma, o nosso espírito.*

Habilidades políticas e o processo de aprendizado democrático

Julieta relata a seguir o início da sua participação política na Univens, enfocada a partir da arena formal de debates da cooperativa, as "assembleias" mensais. Ali, vencido o *pavor* inicial de *falar*, aos poucos, ela passa a colaborar no desenho dos rumos da cooperativa. É interessante notar que Julieta apresenta sua participação nas assembleias do grupo como o processo de "colocar e aceitar as ideias" de suas companheiras, em outras palavras, de negociar posições e entendimentos por meio do discurso (Esteves, 2004):

> *Eu mesma, nas primeiras assembleias, quase não falava nada. Às vezes eu ficava apavorada! E não falava. Bem no começo eu queria mais era observar como era. Depois eu comecei a colocar minhas ideias, a aceitar as ideias delas e... Foi bom! Eu mesma adoro. Adoro. Adoro receber grupos pra passar nossa experiência também, e eles trazem a experiência deles... Eu fico assim, bem contente, quando vai um grupo lá, porque a gente fala, ou então a gente dá ideias: "faz assim que é melhor", "o começo é difícil mas nada é impossível", "vai atrás das entidades, vai na SMIC, alguém vai apoiar vocês. E precisando, liga pra nós". E a gente vai lá [nos grupos] também, sabe? Esse meio é bem legal, é gratificante saber que as pessoas acataram a tua ideia ou elas ligarem e falar: "bah, conseguimos!" ou "estou legal, estou começando".*

Encontro da Política com o trabalho **173**

Às vezes perguntam: "onde é que eu vou buscar tal material da serigrafia?"
Então a gente dá os telefones dos lugares, indica e tal.

Ao falar da troca de ideias, Julieta recorda a experiência de diálogo político com outras cooperativas ou com futuros empreendimentos cujos membros as procuram em busca de apoio, e os quais são recebidos com franca alegria e solidariedade por elas. Como Julieta mesma disse em outra ocasião, esse fenômeno atraiu muito a sua atenção assim que entrou na Univens.

É impressionante o deslocamento que a participação na cooperativa opera em seus membros. Participar da Univens é também, para muitas delas, *deslocar-se para fora*, para o mundo além-cooperativa. Significa travar diálogo não somente no interior do grupo, mas também fora de seus limites, com outros grupos, com agentes do poder público, com membros de organizações não governamentais etc.

Importante destacar que tal participação acontece primordialmente por intermédio da fala, ou seja, do discurso. Obviamente, o discurso pressupõe fala, mas também escuta. Assim, não bastaria perder o pavor de falar para alcançar a desenvoltura política de que dispõem atualmente muitas cooperadas da Univens; trata-se de uma experiência biunívoca, dialética.

Quem mais me falou sobre a necessidade de uma escuta cuidadosa, como uma habilidade aprimorada pela experiência em cooperativa, foi Julieta. Conforme apontamos no capítulo anterior, quando tratávamos dos conflitos interpessoais na cooperativa, ela afirma que é preciso *"tentar entender as pessoas"*, a partir do *"lado delas"*, ou seja, a partir do lugar que ela ocupa naquele determinado campo micropolítico, para, assim, compreender as razões que embasam suas atitudes e suas opiniões.

Dessa forma, entendemos que a escuta de que fala Julieta é parte de uma comunicação que considera incontestável a presença de diferenças entre as pessoas, e, por isso, para ouvi-las melhor, muitas vezes precisa deslocar-se para o lugar a partir do qual falam, *"o lado delas"*. Sabe-se que o exercício da alteridade nunca é vivido por completo, e jamais poderemos ocupar de fato lugar de outrem. No entanto, operar com a existência das diferenças e buscar identificar os sentidos que informam determinada singularidade são pontos essenciais para a busca não apenas do entendimento, como também do exercício democrático.

Outra habilidade política intrínseca a essa comunicação de que falamos aqui se refere não apenas à escuta ou à fala, mas aos métodos que podem ser empregados para tornar mais eficaz e menos conflituoso o diálogo, os quais também passam pela consideração astuta da singularidade do outro. Nas palavras de Julieta, trata-se de *"aprender a como chegar em cada um"*:

> *Nem todo mundo pensa igual, nem todo mundo é igual. [...] Eu tento entender as pessoas ou como posso chegar em cada uma e falar as coisas, sabe? [...] Na cooperativa mesmo, é muita gente. E cada um tem um comportamento, então a gente tem que aprender a conviver e aprender a como chegar em cada um.*

Ao estudar experiências autogestionárias, Henrique Parra (2002) dedica-se ao exame do que ele chamou de aprendizado democrático, no seio da tensão entre as racionalidades econômica e democrática que operam sobre os empreendimentos da Economia Solidária. Nesse contexto, ele afirma que "a descoberta da fala, da capacidade de expressar e debater sua opinião em público, é talvez o melhor exemplo desse processo de aprendizado" (Parra, 2002, p. 161).

De fato, trata-se de um aprendizado que guarda desafios. Ao ser perguntada se participa de *"reuniões fora"* da cooperativa – como elas chamam essas atividades –, Julieta revela parte do processo para o qual, diga-se de passagem, o apoio de suas colegas revelou-se fundamental:

> *Eu tinha mais medo no começo. Agora eu acho que eu estou conseguindo conciliar melhor. Eu comecei a ir... Esse ano até que eu não fui muito. Mas eu comecei a ir e comecei a descobrir: **"Meu Deus! Eu não sou tão humilde assim que eu não possa aprender..."** [grifos nossos]. Eu só dizia pra Nelsa: "É que lá eles falam tanta palavra difícil, Nelsa, 'a instância', 'a dinâmica...'". Coisas que não eram do meu cotidiano. Então eu dizia: "Tá, Nelsa. Eu vou nessa reunião. Mas eu vou trazer tudo quanto é palavra difícil que eles falarem e você vai ter que me explicar". "Então tá, Ju". **Então é legal, porque tu sempre aprende alguma coisa** [grifos nossos]. [...] Eu fui me soltando mais. No começo, quando vinham aqueles grupos aqui, conhecer a gente... Ai, eu entrava em desespero! Eu dizia "Eu não vou, Nelsa". Mas aí tentamos... Começamos contando o que o grupo fazia, lá na sala de reunião, e depois iam conhecer os setores da Univens. Ali mesmo eu já era obrigada a conversar*

com as pessoas. Eu tinha que falar. Elas queriam saber o que era a serigrafia, o que que faz, como é que a gente ganha... Se a gente está gostando, se aquilo ali é legal. Então eu sinto que eu tenho que transmitir pra outras pessoas, pra eles também saberem que é legal, que é viável. Até mostrar como é que se grava uma tela. Então eu fui me soltando.

A partir desse processo de aprendizado democrático, em que habilidades políticas vão sendo pouco a pouco aprimoradas, Julieta descobriu algo muito significativo, podemos dizer, revolucionário: o reconhecimento de que não era *"tão humilde assim que não pudesse aprender".*

Essa frase já diz muito, na medida em que carrega o peso de uma revelação, em grande parte, promovida pela vivência de um trabalho coletivo e democrático, ancorado, portanto, na expressão política de seus sujeitos. Mas ela também fala de uma triste realidade, qual seja, a de que muitas pessoas se sentem impedidas de aprender, talvez, devido a uma história marcada pelo embotamento de suas expressões que, quando não são consideradas inapropriadas, e, por isso, censuradas, na maioria das vezes, são simplesmente ignoradas, silenciadas pela não escuta.

> *Geralmente são pessoas humildes [as que procuram apoio na Univens para formar uma cooperativa], que são massacrados aí na rua, pelos grandes empresários. Então eles chegam ali, bem humildes[15]. Depois, quando tu vê, eles estão lá, se alastrando, também estão indo, né? Porque o sol nasceu pra todos. [...] Eu acho que a gente chega ali com uma cabeça diferente, mas **dali tu aprende** [grifos nossos]. Tu tem que ser diferente, ser solidário. Tem que saber o que quer, querer aprender... **Sempre aprender** [grifos nossos].*

---

[15] Julieta utiliza o termo *humilde* reiteradas vezes. Quando falava da experiência vivida no OP, em Gravataí, ela fez uso não somente do mesmo termo, mas da mesma ideia apresentada acima (Capítulo IV). Dessa forma, ela estabeleceu uma importante relação entre as experiências do OP e da cooperativa, aproximando seus efeitos. Por *humilde*, Julieta parece entender uma certa condição de fragilidade – quando utiliza o termo *"fraco"* – ocasionada por sucessivos *"massacres"*, algo que nos pareceu próprio das situações de opressão. Isso nos coloca novamente em contato com os estudos de José Moura Gonçalves Filho (1998) acerca da humilhação social, principalmente no tocante à condição operária e ao exercício de atividades subalternas ou servis. As definições deste verbete encontradas no dicionário Holanda Ferreira (1988) confirmam a interpretação de Julieta: "**humildade**. *S.* f. 1. Virtude que nos dá o sentimento da nossa fraqueza. 2. Modéstia, pobreza. 3. Respeito, reverência, submissão. **humilde**. *Adj.* 2 g. 1. Que tem ou aparenta humildade. 2. Singelo, simples, modesto, pobre. 3. Respeitoso, acatador, submisso. *S.* 2 g. 4. Pessoa pobre, de condição modesta" (p. 346). Pouco mais adiante, na mesma página, **humilhar** aparece primeiramente como "tornar humilde".

As afirmações de Julieta articulam o desenvolvimento dessas habilidades políticas a um determinado contexto micropolítico e às relações de trabalho que, no caso, envolvem esses sujeitos. Se a experiência cooperativa possibilitou a assunção e o desenvolvimento do falar, do ouvir e da busca constante de entendimentos, devemos salientar que esses fenômenos não apenas são bem-vindos nessa situação, mas, de fato, necessários, sendo componentes inerentes ao processo autogestionário, imprescindíveis para a permanência dos princípios democráticos abraçados pelo grupo ainda em seus primórdios.

Como disse Julieta, *"eu tinha que falar"*. Não há escolha a ser feita, uma vez que o silêncio da maioria põe em risco a autogestão da cooperativa, além de talvez fazer emergir relações desiguais de dominação no interior do grupo, fenômeno francamente indesejado por elas. Por outro lado, a "humildade" a que se refere Julieta também é uma produção sócio-histórica, ou seja, advém de relações de trabalho que prescindem da revelação política de seus sujeitos trabalhadores. Porém, essa afirmação exige uma importante ressalva. Sabe-se que a condição humana resiste bravamente à reificação, encontrando brechas e fissuras pelas quais logra revelar-se, ainda que em condições muitos adversas (Sato, 1997; Svartman, 2004).

> *Eu reconheço que eu não sou tão humilde a ponto que não possa aprender as coisas, que eu não possa entender as coisas. Eu me fortaleci mais, porque,* **apesar de todos os anos de experiência de trabalho, eu era mais quieta. Eu não sabia se eu tinha algum dom, dom de falar ou dom de entender as coisas** [grifos nossos]. *[...] Antes eu era... Eu era boazinha, mas não era muito de me abrir, de falar. [...] Parece que têm pessoas que se taxam de humildes, de coitados... Eu acho que essa coisa de cooperativa também está fazendo muito as pessoas crescerem, a ver que ela também é importante [...]. Muda, nesse sentido. Existem trabalhos em que a pessoa pode ficar anos sem que ninguém chegue e pergunte a opinião dela sobre aquilo* [grifos nossos].

Julieta refere-se a esse fenômeno pelo menos em quatro ocasiões ao longo da entrevista. Tal repetição parece ter função enfática, uma vez que nos alerta para o quão significativa foi a descoberta de que poderia, sim, *aprender, "ter o dom de entender as coisas"*. Isaurina antes já havia associado o desenvolvimento dessas habilidades políticas a um processo de aprendizado em si, o qual, por sua vez, abre caminhos para outras aprendizagens. Terezinha também marca o aprender como importante repercussão de sua experiência autogestionária, assim como Henrique Parra identificou "a vontade de aprender e o 'orgulho' pela conquista de um novo conhecimento" em várias falas de trabalhadores das cooperativas que investigou (Parra, 2002, p. 161). Trata-se de aprender a falar e a ouvir o outro, e, assim, poder *"aprender a entender e a resolver as coisas"* para, logo em seguida, ter o desejo de aprender mais:

> *Eu acho que se enriquece muito, sabe? Ele* [o cooperado] *aprende muito. Ele aprende a se defender, ele aprende a administrar, ele aprende a dialogar... Eu acho que são mais coisas enriquecedoras do que... dificuldades. Ele aprende que ele é capaz de administrar. Cada dia a gente aprende algo diferente, de que maneira resolver.* [...] *Mas eu acho que eu tenho que aprender mais, porque é bem legal, sabe?* [...] *E eu quero aprender mais, eu quero ver se eu faço um curso, tipo administração. Eu quero estudar! Ou contabilidade mesmo, pra eu mesma saber administrar a cooperativa, né? Talvez quando eu assumir um cargo, sabe? Era um sonho antigo* [voltar a estudar], *mas agora eu quero mais.*

Gladis

Gladis é costureira e faz parte do grupo de cooperadas que trabalha em casa desde que ingressou na Univens, há seis anos. Fator determinante para vários aspectos da dinâmica da cooperativa, não foi diferente em relação à pesquisa.

Desde o início dos trabalhos, firmamos a decisão de entrevistar pelo menos uma das cooperadas que se encontram nessa situação, afinal, parecia-nos importante olhar para as repercussões da autogestão informadas por esse contexto. Porém, enfrentamos dificuldades em estabelecer contatos frequentes e gradualmente mais próximos com as cooperadas que trabalham nas suas casas, mesmo durante o período em que estivemos imersos no cotidiano da cooperativa.

Essas costureiras se dirigem à Univens em duas situações bem definidas: para a reunião mensal do grupo e para receber e entregar seus trabalhos, em geral, duas vezes ao dia, bem cedo pela manhã e no fim da tarde. No último caso, a permanência da maioria delas na sede é curta e raras vezes ultrapassa os limites físicos da seção de corte, responsável pela distribuição dos trabalhos que seguem para a costura. Por isso, pouco consegui interagir com essas pessoas, o que impossibilitou o estabelecimento de um vínculo consistente, feito alcançado com outras cooperadas que trabalham na sede da cooperativa.

Estive com Gladis apenas uma vez antes da realização da entrevista[16], em uma das situações narradas acima, quando ela foi até a cooperativa para a troca dos trabalhos. Nessa ocasião, Gladis se mostrou muito receptiva e interessada pela proposta da pesquisa, o que destoou das demais cooperadas alocadas em casa para o trabalho, as quais, em geral, não manifestavam possibilidades de aproximação.

Chegada a hora de definir quem entrevistar, recordei nosso encontro e, a esta inclinação já favorável a ela, juntaram-se comentários de algumas cooperadas da sede, as quais disseram que Gladis certamente estaria disposta a conversar sobre o tema da pesquisa em função de sua realidade familiar que, segundo elas, se viu fortemente favorecida pelo ingresso na cooperativa.

Gladis tem 41 anos que mais parecem trinta, é o comentário geral. Em um primeiro contato, ela impressiona pela beleza e pela simpatia. Expansiva, comunica-se com despojamento, não sendo difícil receber seus largos sorrisos. Porém, essas características chamam ainda mais a atenção quando somos informados sobre sua história pessoal, marcada por dificuldades. Certa vez, uma de suas companheiras disse algo como: *"É incrível a Gladis. Ela está sempre disposta, de bom humor... E com os problemas que tem! É admirável".*

Casada desde os dezenove anos, ela mora em casa própria na Vila com o marido e os dois filhos, o mais velho com 21 anos, e o caçula, quatorze. Entre as cooperadas, Gladis se destaca por ter concluído o ensino médio e por dispor de uma condição socioeconômica razoável, fruto dos dois empregos do marido e de suas longas jornadas junto à máquina de costura.

Mas a prática dessa profissão não foi para ela uma escolha consciente ou um incontestável produto das contingências:

---

[16] A entrevista com Gladis aconteceu em 22 de junho de 2004, na sede da cooperativa, a pedido dela. A falta de um convívio maior entre nós foi sentida no decurso da conversa. Diferentemente das outras pessoas entrevistadas, foi-nos impossível elaborar um roteiro de perguntas com base em conversas e informações previamente colhidas. Tampouco dispúnhamos de intimidade suficiente para problematizar e discutir determinados fatos. Tratou-se da entrevista mais curta, com cerca de uma hora de duração.

Eu digo que sou costureira, mas eu aprendi a costurar mesmo com uns dez anos. Minha mãe costurava. Eu aprendi a costurar mais para brincar, como passatempo. Mas eu nunca pensei em ser costureira. Eu queria fazer faculdade de administração. [...] Eu tenho paixão por matemática, por números. [...] Era o que eu queria fazer.

Ainda adolescente, Gladis engravidou e se viu obrigada a abdicar de seus projetos, já que o filho nasceu portador de uma severa deficiência. Desde então, ela se dedica com afinco aos muitos cuidados que a condição dele exige: *"Eu ia fazer* [faculdade] *e acabei engravidando. O Wagner nasceu doente e não deu pra continuar mais. Mas quem sabe um dia eu ainda faço, né?"*.

Os trabalhos de Gladis: necessidade de conciliar família e trabalho

Desde que conheceu o trabalho, Gladis teve de conciliá-lo com a necessidade de cuidar do filho, tarefas que dificilmente couberam juntas devido às circunstâncias que encontrou pela frente, tanto aquelas próprias do mercado do trabalho, quanto as relativas ao estado de saúde do filho.

Como vimos com Julieta, trata-se de uma dificuldade própria do gênero feminino em nosso tempo e em nossa cultura. No entanto, Gladis nos mostrará, a partir de sua experiência, o quanto esse quadro se agrava quando a trabalhadora é também mãe de um filho cuja saúde exige cuidados mais intensos, como Wagner.

Se para Julieta conciliar as necessidades da família e do trabalho já representavam tarefa árdua – ainda que possível na maior parte do tempo –, para Gladis, em raros momentos, isso foi viável, já que poucas vezes encontrou, nas relações de trabalho, as condições mínimas necessárias para fazê-lo:

Eu trabalhei dois anos numa loja que vendia calçados, foi a primeira experiência de trabalho fora. Eu trabalhava no crediário, era o que eu gostava. [...] O Wagner nasceu, e eu continuei trabalhando mais um ano lá. Daí ele ficou muito doente, ele já nasceu doente, mas piorou depois de uns cinco ou seis meses. Aí eu tive que sair e parar pra só cuidar dele, ir no médico e tal. [...] Eu achava péssimo [o trabalho]. *Não tinha vale-transporte, não tinha refeitório e era uma loja com vinte funcionários. Tinha que comer aquela comida fria... Era tudo muito rigoroso, então, se tu precisava sair uma hora antes, não podia. Eu não gostei.*

O afastamento do mercado de trabalho formal e a experiência da facção

Esse primeiro afastamento de Gladis do mercado do trabalho foi longo, com duração de aproximadamente oito anos. No entanto, nesse período não lhe faltavam os afazeres, "as labutas de casa", de que fala Sylvia Leser de Mello (1988): cuidar do filho, arrumar e limpar a casa, cozinhar e, sempre que possível, tentar mais uma vez conciliar a necessidade e o gosto de trabalhar com a dedicação à família.

Em uma dessas tentativas, Gladis conheceu outra espécie de exploração da força de trabalho, a costura por facção:

> *Quando o Wagner era menor, eu estive uma vez numa facção, que eu vi num jornal. A gente pegava as roupas e fazia em casa. Eles pagavam tão pouquinho, tão pouquinho... Eu peguei uma primeira remessa... Olha, eu trabalhava o dia todo e só dava pra comprar um litro de leite. Eram centavinhos, sabe? Dez centavos a peça, acho. Ai, um horror. Eu disse: "Ai, meu Deus. Eu não vou trabalhar assim de novo" [...] Sabe que às vezes eu compro uma roupa barata, e eu tenho pena de quem fez aquela roupa? Porque eu fico pensando: "Puxa, pra venderem a esse preço, a pessoa que fez, ganhou o quê? Nada" [...] Porque eu sei na pele.*

O trabalho noturno no hipermercado: a conciliação possível

Passados mais de oito anos desde o último emprego, Gladis decide retornar ao mercado de trabalho ao vislumbrar, no trabalho noturno, a possibilidade de promover a conciliação dos lugares de mãe e de trabalhadora.

> *Quando o Wagner estava com nove anos, eu já estava estressada de viver em casa o tempo todo. Eu acho que eu ia ficar doente se não arrumasse um trabalho. Eu queria trabalhar à noite porque o Wagner à noite fica mais calmo. [...] O meu marido dizia: "Tu não vai conseguir porque tu está há muito tempo em casa, sem trabalhar". Aí tinha aberto um hipermercado, ali na Sertório, pertinho de casa. Eu fui ali, e na primeira vez fiz todos os testes e não passei. Aí eu não desisti. Na mesma semana, eu fui num outro que também estavam pedindo [empregados]. Aí fiz os testes, passei e fiz um treinamento de uma semana. Daí eu aprendi tudo, só que eu queria o primeiro [...]. Daí lá, eles me ensinaram tudo o que tinha que saber para ser uma operadora de caixa. Eu voltei na semana seguinte no outro e passei, e fiquei cinco anos lá.*

É interessante notar o quanto Gladis obstinou para alcançar o seu objetivo, trabalhar no primeiro hipermercado citado por ela. Para isso, fez uso de uma astúcia admirável, ao conseguir o treinamento que lhe faltava junto a uma outra empresa. O motivo é fundamental para compreender seus movimentos: o primeiro mercado ficava bem próximo à Vila, o que significava deslocamentos mais rápidos para casa e, assim, um aumento nas possibilidades de conciliar as esferas de que falamos. Abaixo, ela fala dessa experiência de trabalho, a mais prolongada que viveu até hoje:

> *Eu adorei, sabe?* [...] *As pessoas trabalhavam direitinho, se tu precisasse de uma folga, eles nem discutiam, davam a folga. Tinha toda a assistência.* [...] *E eu gostava* [da atividade] *também. Olha, eu não fiquei doente, de parar numa clínica, porque eu entrei aí e comecei a trabalhar. Ali eu via gente diferente, eu me enturmei com o pessoal. Era aquela relação de amizade, sabe?* [...] *A gente tinha até comissão nas vendas de sábado... Era ótimo quando eu trabalhei lá.*

Como Julieta, Gladis não demonstrou qualquer sentimento de repúdio pelo vínculo empregatício em si. O importante para ela, nessa realidade, era a existência de condições de trabalho adequadas – o que engloba o respeito aos direitos trabalhistas – e o usufruto de boas relações com os companheiros. Claro que esses fatores devem ser vistos sob a ótica da sua necessidade maior. Ou seja, nesse emprego, e durante um bom tempo, ela encontrou preservadas as condições de que precisava para conciliar os cuidados com o filho e a necessidade de trabalhar.

Porém, Gladis obteve uma promoção para o setor administrativo da empresa, e o que pareceria positivo logo se revelou um limite intransponível para continuar trabalhando. Vale relembrar que o trabalho administrativo reúne as práticas que Gladis tanto aprecia, afinal, aproxima-se da profissão que desejava abraçar:

> *Eu chorei quando eu saí de lá, quando eu tive que pedir minhas contas.* [...] *Porque, com o tempo, eu já tinha mais tarefas lá, porque eu estava na administração também. Eu tive que passar pro dia, porque não funcionava à noite* [a administração]. *E eu não pude mais, porque a mãe não conseguia mais ficar com o Wagner. Ele é muito estressante, tem que ter uma paciência sem limites pra cuidar dele. Era assim: o meu marido cuidava de manhã.* [...] *e a*

mãe ficava de tarde, até que nenhum dos dois aguentou. [...] E mãe não tem opção, né? Tem que cuidar. Daí eu saí, depois de cinco anos.

A entrada para a cooperativa

Para mim a cooperativa foi e é algo muito bom já que eu tenho um filho excepcional e por isso preciso trabalhar em casa. Que outro lugar isso seria possível? Dá para conciliar. Gladis

Como me disse, Gladis *"não entrou para ficar"* na cooperativa porque não imaginou encontrar ali boas condições de trabalho. Ela recebeu com receios o convite para ingressar na Univens. De início, temia que se tratasse de um trabalho semelhante aos da facção. Além disso, receava não conseguir cumprir com a sua tarefa maior, cuidar do filho ao mesmo tempo em que trabalhava:

Fiquei em casa um ano, mais ou menos. Aí eu já tinha que trabalhar, o dinheiro tinha acabado, e eu sempre fui acostumada a trabalhar. Aí a Edília [cooperada da Univens] começou... Ela me conhecia desde quando eu vim pra cá. Eu tinha feito algumas costuras pra ela, e ela adorou, sabe? Ela me disse assim: "Precisamos é de ti na cooperativa". E eu, na primeira hora, disse que não: "Mas eu não vou dar conta de entregar os trabalhos no dia e cuidar do Wagner". Falei com o meu marido de noite e ele disse: "Quem sabe tu tenta...". Porque estava difícil naquela época, ele só estava na Brigada, não tinha esse segundo trabalho ainda. É tão difícil, né?

Porém, em pouco tempo, ela já reconhecia ali a segurança do direito ao trabalho, repercussão apontada por outras trabalhadoras do grupo:

*Eu comecei a trabalhar e pensei: "Por enquanto vou trabalhar lá, até conseguir alguma coisa mais prática, que tivesse mais segurança". Porque eu achava que o **salário** ia oscilar muito. Mas fui ficando e vai fazer cinco anos que eu estou aqui. E está bom porque **as gurias** [grifos nossos] dividem o trabalho legal, não oscila muito, sabe? Tem uma diferença mínima por mês, então dá bem pra contar com aquele **salário** [grifo nosso]. [...] Eu acho que eu sou até um pouco rápida, sabe? Eu consigo fazer legal, tiro sempre uma base de quinhentos, seiscentos [reais por mês], isso dá pra fazer. [...]*

Nós [grifo nosso] *temos trabalho sobrando.* [...] *Eu acho que lá a gente* [grifos nossos] *participa, opina mais. A gente* [grifos nossos] *tem "assembleia" uma vez por mês, então a gente* [grifos nossos] *participa de todas as decisões. A gente* [grifos nossos] *só concorda com as coisas que vão ser boas pra gente.* [...] *Em tudo, tudo. Não é que nem numa empresa, em que você não decide sobre nada.*

Chama especialmente a atenção o modo como Gladis expõe a sua vivência autogestionária, o que revela traços da relação estabelecida entre ela e o grupo de cooperadas e com a cooperativa como um todo. Nota-se que ela utiliza termos não empregados pelas cooperadas que trabalham na sede, como "salário",. Observamos ainda a presença de uma ambiguidade no modo de se referir a tarefas do grupo, ora na primeira pessoa do plural (nós, "a gente"), ora na terceira pessoa da mesma variante de número (elas, "as gurias"). A exterioridade do último caso, a princípio estranha em um vínculo autogestionário, será discutida a seguir. Por enquanto, vale ressaltar que parte desses fenômenos também foi identificada no discurso de outras cooperadas que trabalham em suas próprias casas, ou seja, Gladis não é a única a manifestá-los, em maior ou menor intensidade.

Repercussões da autogestão para Gladis

Conhecer a experiência de Gladis na Univens foi fundamental para confirmar que de fato pode haver várias "autogestões" no interior de uma mesma cooperativa. Como as demais cooperadas que trabalham em casa, ela experimenta o cotidiano da autogestão de um modo muito diferente daquelas trabalhadoras alocadas na sede do grupo. No decurso dos dias, ela encontra o grupo apenas para a troca dos trabalhos e para as reuniões mensais, no mais, convive sozinha com a prática da produção.

A experiência de quem trabalha em casa: outro modo de viver a autogestão

Ainda que do ponto de vista simbólico ela esteja ali amparada por um grupo – o que representa uma série de ganhos e repercussões –, Gladis e suas companheiras de condição não se sentem tão sujeitos da determinação dos rumos da cooperativa, não se veem obrigadas, por exemplo, a negociar e a tomar pequenas decisões coletivamente no dia a dia. Ao contrário, elas são afetadas pelas escolhas cotidianas das outras cooperadas, o que no caso delas, diga-se de passagem, ocorre de modo voluntário e bastante pacífico, e justifica o uso da terceira pessoa no exemplo apontado acima: *"as gurias dividem o trabalho legal"*.

Justamente na diferença entre os cotidianos desses subgrupos que parece apoiar-se a desigualdade de apropriação da experiência autogestionária. As cooperadas da sede vivenciam o cotidiano da cooperativa enquanto uma *instituição em contínua construção,* em grande parte promovida por elas. É ali, no telefone que toca, no atendimento aos clientes e aos parceiros e nos imprevistos que sempre pipocam, que a cooperativa se faz e acontece[17].

O fato de serem sempre as cooperadas que trabalham na sede as que frequentam as reuniões e os fóruns de discussão dos quais participa o grupo também é um sinal dessa diferença. Elas estão mais informadas sobre os meandros das demandas e projetos do coletivo e se sentem impelidas a representá-lo, exercendo uma legitimidade incontestável para tal. Talvez seja por isso também que não encontramos em Gladis, e em outras trabalhadoras do grupo que trabalham em casa, algumas das repercussões da autogestão apontadas pelas demais cooperadas, *como o enraizamento, a apropriação coletiva e o pertencimento ao grupo,* ao menos não como aparecem para as demais.

Gladis não cita também como repercussão o desenvolvimento das tais "habilidades políticas", o que, ao que tudo indica, foi mais um fruto do cotidiano da autogestão vivenciada na sede do grupo ou em outros fóruns, como o Orçamento Participativo. Conforme podemos ver a seguir, essas atividades sempre se viram limitadas, no seu caso, pela necessidade imperativa de cuidar do filho:

> *Eu sempre fui muito isolada, porque o Wagner ocupa todo o meu tempo, então eu não consigo. Até agora eu não consigo participar muito das atividades da cooperativa, que eu acho muito interessantes, as reuniões... Até as viagens que eu poderia fazer. Mas eu não consigo, né? Se eu saio durante uma hora, quando eu chego em casa, já tem fraldas empilhadas e tudo. Parece que sou necessária ali, não tem como sair.*

---

[17] As diferenças de perspectivas entre as cooperadas que trabalham em casa e na sede por vezes geram conflitos no interior do grupo, como vimos no tópico que trata desse assunto no capítulo anterior. Ali, algumas "cooperadas da sede" comentam esse fato e também o justificam pela diferença entre os cotidianos das pessoas alocadas em cada um desses lugares.

Durante as visitas de campo anteriores às entrevistas, tivemos a oportunidade de visitar algumas das cooperadas que trabalham em casa. Nos trechos do Diário de Campo a seguir, Lúcia e Preta, respectivamente, corroboram nossas afirmações e indicam alguns ganhos advindos da experiência de trabalho na cooperativa[18]:

> Lúcia: *"Claro que o envolvimento é diferente, elas estão lá direto. Mas se fosse para escolher, eu não quero trabalhar lá, nem na nova sede. Estou bem aqui".* Ela fala que a vida toda trabalhou em casa, e que foi uma escolha anterior à cooperativa, pensada cuidadosamente. E que neste momento da sua vida [já passara dos sessenta anos], morando e cuidando sozinha da mãe, não está disposta a correr riscos com tamanha mudança. [...] Pergunto a Lúcia que alterações sentiu com a entrada para a cooperativa em seu cotidiano. Surpreendentemente, ela não cita logo de cara algo relativo ao trabalho. Fala que gosta muito das conversas logo cedo com as colegas de lá, na hora de buscar e entregar costuras; do valor das amizades, de como estes encontros a ajudam no combate à solidão. Depois sim, ela cita como uma consequência importante a segurança de ter sempre trabalho, por meio da garantia da comercialização de seus produtos. Diferente de quando era autônoma, agora ela não tem que se preocupar com isso, afinal, tem a retaguarda da cooperativa. (Diário de Campo, 14/11/2003. p. 48)

> Ao chegar, encontro uma moça jovem (talvez trinta anos) e muito tímida. [...] Após a tensão inicial, Preta me conta que passou a participar da cooperativa depois de sair de uma empresa, da qual foi demitida quando engravidou. [...] Ela também afirma com veemência que *"a cooperativa foi uma coisa muito boa, já que muitas mulheres que estavam desempregadas, hoje sustentam ou ajudam a sustentar suas casas"* [...] Preta também fala da segurança de não ficar desempregada. [...] Perguntada sobre as diferenças de se trabalhar em casa e na sede, ou mesmo sobre os conflitos em torno disso, Preta é taxativa: diz que gosta de trabalhar em casa e que não sabe se vai trabalhar na nova sede. Espera poder escolher continuar trabalhando próxima da família. (Diário de Campo, 15/11/2003. p. 52)

---

[18] Optamos por expor o relato dessas outras cooperadas por considerar que elas nos auxiliam a ilustrar e a compreender melhor os aspectos comuns e singulares da condição de Gladis (como costureira que trabalha em casa), principal objetivo deste tópico. Diferentemente de todas as outras depoentes deste capítulo (que trabalham na sede do grupo), ela vivencia um cotidiano de trabalho que exigiu caracterização aqui.

Como pudemos observar, as três cooperadas ressaltam aspectos semelhantes advindos da experiência da *autogestão que conhecem:* a segurança do direito ao trabalho e a possibilidade de adaptá-lo às necessidades familiares, por exemplo.

Outro aspecto que merece atenção é a mudança apontada por Lúcia e Gladis em suas relações interpessoais na Vila. Para Lúcia, a participação na cooperativa lhe abriu a possibilidade de alargar seus vínculos de amizade, o que significou uma conquista de fato valiosa. Gladis, bastante impedida de sair de casa, como sabemos, também comenta esse aspecto: *"Eu achei ótimo entrar na cooperativa porque eu nem conhecia bem as pessoas daqui. Eu só conhecia os vizinhos do lado. Agora eu conheço bem mais gente, tenho uma relação boa. Eu achei legal".*

No entanto, ainda que signifiquem ganhos importantes, essas conquistas não equivalem ao que aqui chamamos *enraizamento nos espaços da Vila e da cidade*, repercussão já caracterizada, que exige uma apropriação desses espaços por meio de participação efetiva na própria coletividade que os faz.

Abaixo, seguem apontadas as principais repercussões da experiência de autogestão de Gladis, a qual, sem dúvida, foi responsável pela promoção de outras mudanças importantes em suas relações no trabalho e na família, principalmente.

O trabalho adaptado à pessoa: possibilidade de conciliar família e trabalho

Ainda que consideremos importantes as diferenças entre trabalhar em casa e na sede para o grupo de cooperadas, podemos pensar que, para algumas dessas pessoas, não há escolha possível a ser feita. Além de Gladis, Lúcia também enfrenta situação semelhante, já que precisa cuidar da mãe, já idosa. Sair de casa para trabalhar fora e deixá-la só é impensável. Ou seja, para ambas, a possibilidade de permanecer em casa é determinante para continuarem trabalhando. A cooperativa, por sua vez, exerce papel fundamental para elas, ao garantir boas condições de trabalho e de remuneração, livrando-as da exploração das facções, talvez a única alternativa para a costureira doméstica sem clientela fixa e sem condições para desenvolvê-la.

Gladis encontrou, no trabalho na cooperativa, a possibilidade de conciliar de fato as tarefas de mãe com a necessidade de trabalhar. Em que pese o aumento de suas atividades como um todo, a flexibilidade do trabalho na Univens permite que ela faça os ajustes cotidianos necessários para sua condição. A seguir, fala a esse respeito, deixando explícita também, a inassistência do Estado para trabalhadoras que vivenciam situação semelhante:

> [Hoje] *eu tenho que trabalhar bem mais pra dar conta de tudo.* [...] *Tu sabe que, mesmo em casa, eu tenho trabalho pro dia todo? É o tempo todo assim: tu lava, passa, cozinha, limpa. E, de duas em duas horas, eu tenho que levar o Wagner ao banheiro. É aquela correria.* **Só que os serviços da cooperativa, eu consigo encaixá-los, em algum lugar** [grifos nossos]. *Se eu não consigo fazer de dia, porque é uma coisa que não é tão urgente, eu faço à noite, quando o Wagner relaxa mais. Agora, que é corrido, é. Porque o Wagner é um nenê... Ele sempre usou fraldas, tem que dar comida na boca... Mas o quê eu poderia fazer com ele, né?* **Estando em casa, eu consigo fazer direitinho o trabalho** [grifos nossos]. [...] *Se eu tenho que levar ele no médico um dia, eu posso dividir os serviços* urgentes com as outras *gurias.* **É um trabalho mais versátil** [grifos nossos].. *Em uma empresa, eu não poderia mais trabalhar.* [...] *Não tem como, eu não poderia estar saindo uma vez por semana, pra ir ao médico, ao dentista, coisa assim. Quando eu saí do mercado, eu procurei pensão pra ele, porque eu vi uma lei que dizia que os excepcionais, depois dos quatorze anos, teriam direito a um salário mínimo. Ajudaria bastante, pro médico, pras fraldas. Mas, pra isso, a família tem que ganhar um salário mínimo e ter quatro dependentes.* [...] *São muito rígidos, não tem jeito.* [...] *Porque são duas pessoas sem trabalhar, a pessoa excepcional e mais a mãe, que cuida. Então as despesas são grandes.* [...] *Eu acho que ele* [o Estado] *deveria dar uma assistência.*

Aumento da renda familiar e independência econômica

A possibilidade de trabalhar, conferida a Gladis pela permanência no espaço doméstico, e a remuneração estável e bastante satisfatória garantida pela cooperativa promoveram seu reencontro com a independência econômica em relação ao marido, além de aumentar a renda do grupo familiar como um todo. Esses aspectos, ao menos no caso em questão, foram responsáveis por atenuar parte dos conflitos familiares e por conferir a Gladis o sentimento de também cooperar com a sua família:

> *Eu comecei a ajudar bastante em casa* [economicamente]. [...] *Puxa, quando eu não tinha trabalho, eu tinha que ficar pedindo* [dinheiro] *pro meu marido.*

Ele dizia: "O que que tu vai fazer? O que tu precisa fazer?". Agora já não, na maior parte das coisas, eu tenho o meu dinheiro. É uma discussão a menos. Eu também me ponho no lugar dele e é chato, né? Toda hora ter que pedir dinheiro pra alguma coisa. Cada um tem que ter o seu. [...] E trabalhando, eu me sinto mais útil também, sabe? Eu nunca gostei de me sentir dependente. Não gosto, desde de pequena. Prefiro ter o meu dinheiro.

Quando falávamos da experiência de autogestão de Julieta, identificamos não apenas como as relações de trabalho autogestionárias aproximam e tornam mais permeáveis as esferas da família e do trabalho, mas também que a cooperativa passa a representar um possível e desejável lugar de trabalho para os filhos de algumas cooperadas. A seguir, Gladis indica que a possibilidade de entrar em contato com parte da dinâmica de trabalho da mãe fez crescer, também no seu filho caçula, o desejo de trabalhar lá:

O meu filho mais novo admira muito meu trabalho. Ele diz: "Mãe, quando eu tiver uns dezessete anos, me deixa procurar trabalho na cooperativa? É muito legal de trabalhar lá". Ele quer trabalhar na serigrafia, sabe? Ele fala: "Até eu terminar a faculdade, mãe, e poder fazer o trabalho que eu quero." [...] Ele quer fazer um curso de serigrafia. Ele vê que eu sempre estou com dinheiro... Eu falo que é legal [...]. É muito bem montado. Tem lugares que nada funciona, que não tem dia de pagamento certo [...] Aqui, desde que eu entrei, em cinco anos, a gente nunca teve problemas. É muito bom.

Interessante notar que esse aspecto ocorre tanto pela possibilidade material dada aos filhos de ingressarem nos espaços de trabalho e de reunião do grupo, como também, no caso de Gladis e daquelas cooperadas que trabalham em casa, pelo interesse que a dinâmica participativa e democrática exerce nos adolescentes em questão:

Às vezes eu levo alguma questão pra casa e eles falam: "Quem sabe tu fala que pode ser assim, que pode ser diferente?". O meu filho [caçula], às vezes, ele chega e dá uma opinião pra mim: "Olha, mãe, de repente pode ser assim." [...] Ele pergunta: "Mãe, como é que vai ser decidido isso daí?". E eu digo: "Olha, tem questões que a gente vota e vê se a maioria gostou da proposta".

Responsabilidade pelos resultados do trabalho: necessidade de cooperação no cotidiano produtivo

Levada a comparar a experiência do vínculo empregatício ao autogestionário, Gladis responde sem idealizações, ao marcar, no último, a necessidade de ter um *compromisso* e uma *responsabilidade* muito maior em relação ao trabalho. Isso se deve principalmente ao fato de que são elas mesmas as responsáveis pelos resultados econômicos da cooperativa, dos quais todas dependem para compor suas rendas:

> *Não é porque hoje eu trabalho numa cooperativa que eu não tenho que ter um prazo pra entregar minhas coisas, que eu posso estar cheia de trabalho e ir passear. Não é bem assim.* **A gente tem que ter um compromisso bem maior** [grifos nossos], *senão a gente não vai ter mais trabalho, se começar a relaxar.* [...] *A Univens é um grupo de trabalho, que, graças a Deus, a maioria tem muita* **responsabilidade** [grifo nosso].

Essa condição, e ao mesmo tempo repercussão da autogestão, também foi apontada por Isaurina: *"Para trabalhar numa cooperativa, seja ela qual for, nós temos que ter responsabilidade. É mais liberdade, mas tem limites. Tu tem que ter a responsabilidade".*

De fato, cooperados de outros empreendimentos também assinalaram essa questão, como demonstra a pesquisa realizada por Egeu Esteves junto aos trabalhadores da UNIWIDIA: "é dominante na fábrica um sentimento de responsabilidade pelo faturamento. Tal percepção, entretanto, se apresenta de vários modos, dependendo da pessoa interrogada" (Esteves, 2004, p. 98).

Interessante notar que o termo *responsabilidade* aparece em duas acepções: "ter mais responsabilidade no trabalho" (como princípio) e "ser responsável pelos resultados do trabalho" e por suas oscilações (como condição). Ambas as interpretações estão contidas nas palavras de Gladis, especialmente quando ela atrela uma possível falta de compromisso (um princípio) ao risco de não terem mais trabalho.

Para Gladis, a responsabilidade maior com os resultados do trabalho também aparece no cotidiano por meio da necessidade de cooperar e de ser mais solidária com as companheiras no decurso da própria atividade produtiva:

*Tem que tentar sempre facilitar o trabalho dos colegas, cooperar, não atrapa-
lhar. A gente faz muitos sapatos de cachorro, né? As gurias fecham o ladinho
e eu tenho que botar o viés. Quando elas chegam com aquele sapato pra eu
pôr o viés, eu sei que elas dependem de eu colocar pra elas continuarem o
trabalho. É a primeira coisa que eu faço, todas vão dizer isso. Eu faço rapidi-
nho e ainda entrego de bicicleta, deixo ali, na casa delas. [...] É sempre tentar
facilitar o trabalho dos outros.*

A seguir, ela aponta para o duplo aspecto da cooperação e da solidariedade
que, mais do que princípios morais, são ingredientes imprescindíveis para a atividade autogestionária:

*Olha, eu sempre fui assim. Mas eu acho que as pessoas que não têm esse jeito
de trabalhar, cooperando com os outros, aprendem mais. Aprendem a cooperar com as pessoas. Porque em todos os grupos teria que ser assim. Em família,
em tudo. [...] Uma cooperação mútua. [...] Não é como numa firma que, de
repente, a pessoa quer se promover, não se importando com o colega. [A coo-
perativa] é um lugar que a gente sabe que não tem uma promoção, porque
tem que trabalhar em grupo, ajudando um ao outro. Eu acho essa parte interessante. Eu não vou me promover a chefe porque eu trabalhei mais, né? Eu
devo cooperar.*

Nelsa

Muito já foi dito sobre Nelsa até aqui, neste texto. Sem rodeios, é preciso afirmar que sua presença de fato é destaque nesse grupo de mulheres. Grupo em si
impressionante, e no qual, também é certo, cada uma impressiona a sua maneira,
por distintos aspectos. Em comum, todas parecem imbuídas de um espírito aguer-
rido, empenhadas em manter e em fazer frutificar a cooperativa que criaram.
Porém, todas as cooperadas com quem conversamos coincidem em conferir à
Nelsa grande parte do mérito da experiência que vivem. É necessário e inevitável,
portanto, discutir a liderança de Nelsa ao estudar as repercussões da autogestão

da Univens e, ainda que esse não seja o tema deste trabalho, será uma das tarefas desta seção. Antes disso, porém, apresentaremos sua história de vida e de trabalho.

Após ser chamada para falar da história da Univens e da sua própria inúmeras vezes, Nelsa decidiu contá-la em um livro, futuramente publicado. Por meses, Nelsa domava o cansaço de suas longas jornadas e as dificuldades diante do computador para, noite após noite, compor seus escritos. Aliás, esse material se revelou uma fonte preciosa para esta pesquisa, como já dissemos ao citá-lo anteriormente. Aqui, mais uma vez, ele vem nos servir para conhecer a história de Nelsa, a partir de suas próprias palavras, em companhia da longa entrevista que realizamos com ela[19].

Escrever um livro, sair de casa aos treze anos, organizar uma greve ainda adolescente, intervir na exploração dos trabalhadores na colheita de pêssegos, mudar-se sozinha de cidade várias vezes atrás do próximo desafio, sempre na luta contra a opressão operária, ir a Ushuaia, à Espanha... E, claro, formar uma cooperativa junto de suas vizinhas (quando ninguém sabia ao certo o que era isso). Todas essas experiências pareceram possíveis a Nelsa. E foram.

Os trabalhos de Nelsa: profissão militante

O mundo só muda se nós mudarmos. Nelsa

Filha de Pasqual e Gema, imigrantes italianos, Nelsa nasceu há 41 anos na região rural da Serra Gaúcha, próximo a Flores da Cunha.

> Num lugarejo muito pequeno chamado Nova Pádua, juntaram-se várias famílias descendentes de italianos e, portanto, com costumes bem típicos, como o cultivo da uva. A língua falada por todos é o italiano dialeto. Famílias grandes... Sou de uma família de sete irmãos, sou a quinta filha. (Nespolo, 2003, p. 01)

---

[19] A entrevista com Nelsa aconteceu na casa dela, em 21 de junho de 2004. Encerradas as atividades na cooperativa, fomos juntas para lá, onde ela preparou o chimarrão costumeiro. Enquanto o tomávamos, conversávamos sobre assuntos diversos: cooperativismo, política, economia, temas muito caros a ela. Após o jantar, feito por Tiago, filho de Nelsa, demos início à entrevista que invadiu a madrugada, com mais de quatro horas de duração. Até o final e para minha surpresa, o entusiasmo de Nelsa superava seu cansaço: *"Se a gente pudesse falar um dia inteiro!... Eu gosto muito de falar, sabe, Cris? Senão parece que a gente vai esquecendo de alguns detalhes que também foram importantes. E foi legal porque a gente falou da vida da gente".*

Quando pergunto a ela como iniciou sua história de trabalho, ela me diz paciente:

> *Bom, eu nasci no interior – meus pais até hoje moram no interior –, então o trabalho sempre foi algo que fez parte da vida. Desde criança a gente já começava trabalhando, lógico que era um trabalho acompanhado da família. Eu me lembro que, quando a gente fazia cinco, seis anos, nós íamos felizes da vida junto com o pai para o campo, porque tinha uma enxadinha pequenininha pra quem tinha aquela idade, sabe? [...] Não era aquela coisa... Era algo divertido, mas ao mesmo tempo a gente já ia se familiarizando com aquele ritmo.*

Nelsa sempre estudou em escolas públicas. Naquela época e naquele lugar, elas eram chamadas de *Brizolinhas,* uma referência ao governador do estado que as criou: "As primeiras séries eram todas numa sala só, quer dizer, a professora dava aula em quatro quadros para quatro séries diferentes ao mesmo tempo. A educação era segura e bem consolidada [...]." (Nespolo, 2003, p. 01).

A escolha pela vida religiosa: "eu queria fazer alguma coisa pelos outros"

Aos treze anos de idade, porém, Nelsa decidiu seguir o caminho antes adotado por seu pai e por dois de seus irmãos, a formação religiosa:

> *Eu saí de casa com treze anos porque a minha família tem uma fé muito grande [...]. Meus irmãos estudaram para padre e tudo, meu pai também estudou durante cinco anos. Então eu saí, na época, motivada, eu queria ser freira, apesar de que tinha alguma coisa que não era legal. Eu queria muito ter uma família, tudo, mas eu achava legal poder fazer alguma coisa pelos outros.*

A escolha precoce de se dedicar a "fazer alguma coisa pelos outros" orientou toda a vida de Nelsa. Seja pela via religiosa, seja pelos movimentos operário ou sindical, ela sempre desempenhou atividades prenhes de um claro sentido de transformação social. A função política de seus atos e afazeres poderia ser dirigida para a melhoria das condições do trabalho operário, para o reconhecimento e para a aplicação dos direitos trabalhistas especialmente das mulheres, ou, ainda, para o auxílio ao desenvolvimento das políticas públicas de saúde, moradia, educação e geração de renda no âmbito local do bairro em que mora. De certo, após conhecer sua história, veremos que ela trabalhou pelos outros, mas, fundamentalmente, com esses outros, em um permanente exercício de política participativa e democrática.

Primeiramente, Nelsa ficou dois anos em Flores da Cunha. Já aos quatorze anos, começou a conciliar os estudos com o trabalho: *"Nós estudávamos de manhã e fazíamos limpeza na casa de uma família de tarde. Sem carteira [assinada], mas a gente recebia. Então, na verdade, nossa família não contribuía para a gente estar lá, o nosso trabalho sustentava a gente"*. Dali, ela partiu para um convento em Garibaldi, também na Serra Gaúcha, e lá permaneceu por um ano:

> *Tinha três setores dentro do convento, que é muito grande. Ele tem uma parte de hotelaria então, ou trabalhava no hotel, ou trabalhava nas escolas, ou, então, trabalhava na sustentação, que era o entorno, onde tinha plantações, tirava leite, essas coisa todas. Então todo mundo tinha carteira assinada [...]. A gente revezava as atividades, participávamos de todas. [...] Nós colhíamos as frutas todas, era uma festa! E fazíamos a limpeza da escola também, por isso que a minha carteira está assinada a primeira vez como 'servente', porque nós fazíamos todo o serviço. [...] Tinha escola particular, magistério, que foi onde eu fiz o primeiro ano de magistério. E tinha a parte do hotel, então a gente servia as pessoas. Aprendemos a etiqueta de como servir, chegar numa mesa e tal.*

Dessa experiência, Nelsa recorda especialmente seu caráter comunitário e o convívio com pessoas de histórias e situações de vida muito diversas entre si:

> *Eu também mudei muito, sabe? Tinha as horas que sentava todo mundo junto e também tinha as horas que as irmãs, que eram responsáveis pela gente, chamavam e diziam assim: "O quê tu acha dessa atitude que tu teve? Não acha que poderia ser uma atitude diferente?". Uma formação de valores e de responsabilidades também. É lógico que ficava faltando um monte de coisas, mas, como valores, acho que foi muito interessante. E também porque tinha gente do estado inteiro, com histórias de vida também diferentes. [...] Então era um monte de coisas assim, muito diferentes.*

Aos dezessete anos, Nelsa mudou-se para Pelotas, extremo sul do estado. Segundo ela, as irmãs desejavam fazer uma experiência diferente, e, para isso, elegeram algumas pessoas que, aos olhos delas, pareciam seguras em suas escolhas religiosas:

> *Tentaram fazer uma experiência de nos colocar fora do convento, de ter uma vida própria. Nós três morando numa casa, as freiras morando em outra casa, mas a gente ia ter momentos em que iríamos conversar. E foi muito, muito marcante mesmo. [...] Eu sempre tive que ir me virando, financeiramente... E sempre encontrei muita solidariedade, de verdade.*

Durante o período em Pelotas, ainda vinculada à formação religiosa, Nelsa conclui seus estudos do ensino médio (magistério) e passa a trabalhar em um posto de saúde da periferia da cidade, uma das mais pobres do estado do Rio Grande do Sul. Desse trabalho, ainda adolescente, ela salienta o gosto em conviver com as pessoas do bairro e já é possível identificar sua presença militante. Ao ouvi-la falar a respeito dele, é inevitável a comparação entre essa dinâmica comunitária e o cotidiano vivido, e em parte construído por ela, na Vila Nossa Senhora Aparecida:

> *Era um trabalho maravilhoso, na recepção. O pessoal vinha, trazia pão... Mas não tinha troca de favores, não. Todo mundo que viesse pro posto consultava, todo mundo. E às vezes eu comprava briga com médico [...] Era um posto que estava começando, era um projeto diferente da Universidade, que chegava até as vilas. [...] Era muito legal. Isso foi em 82. Eu fui a primeira que trabalhei nisso, então eu me lembro que a pessoa responsável do posto queria exigir uniforme. Eu brigava com ela porque eu achava que era legal assim, que o pessoal não precisava ficar identificando quem era, para a gente se sentir junto [dos moradores]. Foi uma experiência fora de série, de uma relação de amizade. O meu trajeto para casa era uma festa, porque eu encontrava todo mundo. [...] Eu saí por causa da JOC [Juventude Operária Católica], naquela época tinha muito isso: "Tem que estar onde está o jovem trabalhador". Sobretudo dentro do trabalho, do local de trabalho. Então, se fosse hoje, eu não ia sair de lá, porque eu tenho uma outra compreensão. Eu acho que lá também a gente podia ter feito um trabalho muito grande. Apesar de que a gente construiu um trabalho, dentro do bairro. Mas eu achava que tinha que fazer um trabalho dentro do local de trabalho, então tinha que ir pra fábrica!*

A descoberta da Juventude Operária Católica (JOC) reuniu em Nelsa os ideais que a levaram a assumir a formação religiosa com a liberdade de praticá-los sem abdicar de outras experiências pessoais importantes, também desejadas por ela, como a de formar sua própria família. A seguir, ela discorre sobre a renúncia à primeira escolha – pela vida religiosa – e a assunção desta outra, qual seja, a de se dedicar à luta operária. Nessa última, ela vislumbra horizontes mais largos de intervenção social.

> *Quando chegou no final* [do curso do magistério]*, eu vi que realmente dava pra fazer tudo o que eu queria fazer quando eu saí de casa. Dava pra fazer muito mais sem estar seguindo isso* [a formação religiosa]*. Eu queria viver minha afetividade de uma outra forma, e dava pra fazer todo esse trabalho e muito mais. Foi o período em que eu conheci a JOC.*

O trabalho operário e a militância na JOC

> *Aí eu entrei de verdade no mundo do trabalho,*
> *na exploração do mundo do trabalho.*

Basta conviver um pouco com Nelsa para saber o quanto essa experiência de trabalho lhe foi marcante. "[A JOC] construiu em mim princípios de vida e valores; acreditar que o mundo só muda se nós mudarmos" (Nespolo, 2003, p. 01). Já integrada ao grupo local do movimento, ela busca e consegue emprego em uma das fábricas de doces e geleias da cidade, um dos polos nacionais dessa atividade econômica. Na longa citação seguinte, ela descreve as condições de trabalho vividas ali e deixa transparecer parte de sua angústia diante deste quadro desolador:

> *As safras de pêssego... [...] Foi terrível, foi um período muito difícil. As condições de trabalho... Não dá pra imaginar. Sabe o que é você ficar olhando a cada dois minutos pro relógio para você ir embora por não aguentar aquilo? Apesar de ter conseguido começar um trabalho dentro da fábrica, que foi muito legal, ainda hoje ele repercute. Nós conseguimos criar um setor, conhecer pessoas de outras fábricas... Conseguimos fazer um congresso de jovens na cidade, fruto desse trabalho. Mas foi onde eu mais convivi com isso... Bom, para ir ao banheiro era aquela coisa, quinze minutos por dia. Então, quando*

você saía da sua seção para ir ao banheiro, tinha uma pessoa que ficava anotando na sua fichinha a hora que você saiu, e, quando você voltava, anotava a hora que você voltou. E isso que nós éramos em torno de 3 mil trabalhadores, então tinha gente pra controlar todo mundo. Na soma final do dia, se ultrapassasse os quinze minutos, você ia perdendo hora de trabalho. [...] E as filas na hora de comer? A gente trabalhava de pé o dia inteiro, era lidando com ácido direto, porque o pêssego saía da soda. As mãos, aqui no meio [dos dedos], iam ficando em carne viva. A gente trabalhava com o moranguinho para fazer geleia porque é no mesmo período do pêssego que se colhe o moranguinho. Os bichinhos iam subindo pela mão da gente. E a gente ficava com nojo de imaginar que aquilo depois ia virar... Tudo bem, o pessoal dizia: "não, isso aqui ferve depois". É fervido, mas não tem um princípio de colocar na mesa um produto saudável. Meio-dia era uma hora que a gente queria ter tempo para poder conversar com as pessoas, senão não valia a pena estar lá. Era uma hora e alguma coisa de intervalo, mas a fila, pra gente chegar até a hora de comer, dobrava a fábrica inteirinha. Então, na verdade, a gente ficava o tempo todo na fila, com aquela bandeja de inox que eu não posso ver até hoje. E depois, para poder sentar e comer, o tempo que sobrava não era nada. Então, na verdade, se resumia no trabalho, era trabalho, era trabalho e era trabalho. [...] E é a vida inteira! Tem gente que a sua história é a vida inteira esperando essa safra para trabalhar.

Os agudos sofrimentos daquele cotidiano de trabalho contrastam com a alegria de Nelsa a cada ato organizado de luta por parte dos trabalhadores, a cada gesto de resistência em parte conquistado pelo seu trabalho e pelo de seus companheiros da JOC:

Foi uma coisa extraordinária. Nós conseguimos fazer uma ação, fazer um panfleto. Eu tenho ele até hoje. [...] E a gente fez um bem assim, no mimeógrafo, colocando que não dava mais pra aguentar. Porque, além de ter essa fila para comer, a gente recebia depois das seis [da tarde], no dia de receber. E era por letra, então a gente ia embora da fábrica às onze horas da noite. A gente não estava aguentando mais, sabe? [...] Eu achava que, mesmo ficando só dois meses [o tempo da safra], a gente tinha que fazer alguma coisa pra aquilo ali não continuar mais daquele jeito. E aí, na saída dos ônibus, nós juntamos uma equipe. Até hoje eu encontro as pessoas daquela época e elas falam: "Você não imagina o quanto eu tremi naquele dia!". Nós fizemos os panfletos e distribuímos dentro dos ônibus. [...] Falamos que não dava mais pra continuar desse jeito, que a gente tinha que mudar, falamos da fichinha do banheiro... Foi um "rebu" que deu naquela fábrica, foi algo fora de série! Foi a primeira vez que teve alguma coisa ali. Tanto que, depois que teve aquele conflito, o pagamento sempre foi dentro do horário de trabalho... Você não pode imaginar, nós chorávamos de felicidade! Qualquer coisa que acontecesse, nós chorávamos de felicidade. Se a gente marcasse uma reunião e conseguisse trazer um, a gente comemorava. A gente se encontrava... Na época, nós convidávamos as pessoas para comer pipoca e tomar caipirinha, e as pessoas vinham pra conversar. Depois a gente conseguiu um advogado, porque ele achou muito interessante a causa da gente. Nós fizemos um debate para explicar as leis de trabalho, então sempre teve alguma coisa. E isso me fazia feliz.

Perguntada sobre seus projetos pessoais de trabalho da época, Nelsa titubeia pela primeira vez na entrevista. Parece desconcertada e apenas retoma a fala depois de recolher-se em uma longa pausa. A forma e o conteúdo da resposta de Nelsa revelam que, de fato, ela nunca havia se proposto essa questão, ao menos desse jeito. Ou seja, ela nunca havia pensado no seu trabalho como algo estritamente individual, desprovido de uma nítida função política.

Apesar de eu ter feito o magistério todo, eu senti que não era exatamente aquilo que eu queria[20]. [...] [pausa] Sabe? Eu nunca me preocupei muito com isso, com "o que me faria feliz". Com o "trabalhar no que me faria feliz" [...]. Até hoje, eu nunca pensei muito nisso. [pausa] [...] Naquela época eu achava que se eu estivesse num lugar, que tivesse uma boa opção de mudança, isso ia me fazer feliz. Esse lado me fazia feliz. Eu achava que não precisava do outro, desse olhar profissional. Tanto que terminou a safra naquela fábrica e eu fui pra outra fábrica, que continuou trabalhando com figo cristalizado.

---

[20] Nelsa chegou a lecionar em uma escola pública da periferia de Pelotas, como estágio do curso de magistério: *"Eu peguei o segundo semestre da segunda série [ensino fundamental]. Tinha crianças que eram maiores que eu porque já tinham repetido quatro anos. Às vezes, eu estava dando aula e tinha criança que deitava em cima da mesa e dormia porque eles não tinham comido. No estágio, eu criei todas as lições, eu não copiava de livros, eu criava as histórias. E eu tirei nota 'sete'. [...] O motivo é que eu estava 'tirando a imaginação da criança' porque ficava muito no mundo dela. [...] [A supervisora:] 'Tem que ter história de príncipe.' Eu senti que tinha que ter alguma coisa a mais. Eu vi que não dava para ser um trabalho isolado de uma pessoa dentro de uma escola".*

A militância e o entusiasmo de Nelsa ganhavam mais corpo e alastravam-se a cada ação do grupo da JOC. Assim, cada vez mais legitimada pelos companheiros, ela assume a Coordenação Nacional do movimento aos vinte anos, mas não sem a costumeira contestação e reflexão:

> *Depois disso eu assumi a Coordenação Nacional da JOC, que foi de fato quem me impulsionou para isso. [...] A JOC tinha um lado bem assim, de igreja, do valor da igreja, mas no período que eu passei pela JOC, foi um período em que ela teve muito forte essa questão do trabalho, de ter ação onde a gente estivesse, de ter grupos, de discutir. O Dom Eugênio, que até pouco foi o presidente da CNBB[21], ele achava que era importante que tivesse isso na cidade. Então um dia ele foi lá na nossa casa e me perguntou: "Tu não acha que é importante criar a JOC aqui?". Eu disse: "Se a gente quer fazer uma coisa boa, não precisa fazer parte de movimento nenhum, é só a gente fazer". E não passou três meses e eu já estava dentro do movimento. [risos] Mas é lógico que é mais legal quando você pode ter um grupo e enfrentar as coisas juntos.*

Durante os três anos em que esteve à frente da Juventude Operária Católica, Nelsa viveu em São Paulo (SP), acolhida na casa do movimento. Pouco antes de partir, ela conhece Claudir, seu companheiro de inúmeras lutas, até os dias atuais. Do período passado como Coordenadora da JOC, Nelsa conserva fortes aprendizados:

> Tive oportunidade de conhecer quase todo o Brasil e fortalecer tudo o que acreditava. [...] No período que fiquei em São Paulo, acho que consegui entender as diversidades deste Brasil. E que Brasil... Viajamos para todas as cidades onde tinha JOC e ficamos na casa dos militantes, cada um com sua família ou desfamília, vivendo todas as condições de emprego e desemprego. Conheci a fome, a seca, a miséria, a dor, a falta de esperança. Mas também ficamos em casas em que mães eram verdadeiras lutadoras, sempre de bom humor, se orgulhavam de seus filhos. Aprendi a dormir em rede. Assim como quando fiquei com as freiras, havia todo tipo de situação e carências: órfãs, cleptomaníacas, suicidas, carentes e também muitos sonhos... Às vezes penso que tive oportunidade de viver tanto em tão poucos anos. (Nespolo, 2003, p. 02)

---

[21] Conferência Nacional dos Bispos do Brasil.

Em 1987, já casados, Nelsa e Claudir partem para Fortaleza (CE). Ela, para mais um ano de trabalho militante em uma fábrica de confecção: *"Foi uma discussão que a gente fez [na JOC], que era prioritário fazer um trabalho nessa área, então eu fui pra fábrica de novo".* Há uma informação importante incontida nas palavras de Nelsa: a maneira com que as disse.

De um lado, ela o fez com uma chocante naturalidade ao mencionar a mudança de cidade em si; de outro, usou um agudo entusiasmo para falar da necessidade de retornar às fábricas. Relembrando o episódio, ela agiganta os olhos e aperta os punhos, reencontrada com o vigor do sentido que essas empreitadas assumiam para ela. Essa lacuna não preenchida pelas palavras transcritas, novamente nos põe em contato com o trabalho de Sylvia Leser de Mello, que afirma que, quando se trata de pessoas, "[...] a pesquisa é um recorte penoso na matéria viva, porque a vida das mulheres não está contida nas fitas do gravador, nem aprisionadas nas palavras escuras e secas que compõem o livro" (Mello, 1988, p. 24).[22]

Em Fortaleza, o objetivo era fortalecer a JOC local e, nas palavras de Nelsa, ele foi alcançado, apesar das dificuldades: "Nós realmente conseguimos. Integramo-nos com todo o movimento da cidade, tanto o sindical quanto o popular" (Nespolo, 2003, p. 03).

Primeiramente, Nelsa emprega-se como revisora de qualidade[23] em uma fábrica de confecção apelidada pelos trabalhadores de *Senzala do asfalto*, tamanha a exploração operária. Como já disse Julieta, há histórias de trabalho na atualidade que parecem "histórias de escravidão". Ainda assim, com essas características, diante da dificuldade de se conseguir trabalho, as filas de espera e os processos de seleção eram frequentes ali. Os empregadores achavam-se no direito, inclusive, de selecionar os trabalhadores conforme o gênero e o estado civil, exigindo que as mulheres fossem solteiras e sem filhos, fenômeno também recorrente nos dias

---

[22] Ela prossegue dizendo: *"Há uma perda constante: do momento vivo em que as histórias estão sendo gravadas, do local, dos gestos, das expressões, para a fita ouvida no gravador, quando apenas as tonalidades e inflexões da voz são retidas; na passagem da fita para o papel também esse aspecto se perde"* (Mello, 1988, p. 24).

[23] Como não dominava as tarefas de costura a ponto de trabalhar diretamente nelas, Nelsa optou pela função de revisora. Apesar de correr o risco de sofrer resistência por parte dos companheiros – afinal sua principal tarefa era apontar e corrigir erros –, ela tirou proveito da oportunidade que este lugar lhe propiciava, de poder ter acesso a boa parte dos trabalhadores.

atuais. Depois de três tentativas frustradas de conseguir o emprego, Nelsa se vê obrigada a esconder sua condição de recém-casada:

> *Nós vivemos um ano em Fortaleza uma identidade que não era a nossa. [...] Eu tinha que sustentar isso dentro da fábrica, com as minhas amigas e com as pessoas com quem a gente fez o trabalho dentro da fábrica, sabe? Foi muito, muito complicado.*

Olhemos agora para alguns dos episódios vividos por Nelsa e por seus companheiros de trabalho no interior dessa fábrica. Entre outros, eles mais tarde embasaram seu empenho na construção de relações horizontais e democráticas de trabalho:

> *Eu me lembro do dia em que a gente entrou e teve a entrevista. Os Recursos Humanos: "Olha, vocês têm que ter uma consciência que vocês são da classe C". [...] "Tem a classe A, a classe B e a classe C. Você são a C. Vocês têm que escovar os dentes, vocês devem tomar banho todos os dias...". Assim, humilhante. Algo humilhante! [...] "As unhas, vocês têm que cortar as unhas". Como se fosse bicho. A forma como lidava com as pessoas, sabe? Horrível. [...] Era algo desprezível, desprezível, o jeito como tratavam a gente. E também era curioso, todo mundo ganhava salário mínimo, sabe? Não interessa o que tu ia ser, tu podia escolher, quando tu entrava. Tu podia ser costureira, tu podia ser revisora de qualidade. Eles te preparavam pra ser uma coisa ou outra, mas o salário era a mesma coisa. [...] Eles tinham um controle da vida das pessoas e exigiam muita hora extra, muita hora extra. Então a Rita, que era uma das que começou a participar do grupo que a gente fez lá, era incrível. Ela trabalhava sábado e domingo, e ela era uma menina! [...] E nas máquinas tu recebia o nome de um bicho. Se tu era ótima, se a tua produção era ótima – porque eles controlavam tua produção, quantas peças tu fazia – então, se tu fosse '10', tu tinha lá o nome daquele bicho. Tu podia ser a lebre ou tu podia ser a tartaruga. Também era uma forma de deboche. [...] E na época eu sempre pensava assim: "Eu não posso dar motivo nenhum sobre o meu trabalho". Então eu trabalhava muito, sabe? [...] Mas na época nós nos perdemos na ação, talvez até por uma certa ansiedade, que nos fez ter um pouco de ingenuidade. Pra você ver como ela tinha um controle político em cima das pessoas, no debate que a gente chamou, o supervisor veio. [...] Por isso que eu*

acabei perdendo o emprego lá. Eu nunca imaginei que ele ia vir. Encheu de gente, foi super legal. A gente largou panfleto na fábrica: "Venha discutir o que você tem direito e tal". E ele veio... Eu me lembro que ele ainda fez perguntas. Ah, foi horrível! Eu tentei disfarçar, mas não teve jeito. Eu estava na frente. [...] E aí, no outro dia, quando eu cheguei, o meu cartão tinha sumido. Eu entrei em desespero... E eu ainda trabalhei mais dois dias, mesmo sem o cartão, porque eu achava que podia ter sido um engano.

Dessa fábrica ela saiu para outra e para outra, até lograr seus objetivos. Como já dissemos, o entusiasmo e as forças de Nelsa causam espanto:

Eu pegava dois ônibus para ir para a outra fábrica, do outro lado da cidade. Mas era maravilhoso! A coisa que me deixava mais feliz é que eu passava pela beira do mar para ir para a outra fábrica. Então era como se todo o dia o mundo sorrisse pra mim, sabe? Nessa outra fábrica foi onde a gente conseguiu fazer um trabalho super legal. [...] Como eu já tinha registro como revisora, consegui como revisora lá. Agora era revisão da peça pronta, na expedição final. Então a gente tinha tempo, a gente conversava, debatia. Nós fazíamos reunião na hora do almoço! [...] Foi fora de série. Nós conseguimos reunir – não me lembro se 25 ou trinta jovens. [...] Jovens pra discutir a realidade dentro da fábrica. Nós criamos o jornal 'Pano pra manga'. Então eu 'pegava' [trabalhava] das duas às oito horas da noite. E de manhã cedo, às seis e meia da manhã, nós íamos nas outras fábricas distribuir o jornal. [...] Olha, nós conseguimos fazer greve geral, na época em que eu estava lá. A fábrica em que eu trabalhava parou todinha! Ela parou, ela parou! Foi um piquete mínimo, que teve na fábrica, não foi [trabalhar] praticamente ninguém. Nós fomos fazer piquete nas outras fábricas. [...] que não conseguimos parar, né? A "Senzala do asfalto" mandou a polícia pra cima, isso foi horrível. Foi horrível.

Ao final desse ano de lutas em Fortaleza, a sede de enraizamento crescia e outros desejos e desafios se faziam presentes.

É bom conhecer, viajar, parece que o mundo não tem limites. Mas chega um dia que o mundo parece não ter chão. Há necessidade de ter uma história mais continuada, ter vizinhos, ter um canto, um endereço fixo. Buscamos tudo isso em Porto Alegre e encontramos mil vezes mais que isso. (Nespolo, 2003, p. 03)

Era 1988, ano em que o Partido dos Trabalhadores assumiu a primeira das quatro gestões consecutivas na prefeitura e que começou a implementar o Orçamento Participativo no município. Apesar de já vislumbrar ali fortes possibilidades de mudanças políticas e sociais, não foi possível a Nelsa participar do OP naquele momento. A necessidade de trabalhar tanto para sua família como para o movimento operário era premente e essas atividades ocupavam todas as suas horas.

Porto Alegre: em busca de raízes

Ao chegar à cidade, o casal buscou um bairro que lhe permitisse comprar uma casa com os poucos recursos que haviam conseguido reunir, inclusive, com a ajuda da família. Esse lugar foi a Vila Nossa Senhora Aparecida:

> *Eu sempre sonhei de um dia a gente ter uma casa para gente morar. Quando nós viemos para cá, eu disse: "Ai, Claudir, vamos tentar procurar um lugar... Qualquer lugar, eu não me importo. Pode ser uma casinha bem pequenininha, mas que a gente não vivesse de um aluguel". Mas não era pela insegurança do aluguel. Era porque, em Pelotas, a gente estava mudando de lugar a cada seis meses. Aí perdia os vizinhos... Eu pensava mais de poder ter um lugar e que ninguém me tirasse daquele lugar. E, por causa disso, nem eu, nem ele, nunca tivemos grande ambição, assim: "Vamos ter uma casa que possa ter muitas coisas e tal". Não. Tanto que, quando nós conseguimos comprar aqui. [...] Foi a maior felicidade do mundo! A gente não acreditava...*

Uma das maiores dificuldades de Nelsa ao chegar a Porto Alegre foi a busca por emprego. Segundo ela, quanto mais ações políticas um militante participa, mais difícil se torna retornar ao mercado de trabalho. *"Como eu justifico uma carteira que foi pra Pelotas, de Pelotas foi pra Fortaleza e de Fortaleza veio para cá? Por que eu fui pra Fortaleza? Daí eu tive que inverter a história."* Ou seja, novamente ela se viu obrigada a criar um enredo capaz de justificar suas paragens pelo país.

Se o retorno ao estado ocorreu inspirado em sonhos pessoais e familiares, não por isso Nelsa deixou de militar pela causa operária:

> *De novo viemos com uma avaliação assim: "Estamos em Porto Alegre, temos o movimento. Onde é importante entrar? Aqui tem fábrica de alimentação, tem um sindicato que é acomodado, que é pelego, precisamos mudar. Então a prioridade é aqui". Aí eu fui para uma fábrica de chocolates, fui para outra de laticínios, fui para várias.*

Após um levantamento inicial e algumas tentativas, Nelsa conseguiu trabalho em uma grande indústria multinacional de alimentação e lá permaneceu empregada por cinco anos. Apesar de até então já ter experimentado no corpo e na alma as mazelas do sofrimento operário, foi ali que ela diz ter conhecido o pior dessa realidade. *"Eu vou te falar uma coisa, se for ver o que foi enfrentar uma relação que realmente destrói a pessoa, eu vivi isso ali. Destrói a pessoa. [...] Essas outras destruíam o teu físico, mas esta destruía você como pessoa".*

Novos embates na luta operária e a experiência no sindicalismo

A empresa em questão era destaque entre as multinacionais da região por pagar salários considerados satisfatórios, além de conferir aos trabalhadores benefícios importantes, como um bom convênio médico. No entanto, paradoxalmente, exigia deles altíssimas jornadas de trabalho, compostas por muitas horas extras, inclusive aos finais de semana e em condições de trabalho desumanas, apenas apropriadas para as máquinas e para a reprodução do capital.

> [...] quase todo o processo de produção era automatizado, e, portanto, os trabalhadores fazem tudo repetitivamente, como se fossem mais uma máquina. Às vezes dava até para cochilar que o corpo fazia o movimento automaticamente. O barulho era tanto que, mesmo usando fones[24], retumbava em nossas cabeças. (Nespolo, 2003, p. 04)

Além disso, havia um sério agravante: tais jornadas os mantinham em uma poderosa e cruel teia de controle, capaz de causar a destruição de que fala Nelsa:

> *Tinha pessoas com 25 anos, com prêmios por trinta anos de empresa. [...] Pessoas que deram a vida! Hora extra era interminável. Tu podia trabalhar*

---

[24] Nelsa refere-se ao uso de protetores auriculares, um Equipamento de Proteção Individual – EPI.

todos os dias três horas extras e sábado e domingo. Então tinha gente que "virava" direto dentro da empresa, gente que realmente mal via a família. [...] Quando passou o primeiro ano e teve a greve geral, eu e mais uma do grupo decidimos que nós não íamos trabalhar, e, além disso, eu ainda fui fazer um piquete numa das empresas de ônibus. E não é que a fábrica foi recolher os trabalhadores? Ela ligou para os trabalhadores e foi recolhendo os trabalhadores nos pontos e passaram na frente dessa empresa de ônibus e me viram. Quando eu cheguei no outro dia, eles me chamaram, o médico me chamou. [...] Viu minha pressão e tal. "Agora você passa no setor pessoal... Você está demitida e sabe o porquê". Eu falei: "Não! Eu estou grávida[25]". [...] Bem, eu fiquei [...] E a outra, minha amiga mesmo, daquelas que a gente planejava sempre toda ação, ela foi pra rua. Isso que te destrói, sabe?. [...] Mas a fábrica fez de tudo, tudo o que tu pode imaginar que não se deve fazer com alguém. Eu estava super magra, eu levantava às cinco e meia da manhã. Acho que eu devia estar até com anemia naquela época, porque era trabalhar e trabalhar, e era um trabalho pesado. [...] Então eu estava muito vulnerável fisicamente. Quando eles souberam disso, sabe o quê eles fizeram? Eles me tiraram da seção em que eu estava e me colocaram na pior seção que tinha, que era a de levantar fardos. Era encher fardos de vinte quilos e depois levantá-los e jogar pro outro lado. [...] E grávida. Eu vivi um momento interior muito ruim, de muita, muita frustração. Eu chorava... Tinha dias que eu chorava de tristeza, porque eu chegava em casa morta, doía tudo. Doía tudo... Foi um período muito, muito difícil. [...] Daí teve eleição no sindicato e eu consegui estender a estabilidade. [...] Nós entramos numa equipe. [...] Só que daí começou isso: quem vinha conversar comigo, eles chamavam a pessoa e diziam assim: "Você está indo pra rua porque você estava conversando com ela. Nós já falamos que não é pra conversar com ela". [...] Então eu pensava assim: "Não é justo, as pessoas estão perdendo o emprego por minha causa. Eu não posso continuar fazendo isso. Está errado". Daí tu dava uma recuada. Depois, por outro lado, tu pensava que não dava pra continuar desse jeito, que tinha realmente que fazer alguma coisa.

Nelsa fala de um *momento interior muito ruim*, angústia que reunia às dores do corpo as chagas da humilhação e da frustração sentidas frente às perseguições,

---

[25] Nelsa estava grávida de Gabriela, sua primeira filha.

às retaliações e à perda dos empregos de vários companheiros. *"Tudo isso destrói a pessoa"*, ela nos diz. Ouvindo-a durante a entrevista, lembrei-me de Simone Weil e de sua *Experiência da vida na fábrica* (1996)[26]. Guardadas diferenças e desigualdades de contexto, a comparação procede. A seguir, nota-se a impressionante semelhança entre o diário de Simone Weil e a fala de Nelsa. Nos fragmentos grifados, podemos encontrar, inclusive, as mesmas palavras:

> As grandes e pequenas misérias continuamente impostas na fábrica a um organismo humano, ou, como diz Jules Romains, "este sortimento de miúdas infelicidades físicas que a tarefa não exige e com as quais nem de longe se beneficia", não contribuem menos para tornar sensível a servidão. Não os sofrimentos ligados às necessidades dos trabalhos; esses trazem até um certo orgulho de serem suportados; mas os que são inúteis. Ferem a alma porque geralmente ninguém pensa em queixar-se; sabe-se que não se pensa sequer nisso. [...] Falar seria arranjar uma humilhação. [...] Tais sofrimentos frequentemente são, em si mesmos, muito leves; se eles se tornam amargos, é que todas as vezes que são sentidos – e são sentidos incessantemente –, o fato de que se queria tanto esquecer, o fato de que não se está em casa na fábrica, o fato de que não se tem nela o direito da cidadania, e o de que cada um é um estranho admitido como simples intermediário entre as máquinas e as peças fabricadas, tudo isto atinge o corpo e a alma; sob este golpe, a carne e o pensamento se retraem. Como se alguém repetisse ao ouvido de minuto a minuto, sem que se possa responder nada: "**Você não é nada aqui. Você não conta**"[grifos nossos]. (Weil, 1996, p. 158)

Em outro ponto da entrevista, ao relembrar suas experiências como operária nessa fábrica de alimentos, Nelsa se encontra, sem o saber, com Simone Weil e compara diretamente o trabalho operário ao trabalho autogestionário:

> *Hoje não teria dinheiro nenhum que me faria voltar a ser empregada. Não poderia jamais me imaginar de volta a ter um emprego, pelo valor que fosse. Voltar a ter alguém que me dissesse o que fazer, controlando horário, não dá,*

---

[26] Outra lutadora da causa da classe operária que, apesar de não ser filha dela, se entregou a seus serviços, ocupando um lugar nas linhas de montagem de seu tempo, expondo seu corpo e sua alma a viver essa condição, da qual não desejou e não buscou retorno (Bosi, 2001).

não tem volta[27]. Nem que ele fosse muito mais sofisticado, com melhores con-
dições. E essa liberdade, esse prazer que eu tenho hoje? Acho que é isso que o
capitalismo faz, ele tira a pessoa, nessa relação de trabalho dentro da fábrica,
como foi no meu caso. Ele tira a pessoa. **Vale tudo, menos a pessoa** *[grifos nos-*
sos]. A pessoa, como você. Você conta! **Mas ali você não conta** *[grifos nossos].*

Simone Weil sublinha como uma das maiores causas do sofrimento operário o fato, sempre em evidência, "de que não se está em casa na fábrica, o fato de que não se tem nela o direito da cidadania, e o de que cada um é um estranho admitido como simples intermediário entre as máquinas e as peças fabricadas" (Weil, 1996, p. 158). A realidade do desenraizamento operário, assim chamado por Simone Weil, foi experimentada por Nelsa. Ali, naquela fábrica, como nas anteriores, não há lugar para a cidadania. Os direitos à voz, ao voto e ao pertencimento ficam do lado de fora de seus altos portões. Na propriedade privada dos meios de produção, um outro contrato social impera e retira da pessoa sua liberdade de ação e de expressão, restringindo-a a esse intermediário de matérias mortas, cuja singularidade de fato pouco ou nada importa.

Interessante notar que, na cooperativa mais tarde erigida por Nelsa e por suas companheiras, esses traços da condição operária de que falam Simone e Nelsa são dispostos ao revés, ou seja, a serviço dos trabalhadores. Aqui, a cidadania permanece presente no local de trabalho, sem que se deixe do lado de fora do ambiente produtivo a expressão das diferenças e das singularidades. Mais do que isso: a gestão democrática se faz presente como alicerce, e o pertencimento, o "sentir-se em casa na fábrica" é sua consequência, mas não por isso menos fundamental.

Continuemos a ouvir Nelsa e a analisar a experiência de trabalho nessa fábrica. A seguir, surgem explícitas as forças de resistência em ação no cotidiano fabril, alçadas por ela e por seus companheiros. Atentemos especialmente para as principais reivindicações e conquistas do grupo, todas orientadas para questões próprias

---

[27] Estas palavras de Nelsa falam de um fenômeno já analisado por Paul Singer: "O caráter revolucionário da economia solidária abre-lhe a perspectiva de superar a condição de mero paliativo contra o desemprego e a exclusão. Para os que desconhecem este caráter, as cooperativas são meros substitutos dos empregos com carteira assinada, que as recessões vêm aniquilando. Se a retomada do crescimento fizer o número de empregos formais voltar a crescer, os que têm este ponto de vista esperam que as cooperativas deixem de ser necessárias e entrem em um processo de definhamento. Há uma boa possibilidade, no entanto, de que estejam enganados. É muito comum cooperadores recusarem empregos porque, como costumam dizer, 'já não aguentam mais trabalhar para patrão'" (Singer, 2000, p. 28).

Encontro da Política com o trabalho   **207**

dos trabalhadores como pessoas, para aquilo que a princípio não conta: a qualidade da comida do refeitório, o cuidado com os filhos, o direito ao café e ao pão pela manhã:

A gente começou a fazer reuniões fora, a tentar conversar o mínimo possível lá. Mas era horrível também... Tu imagina o que acontece com alguém assim... [impedida de conversar com os colegas] [...]. *Eu estava fazendo um trabalho de pesar, a gente ia de seção em seção e pesava. [...] Chegou num estágio em que eu não estava aguentando. Eu achei que eu não ia aguentar mesmo. Eu sofri a gravidez da Gabriela inteira. [...] Até que eles foram me trocando, me colocando mais pra máquina, vinha pra ponta também, foi amenizando um pouco. Daí eu comecei a pesar. [...] Pegava de novo da máquina e pesava, para ver se estava de acordo. Daí, nesse trabalho, nesse dia, a Sara trabalhava nessa seção, que era a maior que tinha. Ela disse: "Vamos tocar!". Então eu disse: "Tá. Então eu vou passar nas outras e vou articular". Ela disse: "Três horas nós vamos parar". [...] Daí teve todo esse movimento. Eu falei pro supervisor: "Está difícil, a gente vai ter que parar, não é possível continuar assim".* [...] *Eu falei: "Já faz tanto tempo que a gente está sem reajuste e nós vamos parar. Você tem até às três horas. Você dá um retorno de aumento ou então a gente vai parar". A gente ia mesmo, ia desligar as máquinas e ia parar, sabe? Apesar de tudo isso, dava pra ir tocando. Isso dá uma felicidade tão grande... Quando foi duas e meia, desceram todos os chefes e passaram em todas as seções: "Vai ter um aumento de tanto, mais tanto porcento". Olha, foi uma vitória!... Você não pode imaginar. Só que daí chamaram a minha colega e falaram: "Olha, sinto muito. Ela vai ficar, porque ela tem estabilidade, mas você vai pra rua". Mandaram ela embora. Bah, aquele dia, eu vou te contar... Olha, foi horrível. Uma pessoa com quase sessenta anos, que não tinha outro emprego... Depois daquilo ali, começamos a fazer as lutas por fora. Nós conseguimos fazer com que o refeitório fosse trocado, que tivesse comida legal. Começamos a ter café da manhã, que a gente não tinha. O café da manhã foi algo formidável! Você imagina?! Pão, margarina... [...] E também para as mulheres, porque muitas de nós tinham filhos e a gente não tinha onde deixá-los. Eu pensava sempre que eu gostaria tanto que meus filhos ficassem num ambiente familiar... Que tivesse uma família, que tivesse uma boa relação... E foi assim que eles ficaram, no tempo que eu estava na fábrica. A gente levava o recibo e a empresa repassava pra gente esse valor. [...] Isso tudo foi de luta, de sentar na mesa... Porque, pelo fato de eu estar no sindicato, a gente tinha negociação direta com a empresa.*

Mais tarde, já grávida de Tiago e bastante desgastada por outros processos de retaliação por parte da direção da empresa, Nelsa ainda consegue reunir forças para coordenar outras ações, como a luta pela equivalência salarial entre homens e mulheres que exercem a mesma função.

Mas, ao mesmo tempo, nós conseguimos tocar, com a Federação da Alimentação, um trabalho com as mulheres do estado, com outros sindicatos. Eu me lembro que eu estava com oito meses da gravidez do Tiago, e eu fui pra Santo Ângelo, que dá umas cinco horas de carro daqui. E nós fomos lá para fazer um seminário com as mulheres e tal. E eu me lembro que doía. Na volta, eu não sabia mais de que jeito ficar... Mas, não! Tinha que tocar, tinha que tocar! Era muito importante o que a gente estava fazendo.

O esgotamento de Nelsa tornava-se crescente. Se as jornadas diárias eram longas e extenuantes, pior era a dor de levar seus filhos ainda bebês enrolados em cobertores, às cinco e meia da manhã, para a casa da vizinha, responsável por seus cuidados. Mesmo sabendo que estariam entre amigos que os zelavam carinhosamente, doía-lhe virar a esquina ouvindo o choro dos pequenos, dia após dia.

A maternidade a havia deparado com questionamentos inimagináveis até então. Em alguns momentos, ela chegou a contestar a emancipação feminina: "O que conquistamos em a mulher se empregar? É essa a emancipação que tanto queríamos? Não. Porque, nessa classe operária, não trabalhamos por opção de libertação da mulher, mas porque realmente essa renda é necessária" (Nespolo, 2003, p. 04). *"Eu ia pra fábrica chorando. Chorando e falando: 'Isso não é justo, não é possível a gente ter os filhos e não poder conviver'."*

No seguinte trecho, ainda extraído do livro de Nelsa, ela lamenta a cooptação da vida pelo trabalho operário com impressionante sensibilidade:

A vida ia ficando tão pequena porque não via o sol durante a semana. O trabalho da casa se acumulava. Não conhecia meus vizinhos. Os amigos eram os colegas da fábrica. [...] Mas o que sempre me angustiou muito é ver homens e mulheres do meu lado completando vinte ou 25 anos na empresa, fazendo sempre a mesma coisa e ao mesmo tempo não sabendo produzir nada por completo. Reduzir toda uma vida a isso em nome do quê? Da sobrevivência? O que deixa desta vida? O que aproveitou dela? [...] Tantas mulheres fazem ainda hoje o que eu fazia. [...] E o pior é o retornar à noite. O que fazer primeiro? Dar atenção aos filhos? Arrumar a cama? Lavar roupa? É o tempo em que a mulher mais tem sonhos, e que aos poucos, a rotina do dia a dia os faz desaparecer, como que atrás de uma cortina de fumaça. E o pior, olho para meu lado e vejo que essa é a rotina dessas mulheres empregadas. É uma fase? Pode até ser, mas também a idade dos vinte aos trinta anos também é só uma fase e ela não retorna mais. (Nespolo, 2003, p. 04)

Em 1991, Nelsa é demitida da fábrica. Devido à oposição que travou com outros companheiros ao grupo que venceu a eleição no sindicato, ela perdeu a imunidade legalmente garantida para os sindicalistas eleitos. Segundo me disse, por muito tempo continuou a acordar às cinco da manhã. Acordava e se colocava a pensar: "O que vou fazer? [...] Vivi todo aquele conflito de inutilidade, porque sempre trabalhei como empregada e me parecia isso um grande valor" (Nespolo, 2003, p. 04).

> *Isso que tu perguntou no começo, da* [escolha de uma] *profissão. Aí eu comecei a ter esse conflito. Bah, daí eu comecei a pensar: "Meu Deus, mas no que eu quero trabalhar? Eu preciso ter alguma coisa que não seja alguma coisa sempre para alguém". Daí eu comecei a viver esse conflito, que as pessoas vivem nos dezessete ou dezoito anos, eu fui ter muito tarde. [risos] [...] "Puxa, eu podia fazer alguma coisa que eu gostasse também". Porque se eu tivesse pensado isso naquela época... Hoje, se fosse voltar... Eu acho que foi tudo muito marcante, mas podia ter conciliado mais isso. Mas isso também nunca foi um problema pra mim. Não era um problema [...] Mas nesse momento foi.*

Realizações e aprendizados com o trabalho autônomo

Abriu um caminho sem fim

Com os recursos que recebeu pela demissão e com o apoio da família, Nelsa comprou uma máquina de costura com o firme propósito de trabalhar perto dos filhos, em casa, e de maneira autônoma. Tratou-se de uma época fértil em prazeres e em reflexões, muito proveitosa para ela:

> *Mas eu não sabia costurar... Quando eu fiquei em Fortaleza, se em vez de ser revisora eu tivesse ido pra máquina, estaria legal. Mas tudo o que eu tinha feito até aquele momento era bainha nas fraldas das crianças. [...] Minha sogra ajudou a ver uns moldes pra começar a fazer abrigo de moletom. [...] Mas eu não sabia nada, nada, nada, Cris. Sabe o que é nada? [...] Tanto que eu comprei uma máquina de overloque com agulha quatorze. Eu não sabia nem que tinha número! A agulha quatorze fura porque é muito grande, tem que ser agulha onze. Quando eu fiz a primeira peça, era onze da noite. Eu cortei uma calça pequenininha, que era do tamanho do Tiago, que naquela época estava com um ano e dois meses. [...] Era uma calça cinza... Eu peguei e terminei aquela calça. Eu chorava, Cris, você não pode imaginar como eu chorava. Eu andava pela casa, eu me lembro que eu vinha até a cozinha e voltava. Gente!... Eu pensava assim: "Fui eu que fiz, do começo ao fim! É uma coisa que eu consegui fazer". Uma felicidade!... É algo que não dá pra acreditar, sabe? Para quem viveu sempre fazendo pedaços... Porque na fábrica eu sempre tive claro: podiam me mandar embora. Como eu nunca fiz um trabalho especializado, no outro dia, qualquer pessoa podia fazer o que eu estava fazendo. Tu só é mais um, tu só é mais um. [...] Então naquele momento eu estava fazendo uma coisa por inteiro. Nesse período eu fui muito feliz, sabe? A agulha, continuando sobre a agulha. [...] Eu voltava lá, onde eu comprei a máquina: "Essa máquina tem problema porque está furando". Eles tentavam revisar a máquina pra ver o que ela tinha, trazia a máquina de volta e continuava o mesmo problema. "Ah, não é possível...". Como continuava furando, eles trocaram a máquina. Eles trocaram a máquina! E até para aprender como enfiar a agulha, essas coisas todas, eu fui tendo solidariedade aqui na Vila, sabe? Elas me ensinavam. Aqui tem muita gente que costura.*

O sentimento de realização de um produto por inteiro possibilitou a Nelsa conhecer o sabor de viver o trabalho de uma outra forma, em primeiro lugar, como autora de seus produtos, mas também como gestora das suas necessidades e de seus desejos, de seus ritmos e limites. Ela diz em seu livro que "este sentimento é tão profundo porque reencontra a capacidade e abre um caminho sem fim" (Nespolo, 2003, p. 05). Hoje sabemos que ela pôde explorar esse caminho como poucos.

Interessante também é ouvi-la falar com tanto desprendimento e bom humor das dificuldades iniciais, da ignorância em face de uma atividade que, em companhia de outras, faz e fez a Univens. Trata-se de parte da pré-história desse grupo, em que muitas de suas integrantes têm a qualidade da teimosia, de agigantar-se diante dos empecilhos:

> *Mas aí eu comecei a ver as pessoas na rua e pensei: "Preciso fazer alguma coisa diferente do que as pessoas estão fazendo". E depois eu fui criada assim, costureira é assim: tu pega o retalho de roupa, levava e ela fazia o que tu queria. "Não, eu vou trabalhar com o que seja mais simples e as pessoas não vão trazer malha aqui. Então eu vou ter que comprar". Mandei vir de São Paulo dois rolos de malha. Meu irmão mandou vir de lá. Dois rolos de moletom. Peguei o que veio da fábrica e investi. Só que o preço que eu fiz empatou, sabe? Não sobrou nada, então eu também fui aprendendo como fazer preço. Eu vivi isso, por isso que depois foi mais fácil na cooperativa também. [...] E quando você vê as pessoas na rua – essa sensação também é linda – de tu ver as pessoas na rua com a roupa que tu fez. É outra emoção que tu tem, é algo fora de série. Sabe por quê? Porque daí você se esforça pra que ela fique bem, porque, além de tu ter orgulho, também se ela for mal feita, é feio pra você, né? [...] Então essa qualidade foi uma coisa que a vida foi mostrando. [...] Aí eu ia [comprar tecido], pegava três, quatro sacolas e vinha embora de ônibus ou vinha embora a pé, com a Gabriela e o Tiago, porque eles estavam em casa comigo. Eu me lembro até hoje, a Gabriela trouxe uma sacolinha e o Tiago era muito pequenininho, então ele vinha caminhando. E eu tinha quatro sacolas super pesadas, então o Tiago não podia de jeito nenhum desistir, e estava demorando demais o ônibus. Eu falei: "Vamos embora caminhando?". Quando chegou na metade do caminho, os dois sentaram. Naquele dia eu tive vontade de chorar. Falei: "Ah, não, não é possível. Tem que ter um outro jeito".*

Durante cinco anos, Nelsa trabalhou assim, como costureira autônoma, em casa. Nesse período, garantiu uma boa renda familiar, em companhia do marido, a partir de uma clientela extensa e fiel. Até pouco tempo atrás, algumas dessas pessoas ainda a procuravam para que ela lhes fizesse "aquelas peças, daquele jeito".

A dedicação a esta clientela – seus vizinhos – era excepcional, e a costura invadia as madrugadas sem que Nelsa conseguisse impor limites. Aos poucos, a solidão dessa condição de trabalho e o desgaste diante da diminuição do espaço privado da casa e da família trouxeram o cansaço e geraram mais reflexão. A seguir, Nelsa fala sobre essas questões e avalia o período em função da experiência posterior da cooperativa:

Não precisava ser eu, mas alguém de nós tinha que ter vivido isso – nem todas puderam viver o que eu pude viver – isso de ter que comprar tecido, calcular valor, construir um mercado. Quando eu trabalhava aqui em casa, eu trabalhava até às quatro horas da manhã. Era gente o tempo todo. Eu não parei de trabalhar porque eu não tinha mais serviço, é que eu não aguentava mais. Era muito. A minha renda não mudou. Talvez agora sim, atualmente, ela tenha aumentado um pouquinho. Mas a minha renda não mudou indo pra cooperativa, sabe? Eu tinha uma renda boa. Só que eu trabalhava até às quatro da manhã. [...] Porque... Ah, as pessoas vinham e pediam e queriam, e eu achava legal ver as pessoas vestindo as roupas que eu fazia. [risos] [...] O trabalho, para mim, o quanto vai receber, não é o que me motiva, sabe? [...] Eu não trabalhava até tarde para ganhar mais. Não! As pessoas vinham aqui me fazer encomenda e era muita encomenda, eu tinha que dar conta. [...] Criou outra relação com as pessoas. [...] E eu criava as peças. Isso também era legal no meu trabalho. Eu podia fazer uma tira de tecido diferente, um estilo diferente, e o pessoal gostava. Às vezes eu deixava pronto e o pessoal chegava e comprava. Eu nunca fiquei com estoque. [...] O que foi me desgastando era que não tinha mais hora. As pessoas às vezes chegavam na hora do almoço, na hora da janta, final de semana, domingo. Não tinha mais espaço. Às vezes, o Tiago e a Gabriela eram pequenos ainda, eu estava dando comida para eles e as pessoas chegavam. Quando eu voltava, eles já tinham virado a comida, eles já tinham brigado, eles já tinham brincado, já tinham feito tudo. [risos] O meu prato, que eu tinha servido, já estava frio. [...] Chegou uma hora que eu falei "não". Eu fui sentindo falta também... Essa coisa de ficar trabalhando bastante e sozinha. Eu queria uma coisa mais junto com as pessoas. Eu pensava: "Que legal se nós tivéssemos muitas trabalhando junto". Daí foi quando nós começamos toda a história da cooperativa.

Em 1992, pouco depois de coser suas primeiras peças, ela se juntou aos trabalhos do Orçamento Participativo na Vila:

Eu acho que eu fiquei meio ano tentando me reencontrar. Daí eu vi que eu senti falta de atuar em alguma coisa, não era possível continuar assim. Eu ia ficar com os dois filhos e costurar? Tinha que ter alguma coisa a mais. Aí eu comecei a participar do OP, foi a primeira coisa que eu comecei a fazer. Foi um pouco por acaso. Fui coincidentemente numa Assembleia que teve aqui na Vila e me elegeram como delegada. Aliás foi um grande azar que deu, porque a Assembleia estava sendo coordenada pela Associação, que era um horror aqui. No dia, quem veio ajudar a coordenar a Assembleia, disse assim: "Aquela que está ali no fundo" – porque eu tinha feito uma intervenção – "quem sabe tu não pode ser delegada, né?". Depois a presidente da Associação chegou para ele e disse: "Puxa, o que que tu foi fazer, hein?! Botar ela...". Porque depois deslanchou todo o trabalho que teve.

Nelsa *reencontrou-se* nos espaços do Orçamento Participativo. Reencontrou ali, junto de seus vizinhos, outro sentido para sua veia militante. Com eles, passou a se dedicar ao cuidado com os espaços comuns da Vila, à luta por melhorias nas condições de vida ali, exercendo política dentro do que ela chama de "movimento popular". Como já sabemos, foi ali que, anos mais tarde, em 1996, nasceu a ideia da cooperativa, quando reconheceu, em suas vizinhas, colegas costureiras. E nelas, necessidades e anseios semelhantes aos que a ocupavam naquela época.

O processo de transição entre o trabalho autônomo e o cooperativo

Assim como Isaurina, Nelsa revela que também viveu um importante período de transição, no caso, entre as condições de costureira autônoma e de cooperada. Durante pelo menos um ano, essas realidades conviveram justapostas, ainda que em níveis diferentes, de modo que ela – como outras – pôde promover um paulatino rearranjo do seu cotidiano em face da perspectiva, cada vez mais fundamentada, de trabalhar exclusivamente pela Univens:

Quando a gente começou [a cooperativa] *não foi um baque, sabe? "Agora largamos tudo fora e vamos tocar". Não. Cada uma de nós ficou na atividade que estava. Eu continuei ainda costurando, porque não tinha trabalho... Eu fui indo aos pouquinhos. Então foi uma coisa que veio vindo aos poucos, eu fui largando conforme a gente foi evoluindo.*

As afirmações de Nelsa e de Isaurina permitem pensar que o processo de construção da cooperativa e suas consequentes repercussões ocorreram acompanhando o ritmo dos movimentos das cooperadas frente às circunstâncias mutantes do contexto em que vivem, nesses oito anos de constantes reposicionamentos diante da nova forma de experimentar o trabalho e a vida cotidiana.

A análise de Nelsa sobre sua história de trabalho e de militância

A certa altura da entrevista, pergunto a Nelsa quais foram, na sua opinião, as principais dificuldades e os principais aprendizados de sua trajetória de trabalho. E ela fez muito mais do que apontar essas questões de modo sistemático: falou apoiada em longos processos de reflexão. Desse modo, como podemos ler a seguir, ela ratifica suas escolhas pretéritas e ressalta a importância da sua caminhada para o alcance dos resultados atuais vividos no coletivo da cooperativa.

> *Tem horas que eu fico assim, dando uma retomada na vida e pensando. Parece que é como se eu tivesse que ter vivido vários momentos para hoje poder chegar onde a gente está, sabe? Porque, quando eu fico pensando na cooperativa, nas transações, nas coisas que a gente tem, é como se, pelo menos o que eu pude viver antes disso, me ajudasse a ter uma segurança muito grande, muito forte, de estar acreditando.*

Em seguida, Nelsa tece uma análise surpreendente ao colocar, lado a lado, as conjunturas socioeconômicas e a atuação dos movimentos sociais em dois momentos da realidade brasileira, a dos idos dos anos 1980 e a atual:

> *Tem coisas que mexem muito comigo. Eu acho que a gente tem que ser muito coerente com a vida. Às vezes até eu acho que me cobro demais e faço bastante autocrítica das coisas. Eu sempre dizia, e nós dizíamos, o movimento sindical dizia, quem estava nas lideranças dizia assim: "O grande problema que tem no mundo é que nós não somos donos dos meios de produção". Então a gente sempre dizia isso, a gente sempre fez discurso dizendo isso. Agora, hoje, a gente está vivendo um empreendimento, e é como se a vida tivesse dado uma virada. Se a cooperativa tivesse acontecido nos anos 80, eu acho que ela não ia ter o significado que tem hoje. Porque eu acho que nós estávamos numa outra conjuntura e não era isso que, naquele momento, estava sendo desafiado. O desafio não era esse. A gente estava num momento em que*

era preciso modificar as relações de trabalho. Se colocavam outras questões. Não sei se eu estava no ambiente errado, mas era isso. [...] Hoje não é mais tu melhorar, porque tu não tem como melhorar o que te falta, porque tu está fora [do mercado de trabalho]. *Mas também eu vejo assim, se eu não tivesse passado por tudo isso, eu tenho certeza que eu não conseguiria ter a firmeza e ter a certeza... Porque eu não consigo fazer um discurso falso, sabe? As coisas que eu coloco, do fundo do meu coração, são as coisas que eu acredito. Eu acredito nelas e tento persegui-las. [...] Eu acho que, se eu não tivesse vivido tudo isso, eu não ia ter essa tranquilidade. Talvez eu tivesse uma cabeça mais avoada, sem o pé no chão. Hoje eu sinto... Puxa! O que a gente está fazendo é uma coisa muito séria, e é uma coisa muito gostosa, sabe? Se tu voltasse de novo com aquela pergunta hoje: "O que que tu, como pessoa, gostaria de fazer que te realizaria profissionalmente?", eu te diria assim: "Olha, a coisa que mais me realiza é fazer o que eu estou fazendo". Apesar de saber que, se eu quisesse, eu poderia fazer outra coisa. Eu teria capacidade. Mas eu me sinto tão realizada no que eu estou fazendo...*

A liderança de Nelsa

Como suas companheiras, Nelsa caminhou para a construção da autogestão da Univens trazendo consigo as marcas de sua trajetória de vida e de trabalho. Já afirmamos que a singularidade de cada biografia acarreta o caráter também único das repercussões que cada pessoa sentirá da sua experiência de autogestão. No caso de Nelsa, encontraremos poucas referências ao desenvolvimento de habilidades políticas como repercussões da sua vivência enquanto cooperada, por exemplo. Agora, depois de ouvir a sua história, isso nos parece coerente, afinal, ainda adolescente, ela se viu participando de debates políticos e assumindo a frente de ações como greves e piquetes operários.

Foi ali, no chão das fábricas, nas reuniões da JOC, do sindicato ou do OP, que foram engendradas suas habilidades próprias da ação e do discurso político. Ouvir e negociar posições divergentes, falar de perto às pessoas – sozinhas ou reunidas em grandes grupos – e combater as forças desiguais dos representantes do capital, tudo isso teve como berço esses cenários. Portanto, não se pode atribuir à experiência da cooperativa a promoção de tais façanhas. Porém, devemos observar que o processo de construção da Univens se viu fortemente alimentado por esses traços de Nelsa. Ou seja, aquilo que para algumas cooperadas brilha como repercussão, para outras, tais qual Nelsa, assume o lugar das condições que possibilitaram a construção deste processo de autogestão, em companhia de outros fatores.

Sabemos que rastrear as razões e os efeitos sócio-históricos capazes de justificar uma experiência como a da cooperativa Univens é tarefa difícil, condenada ao infortúnio caso não a pautemos como um exercício de compreensão permeado de limitações. Mas essa também é uma prática de muitas cooperadas, que tentam localizar as condições que as levaram a tornar realidade desejos que outrora apareciam como delírios visionários, como a própria construção da cooperativa. Para nossa surpresa, quando fizemos tal pergunta informalmente para algumas cooperadas no início da pesquisa, o nome de Nelsa foi a principal resposta.

> *Eu não consigo entender como* [a cooperativa 'deu certo'], *se foi o conhecimento que a Nelsa já tinha, antes da cooperativa... Eu acho que isso ajudou muito.* [...] *Eu acredito que, se não tivesse esse conhecimento, de repente nós íamos estar como esses outros grupos, que começam e que não conseguem ir adiante.* [...] *Porque ela tem esse espírito de liderança. Para os grupos que vêm nos visitar ou que nós vamos visitar, eu costumava frisar para eles, que não adianta dizer que todo mundo vai pegar junto, vai pegar por igual.* (Terezinha)

Os trechos seguintes, extraídos do Diário de Campo, do início da pesquisa, tratam dessa questão, revelando a opinião de pelo menos quatro cooperadas a esse respeito:

> Julieta me diz algo que Dorinha reafirma mais tarde: *"A Nelsa participa de todas as reuniões, essa é a vida dela. Ela não vive sem, é o que ela gosta. Um vizinho um dia comentou que, caso um dia ela e o marido não tivessem uma reunião, eles convocariam os filhos para uma reunião familiar"* [risos]. Dorinha diz, repleta de admiração, que Nelsa é a grande responsável pelo sucesso da cooperativa, que a Univens é a vida dela, e que todas reconhecem isso. Vale lembrar que também Isaurina tece comentários semelhantes, que se não fosse Nelsa, com essa "cabeça dela", elas não estariam hoje ali. (Diário de Campo, 12/11/2003)

> Pergunto a Lúcia sobre a relação entre a cooperativa e as lutas na Vila. Ela considera pertinente minha questão, diz que a cooperativa se trata de uma

importante iniciativa e passa a elogiar Nelsa. Ela reconhece suas habilidades políticas e seu gosto pelo movimento popular: *"Sem ela não estaríamos aqui, assim, hoje"*. (Diário de Campo, 14/11/2003)

Depois de tomar contato com suas experiências, também nos parece justificável o destaque de Nelsa como liderança desse grupo, bem como a grande parcela de responsabilidade que conferem a ela pelos resultados alcançados coletivamente, ainda que tal conclusão possa embotar parte dos nossos desejos de não encontrar nas cooperativas autogestionárias qualquer sinal de desigualdade política, como pode ser significado o fenômeno da liderança.

O tema das lideranças assumiu no interior do movimento da Economia Solidária um lugar de destaque no debate das potencialidades e dos limites das relações de trabalho autogestionárias, principalmente no que tange à manutenção dos princípios democráticos e da participação política cotidiana dos cooperados nesse contexto, que podem encontrar impedimentos simbólicos importantes, seja pela assunção do Conselho de Administração como "o sítio" do poder político, seja pela consideração da existência de um "modo certo de falar", outra veste para o que Marilena Chauí chamou de "discurso competente" (Esteves, 2003; Holzmann, 2000; Parra, 2002). É certo que não esgotaremos aqui essa questão, tão polêmica quanto importante, que exige maiores e melhores estudos. No entanto, tampouco podemos deixar de olhar e de analisar o fenômeno da liderança de Nelsa ao estudar a experiência de autogestão da Univens e, a partir daí, contribuir para esse debate.

Se é possível afirmar que as relações de trabalho no interior da Univens sempre foram horizontais no que diz respeito à ordem dos direitos e das condições para o exercício da política, não podemos nos calar diante das manifestações das diferenças pessoais que, muitas vezes, revelam o desenvolvimento desigual de certas aptidões, como é o caso das habilidades políticas dessas cooperadas. Para Hannah Arendt, a pluralidade humana é condição básica para a aparição do discurso e da ação política[28]. Tal pluralidade encontra apoio não só na igualdade, mas também na diferença entre as pessoas:

---

[28] A partir de estudo primoroso, Hannah Arendt analisa os feitos e as contradições do mundo moderno, como a alienação do homem e a glorificação teórica do trabalho. Para isso, adota como percurso "a análise daquelas capacidades humanas gerais decorrentes da condição humana, e que são permanentes, isto é, que não podem

A pluralidade humana, condição básica da ação e do discurso, tem o duplo aspecto de igualdade e diferença. Se não fossem iguais, os homens seriam incapazes de compreender-se entre si e aos seus ancestrais, ou de fazer planos para o futuro e prever as necessidades das gerações vindouras. Se não fossem diferentes, se cada ser humano não diferisse de todos os que existiram, existem ou virão a existir, os homens não precisariam do discurso ou da ação para se fazerem entender. [...] Só o homem, porém, é capaz de exprimir essa diferença e distinguir-se; só ele é capaz de comunicar a si próprio e não apenas comunicar alguma coisa – como sede, fome, afeto, hostilidade ou medo. No homem, a alteridade, que ele tem em comum com tudo que existe, e a distinção, que ele partilha com tudo o que vive, tornam-se singularidade, e a pluralidade humana é a paradoxal pluralidade de seres singulares. (Arendet, 2000, pp. 188-189)

Entre as sociofundadoras da Univens, Nelsa tem como singularidade sua larga experiência enquanto membro de *movimentos políticos*. Mas não falamos aqui de *movimento político* como um corpo social institucionalizado à maneira de uma organização sedimentada em partido político ou em estrutura sindical. Essas formas de movimentos políticos, reconhecidas socialmente como tais, encontram apoio em outras noções e dimensões da política.

Falamos de empreendimentos coletivos quiçá mais efêmeros ou menos instituídos, porém, capazes de acolher em seu cerne atividades relativas ao que Aristóteles chamou de *bios politikos,* importante ordem da existência humana que trata do que é comum a todos, em contraposição à ordem do privado (Arendt, 2000). Participar de uma comissão que se ocupará de organizar um congresso de jovens trabalhadores pode ser um exemplo dessa espécie de movimento político, em companhia de outros tantos episódios vividos por Nelsa.

Ouvi-la narrar suas histórias de trabalho e de militância nos põe em contato com a obra de Hannah Arendt novamente. Para essa autora, a ação é a atividade humana política por excelência, em contraposição ao labor e ao trabalho, próprios

---

ser irremediavelmente perdidas enquanto não mude a própria condição humana" (Arendt, 2000, pp. 13-14). Mais adiante, ela condensa estas que vêm a ser as atividades humanas fundamentais: labor, trabalho e ação. "Trata-se de atividades fundamentais porque a cada uma delas corresponde uma das condições básicas mediante as quais a vida foi dada ao homem na Terra" (Arendt, 2000, p. 15). Para saber mais, consultar também Wagner (2002).

da manutenção da vida e da fabricação do mundo humano, respectivamente. Embora Nelsa estivesse sempre ocupada em melhorar as condições de trabalho de seus companheiros – os trabalhos que Hannah Arendt chamou de labor operário –, seus atos militantes respondiam pela atividade humana da ação, na medida em que, como dissemos, corresponde à condição humana da pluralidade, já que só poderiam ser exercidas em companhia de outros iguais, e que são exercidas diretamente entre os homens, sem que haja qualquer "mediação das coisas ou da matéria" (Arendt, 2000, p. 15).

Assemelhar os atos de militância de Nelsa à atividade humana da ação política na concepção arendtiana do termo é prática perigosa, já que essa é uma compreensão muito peculiar do que venha a ser a política e seus condicionantes. Para fazê-lo rigorosamente, teríamos de nos dedicar a uma vasta e funda discussão sobre a obra dessa autora e suas possíveis aproximações com tais fenômenos. No entanto, considerando a necessidade de inúmeras ressalvas, é possível identificar uma série de semelhanças e de pontos de comunicação entre o trabalho teórico da autora e a experiência política de Nelsa.

Para a primeira, a política exige uma esfera pública pautada no interesse pelo que é comum a todos e pelo recurso ao discurso como meio de expressão da pluralidade e da revelação das singularidades entre os homens. Além disso, ainda segundo Arendt, a ação se vê intrinsecamente ligada à condição humana do nascimento, na medida em que carrega a marca do novo e do imprevisível:

> Agir, no sentido mais geral do termo, significa tomar iniciativa, iniciar (como o indica a palavra grega archein, "começar", "ser o primeiro" e, em alguns casos, "governar"), **imprimir movimento a alguma coisa** [grifos nossos] (que é o significado do original do termo latino agere). [...] Este cunho de surpreendente imprevisibilidade é inerente a todo início e a toda origem. [...] **O novo sempre acontece à revelia da esmagadora força das leis estatísticas e de sua probabilidade** [grifos nossos] que, para fins práticos e cotidianos, equivale à certeza; assim, o novo sempre surge sob o disfarce de um milagre. (Arendt, 2000, pp. 190-191)

Como vimos, a história de Nelsa foi pautada por uma dedicação a causas e a interesses comuns, especialmente da classe trabalhadora, em detrimento dos privados, como a escolha de uma atividade profissional que lhe trouxesse maior prazer no ato da sua realização[29]. Para além de manter sua vida e a de seus familiares, preocupava-lhe não o sentido utilitário da atividade própria do trabalho, mas seu lugar político e, principalmente, a possibilidade de empreender a partir dali uma mudança, "algo novo", semelhante à noção arendtiana de ação política. Como ela mesma disse, *"eu achava que, se eu estivesse num lugar que tivesse uma boa opção de mudança, isso ia me fazer feliz"*.

Nelsa e suas companheiras, "à revelia das leis estatísticas", "ousaram sonhar com a cooperativa", como disse Terezinha, e, em uma clara inclinação ao novo, produziram história, outra característica da ação para Hannah Arendt. Essa autora também afirma que a coragem – espécie de ousadia – é uma das atitudes políticas mais elementares, necessária para sair da esfera protegida do privado, para expor a singularidade do sujeito na esfera pública, e impeli-lo a lançar sua ação no âmbito do imprevisível, próprio da política.

Apesar de desgostar de ser vista como liderança já no processo de formação da cooperativa, Nelsa é compreendida dessa forma por suas companheiras, conforme já comprovado. Porém, é fato que ela não estava sozinha na coragem de sonhar com a cooperativa naqueles tempos. Se assim fosse, se nenhum eco ela encontrasse para aquela ação, a ousadia seria vista como desatino, como ainda assim pareceu a alguns olhos distantes. Retomando Hannah Arendt:

> [...] a força do iniciador e líder reside apenas em sua iniciativa e nos riscos que assume, não na realização em si. [...] Pelo fato de que se movimenta sempre entre e em relação a outros seres atuantes, o ator nunca é simples 'agente', mas também, e ao mesmo tempo, 'paciente'. [...] Estas consequências são ilimitadas porque a ação, embora possa provir do nada, por assim dizer, atua sobre um meio no qual toda reação se converte em reação em cadeia, e todo processo é causa de novos processos. Como a ação atua sobre seres que também são capazes de agir, a reação, além de ser uma resposta, é sempre uma nova ação com poder próprio de atingir e afetar os outros. (Arendt, 2000, pp. 202-203)

---

[29] Ao falar da vida de Rosa Luxemburgo, Hannah Arendt (1999) afirma que ela estava muito ocupada com o mundo e muito pouco ocupada consigo, exemplo de que, quando se começa algo novo, por meio de uma ação política, o mundo é o que interessa, e não a pessoa. Como podemos comprovar aqui, Nelsa refere-se muito mais a temas gerais, de interesse coletivo, que a assuntos pessoais.

É Terezinha quem fala a respeito da condição ambivalente de agente e paciente de Nelsa, ou seja, da fundamental companhia que ela encontrou naquela ação inicial de fundar a cooperativa, ideia compartilhada desde o princípio com outras trabalhadoras:

> *E depois, as pessoas que estavam trabalhando com ela, firmaram tudo aquilo que ela estava dizendo: "Nós somos um grupo, nós vamos trabalhar". Ela foi e é importante, e as pessoas que estão em volta dela, se fizeram importantes também. [...] Porque não adiantava ela chegar lá e falar, e os caras acreditarem nela, se o grupo que está junto com ela não abraçar junto. (Terezinha)*

Até aqui nos dedicamos a rastrear as raízes da liderança de Nelsa junto ao grupo de cooperadas da Univens. Tais raízes se encontram deitadas no solo da sua história pessoal, onde ela desenvolveu uma franca intimidade com a prática da ação política. Essa história e suas marcas, por sua vez, possibilitaram a Nelsa conduzir o processo político de criação da cooperativa e, assim, ainda que à sua revelia, passou a receber o reconhecimento declarado de suas companheiras como líder pelo feito.

Contudo, há outro aspecto de crucial importância aqui. De nada valeria todo esse processo de fundação da cooperativa se, no decorrer dos tempos, ela perdesse legitimidade junto a seus pares. A legitimidade da liderança de Nelsa encontrou e até hoje encontra um forte ponto de apoio nos modos como ela compreende e maneja esse lugar simbólico no interior do grupo. No trecho a seguir, ela comenta o tema da liderança e explicita sua compreensão nesse tocante:

> *Quando eu estava na fábrica, o supervisor e o chefe estavam sentados na mesa ao lado da que eu estava almoçando, e os dois estavam falando em liderança. Ele disse assim: "Liderança, a pessoa nasce. Ela já é quando nasce ou ela não é". Daí pra frente eu passei a minha vida inteira me perguntando e não querendo concordar com ele. E eu não concordo com ele. Eu acho que a liderança é algo que a gente desenvolve. Desenvolve porque dá para se trabalhar com isso, construir, porque a gente não nasce com valores formados. A família pode te ajudar em algumas coisas, mas, se eu falar por mim, eu virei a minha vida do avesso pelas oportunidades que ela foi me dando. Então não são natos. Acho que alguns princípios a gente pega, mas, conforme a vida*

que você vai tendo, eles podem ser confirmados ou não. E me preocupa muito isso, sabe? O que a gente pode fazer pra de fato mudar isso? Porque, quando a gente fala em liderança, as pessoas pensam assim: "Vamos fazer um curso". [...] Ninguém pensa em outra coisa a não ser um curso. Eu acho que, na verdade, a liderança se forma na convivência do dia a dia. Se for pensar hoje, olhar pra cooperativa e pegar várias pessoas que estão lá, ver o que elas eram e o que elas são hoje, foi uma mudança que foi acontecendo. Uma transformação. Elas poderiam ter feito mil cursos que não ia ser tão importante quanto o dia a dia. **(Nelsa)**

Nelsa não nega o lugar de destaque político que ocupa no grupo de cooperadas, mas atribui a ele razões sócio-históricas, já que, na sua visão, ele se deve às "oportunidades que a vida foi lhe dando". Além de sua concepção acerca da liderança – o que por si já acarreta uma determinada maneira de relacionar-se com ela –, Nelsa trata esse fenômeno no cotidiano com cuidado e apreensão, e não transparece, em qualquer momento, orgulho ou envaidecimento. Por exemplo, é notório o seu incômodo com uma certa naturalização da sua liderança, sentimento reconhecido pelo grupo, tanto quanto seu estatuto de líder. Os depoimentos seguintes confirmam a afirmação:

Eu acho que uma cooperativa tem que ter uma pessoa que seja uma líder. Que seja uma pessoa que tenha visão, que ela tenha um conhecimento, sem um interesse próprio, com um interesse comum. [...] ***Ela*** *[Nelsa]* ***não gosta que a gente diga, mas ela tem uma certa autoridade. E as pessoas buscam aquilo ali*** *[grifos nossos].* (Isaurina)

Eu sempre pensei, em todas as coisas que a gente fizer, de não centralizar, que sempre tivesse um grupo de pessoas. [...] Às vezes isso me angustia na cooperativa, quando as coisas ficam um pouco centralizadas porque... Bah, eu me sinto tão feliz quando a gente pode contar com um grupo que toca, sabe? (Nelsa)

É curiosa a dinâmica do grupo diante desse fato micropolítico. Pudemos observar desde o início dos trabalhos da pesquisa a força da presença de Nelsa dentro dele. Ela se expressa na escuta atenta das demais cooperadas às suas palavras e às suas opiniões, nas vezes que recorrem a ela para realizar consultas sobre temas variados – meandros da produção, questões familiares e até mesmo discussões políticas mais amplas – mas, principalmente, no reconhecimento da sua dedicação exaustiva ao trabalho pela cooperativa.

Porém, também atraíram nossa atenção as inúmeras situações que Nelsa fazia exatamente o mesmo com suas companheiras, ou seja, consultava-as reiteradas vezes acerca de uma ampla gama de questões, tanto de ordem interna quanto externa à cooperativa[30]. A princípio, poderíamos compreender esse movimento como uma característica micropolítica do grupo, dedicado a conduzir suas questões ao modo de uma gestão democrática e altamente participativa. Mas trata-se, também, de um modo de trabalhar suas singularidades e, entre elas, a liderança de Nelsa.

Para Isaurina, como vimos, toda cooperativa necessita de um líder dotado de certas características, como um interesse comum – nunca particular – e determinados "conhecimentos". Sua primeira afirmação é discutível, sabemos. Trata-se de uma questão controversa, já que afirma a necessidade imperativa de líderes em empreendimentos democráticos e solidários. Em uma sociedade marcada por experiências locais de dominação e de desigualdade política, não faltam signos de autoritarismos locais, dentro e fora da égide do trabalho. Tamanha afirmação, se corrente, poderia pôr em risco as frágeis experiências de gestões francamente participativas e democráticas, além de ajudar a cristalizar no poder lideranças despóticas ou mesmo clientelistas. No entanto, se ouvirmos as vozes experientes dessas mulheres – largamente reconhecidas pelo caráter democrático e autogestionário da cooperativa que erigiram –, encontraremos afirmada a inevitabilidade da liderança, mas de uma liderança qualificada e objeto de vastas e ativas restrições.

> *Porque também tem essa, pode ter aquele que não quer se envolver muito e aquele que não está preparado e quer se envolver demais, e acaba botando ideia errada na cabeça dos outros. Então cada coisa a seu tempo. Isso é importante e a Nelsa sabe disso daí. [A liderança] é aquela dose diferente do*

---

[30] Podemos encontrar alguns exemplos a esse respeito no tratamento que Nelsa deu ao pedido de realizar a pesquisa junto ao grupo, o qual foi submetido a reuniões gerais da cooperativa, como já dissemos, mas mesmo questões menores, como onde realizaríamos uma pequena reunião, foram tema de consulta de Nelsa a pelo menos três companheiras que se encontravam ao seu lado naquele momento. Durante o cotidiano da produção, várias vezes ela relembrava um pequeno fato e colocava-o para o grupo que, trabalhando, passava a discutir uma posição a respeito. Outros exemplos podem ser colhidos ao longo deste material, em vários episódios aqui narrados, embora com outros objetivos.

sal e do açúcar que tu bota no pão [risos]. Se botar demais, fica ruim, se botar de menos, também fica ruim. (Terezinha)

Qualificar o fenômeno da liderança de uma maneira genérica, apontando aqui como deveriam ser suas características, não é nosso propósito nem tampouco consideramos prudente que se faça, afinal, nenhuma experiência é passível de reprodução. No entanto, podemos discutir a experiência da Univens a esse respeito, identificando em seu interior alguns elementos importantes, como vínhamos fazendo.

Terezinha concorda com Isaurina sobre o caráter inevitável de uma liderança, mas afirma que há uma "medida", há limites a serem estabelecidos no interior das relações do grupo. Uma das maneiras encontradas por esse grupo e por Nelsa para o estabelecimento de tais limites parece ser a dinâmica já apontada de permanente comunicação entre as partes, na qual o poder decisório cabe apenas ao coletivo. Em um exercício de suposição, caso Nelsa tivesse historicamente centralizado as tomadas de decisão, poderíamos imaginar, no mínimo, como consequência, a inexistência da legitimidade consensual que hoje ela experimenta.

Pierre Clastres (1974) estudou o fenômeno da chefia indígena ao longo do continente americano e identificou o que chamou de "um sentido da democracia e um gosto pela igualdade" na maioria das sociedades conhecidas pelos antropólogos, além de pouca ou nenhuma estratificação social. Ao conhecer Nelsa e o grupo de cooperadas da Univens, prontamente recordei a imagem do "chefe sem autoridade" de Clastres. De fato, há muita semelhança entre a chefia indígena descrita pelo antropólogo e a liderança democrática de Nelsa, ainda que tenhamos de relativizar contextos e conceitos, como o próprio entendimento de autoridade.

Segundo o antropólogo, alguns traços caracterizam o chefe indígena, além da ausência de autoridade. São eles: invejável estatuto social, boa oratória, generosidade, trabalho exaustivo e, finalmente, o papel de pacificador ou moderador das disputas ou divergências locais. O recurso à palavra ou ao discurso é, tanto para Clastres (1974) quanto para Arendt (2000), o avesso da violência e da coerção, além de, ao mesmo tempo, marcar o exercício da política.

Embora haja inúmeras diferenças entre as realidades da Univens e dessas sociedades indígenas – como a limitação da palavra apenas ao chefe, no caso da última –, ambas as situações falam de uma autoridade restrita e de uma mútua dependência política entre as partes:

> O líder não possui qualquer poder decisório; ele nunca está seguro que as suas "ordens" serão executadas; essa fragilidade permanente de um poder sempre contestado dá sua *tonalidade* ao exercício da função: o poder do chefe depende da boa vontade do grupo. (Clastres, 1974, p. 28)

Outro aspecto interessante que podemos pinçar dessa analogia trata da qualidade e da quantidade de trabalho que o chefe indígena tem de desenvolver para conservar seu posto. Este, como qualquer um, "[...] deve cultivar sua mandioca e matar sua caça. [...] Mais frequentemente, é na sua engenhosidade e no seu trabalho pessoal que o chefe se fia. De modo que, curiosamente, o líder é quem, na América do Sul, trabalha mais arduamente" (Clastres, 1974, p. 30).

Entre as cooperadas, são frequentes os comentários sobre a carga excessiva de trabalho de Nelsa, vale dizer, imposta por ela mesma, para dar conta dos compromissos assumidos junto ao grupo e dele com parceiros ou com fóruns dos quais participa. É Gladis quem afirma: *"Nelsa está muito empenhada... Pra falar a verdade, ela é que faz mais por todos".*

Ainda sobre isso, ouvimos de várias mulheres que Nelsa deveria afastar-se das atividades que realiza na seção de corte da cooperativa para se dedicar exclusivamente às outras que já exerce, como parte dos contatos institucionais e das relações comerciais da cooperativa. Porém, ela não apenas é categórica em negar qualquer possibilidade de esse fato vir a ocorrer, como também demonstra grande pesar e irritação ao ouvir sugestões desse tipo. Além disso, Nelsa lamenta o acúmulo de funções e incentiva constantemente outras cooperadas a exercê-las, como podemos observar mais uma vez pelo trecho do Diário de Campo a seguir:

> Marília comenta que outro dia acabou cedendo a um pedido insistente de Nelsa para representar o grupo em uma entrevista para um programa de TV: "Fui porque fiquei com pena dela, de dizer não. Naquele dia ninguém queria ir". E o resultado foi surpreendente: *"Falei tanto, e sem perceber! Eu não sabia que sabia tanto".* (Diário de Campo, 11/11/2003)

Há, no entanto, um aspecto que a comove muito. Em geral, as cooperadas se reconhecem como coautoras de seus atos e de suas palavras, em uma clara expressão de outra forma de manejo da liderança, desenvolvida por Nelsa, mas também por todo o grupo:

Nessas vezes que alguém de nós vai pra algum lugar, acaba sendo um orgulho pra todo mundo, sabe? [grifos nossos] *Esses dias, a Edília colocava assim: "Pra qualquer um que ligar aqui, eu vou dizer que tu foi pra Espanha, pra saberem o quanto nós somos importantes". [risos] Ela não fala "o quanto tu é importante", mas "o quanto nós somos importantes" [...] Eu persegui isso. Perseguir isso é a coisa mais importante pra mim, sabe?* [grifos nossos] *Trabalhar essa coisa coletiva pra mim é o maior desafio que tem. Maior desafio, sempre, Cris. Sempre, permanente.* (Nelsa)

Quanto à generosidade de Nelsa – apontada por Clastres como outro atributo do chefe indígena –, poderíamos elencar diversos exemplos observados nos trabalhos de campo, embora ela mesma sempre lance para o coletivo a autoria de seus feitos. As "listas de solidariedade" são um deles. Em evento realizado em São Paulo[31], Nelsa narrou um episódio em que uma das cooperadas se viu beneficiada pela reunião de recursos doados pelo grupo para auxiliá-la em um momento difícil. Da plateia, ao ouvir sua história, tivemos a nítida impressão de que se tratava de uma prática alavancada por todo o grupo. Mais tarde, em Porto Alegre, diante de um conflito ocasionado pela ausência de iniciativa semelhante, em uma situação análoga vivida por outra cooperada, soubemos que de fato se trata de uma situação corrente, porém, todas as vezes impulsionada por Nelsa. O conflito acontecera justamente porque, quando se deu a necessidade de outro auxílio coletivo, Nelsa encontrava-se fora da cidade, em viagem de trabalho pela cooperativa.

Esse episódio merece atenção, pois, se por um lado ele é capaz de exemplificar a generosidade e o cuidado de Nelsa com suas companheiras, por outro, expõe uma questão delicada, qual seja, a dependência simbólica do grupo frente à sua influência e às suas iniciativas. Talvez esse seja o maior problema ocasionado pela liderança de Nelsa, já que, em si, não parece ser uma fonte considerável de conflitos para o grupo, ao menos, até onde pudemos observar.

Depoimentos anteriores de Nelsa atestam sua preocupação diante desse fato, o que, por si, já demonstra uma maneira de encará-lo e operar com ele. Tal

---

[31] Trata-se do *Seminário Internacional de Economia Solidária: Brasil – Alemanha,* organizado pela Agência de Desenvolvimento Solidário da Central Única dos Trabalhadores (ADS–CUT) e pela Fundação Rosa Luxemburgo, ocorrido entre os dias 04 e 06 de março de 2004. Nelsa participou como palestrante da mesa da manhã de 06/03.

dependência política tampouco a envaidece e são constantes suas tentativas de combatê-la. Outra discussão se faz necessária: é a liderança de Nelsa que gera o fenômeno da dependência de que tratamos, ou esta é, em alguma medida, uma decorrência indesejada de toda liderança? Ou ainda, essa dependência de uma atitude de outrem frente a um dado problema não pode ser anterior à cooperativa e, portanto, à liderança de Nelsa? Talvez seja uma questão advinda de características sócio-históricas dessa sociedade pautada, como dissemos, por processos de reprodução da dominação.

Outros estudos precisam ser feitos para que alcancemos alguma compreensão nesse tocante, mas, até aqui, no que tange à experiência da Univens, não nos parece um entrave ocasionado pela relação entre Nelsa e suas companheiras. Pelo contrário, já que a ausência dela não imobiliza o coletivo e, em geral, estamos falando de um grupo do qual fazem parte várias pessoas que detêm a qualidade da iniciativa, ainda que em âmbitos e em escalas diferentes quando comparadas a Nelsa, que pode ser considerada uma exceção à norma nesse aspecto, como atesta sua história pessoal.

> *Se ela* [Nelsa] *estiver longe daqui, elas sabem se definir. Quer dizer, não tem problema. Quando ela foi pra Brasília, ela ficou uma semana fora.* [...] *Não ficou nada sem entregar, a gente entregou tudo direitinho, sem problema nenhum. As gurias se administraram, cortaram, entregaram, sem problema nenhum.* (Isaurina)

Ainda assim, o predomínio da presença de Nelsa no interior da cooperativa é uma questão que exige e exigirá muito trabalho micropolítico para ela e para o grupo. Porém, podemos concluir o tema da liderança afirmando que ele sempre foi abertamente considerado pelo grupo e que elas não vivenciam maiores impedimentos motivados por ele, quiçá, pela maneira como essas cooperadas, inclusive Nelsa, historicamente significaram e viveram suas relações, impossibilitando o surgimento de práticas arbitrárias no interior da cooperativa. Mas também é certo dizer que o coletivo poderia ser muito beneficiado pela emergência de outras lideranças, advento que seria vivamente celebrado por todas e, em especial, por Nelsa.

Repercussões da autogestão para Nelsa

Retomemos o tema da pesquisa. Como dissemos, a experiência da cooperativa não foi responsável pelo desenvolvimento das habilidades políticas de Nelsa, embora tenha se beneficiado delas, como ocorreu com outros elementos trazidos pelas vivências de outras integrantes do grupo.

O enraizamento nos espaços da Vila e da cidade – apontado por muitas como outro efeito da participação na Univens – tampouco é assim citado por ela. Embora se reconheça fortemente ligada a esses lugares, Nelsa afirma que a relação de apropriação é anterior e adveio da sua participação no "movimento popular" e no Orçamento Participativo. A esse respeito, supomos que as experiências de Nelsa e de Isaurina, entre outras, junto ao OP, foram levadas para dentro do espaço cotidiano da cooperativa e, ali, foram por elas incentivadas e levadas a uma contínua atualização.

Porém, se essas marcas da autogestão, tão importantes para outras cooperadas, não assumem a mesma ordem de causalidade em Nelsa, foi possível com ela identificar outras questões como filhas da autogestão que experimentou e que ainda experimenta.

O acesso da família ao trabalho e outras dimensões do enraizamento

Do ponto de vista material, a experiência de trabalho na cooperativa não significou para Nelsa um aumento considerável de renda, como ela mesma afirmou. Porém, ressaltemos que seu patamar de remuneração como costureira autônoma era mantido à custa de extensas jornadas de trabalho que invadiam as madrugadas, o que posteriormente não fio mais necessário. Os espaços físicos da família e do trabalho, para as cooperadas que trabalham na sede do grupo, viram-se materialmente separados se comparados à condição das costureiras autônomas. Esse fato talvez tenha contribuído para a diminuição da jornada de trabalho de Nelsa, aliado ao desempenho econômico crescente da Univens, o que permite às cooperadas da sede alcançar uma remuneração adequada a partir de uma jornada que, embora longa, se encontra mais limitada ao "horário comercial".

Além disso, a condição de cooperada tampouco foi responsável por aproximar Nelsa de sua casa e de sua família, outra conquista do trabalho autônomo doméstico. De imediato, a entrada para a cooperativa diminuiu o tempo de permanência dela junto de seus filhos, porém acarretou mudanças simbólicas importantes nesse aspecto, e em outros, no âmbito das suas relações familiares.

É necessário frisar que Nelsa sempre viveu um cotidiano repleto de atividades. Além daquelas concernentes ao seu próprio trabalho, encontram-se outras tantas, advindas de suas práticas militantes. Hoje, apesar da sua exaustiva dedicação à cooperativa, ela ainda encontra tempo para dar aulas de catequese na capela da Vila ou para acompanhar as reuniões de um grupo de mulheres do bairro, as quais buscam constituir uma cooperativa de reciclagem.

Com exceção da época em que trabalhou costurando em casa, o tempo de permanência de Nelsa na companhia de sua família sempre se viu restringido por seu espírito militante. São comuns, por exemplo, períodos em que todas as noites da sua semana estão ocupadas por reuniões das mais diversas, assim como as tardes do sábado e do domingo.

O marido de Nelsa é dono de uma rotina semelhante, o que exigiu do núcleo familiar o desenvolvimento de uma série de adaptações para não comprometer o convívio e a dedicação aos filhos, outra prioridade da vida do casal. Exemplo disso é a presença deles nas reuniões em que a mãe participa ou participou, desde pequenos:

> *As crianças iam para as reuniões comigo. Esse envolvimento sempre teve, da Gabriela e do Tiago. Sempre, sempre. [...] Eles também foram sempre muito legais de entender. [...] Mesmo no Orçamento. Quando eu fui conselheira do Orçamento Participativo, eu deixava o Tiago na Neli* [amiga e vizinha], *e a Gabriela estava no pré* [educação infantil], *com cinco anos. Eu saía às cinco horas, pegava a Gabriela na escola, pegávamos dois ônibus e íamos para a reunião do OP, duas vezes por semana. [...] E nós vínhamos cantando as musiquinhas da escola, formando palavras... Eu dava coisas para ela ficar fazendo durante a reunião... Todo mundo gostava dela na reunião, sabe? E ela sempre foi comigo. Às vezes eu digo para ela não ir, mas, por ela, ela iria em todas as reuniões.*

Assim, para Nelsa, a experiência de fazer parte da cooperativa não a afastou da família, pelo contrário. Afinal, as reuniões aconteciam na própria Vila, o que permitiu ainda mais a presença dos filhos ali, ou, ainda, facilitou o seu rápido retorno para casa:

Mas aí eu estava aqui, dentro da Vila, então era mais tranquilo. [...] E é assim: se eu estou falando com alguém sobre a cooperativa, ele [o filho] *pergunta: "Mãe, o que que tu está falando?". Ele quer saber. [...] As gurias [da cooperativa] também viram eles crescendo, desde pequenos. Então elas têm uma boa relação com eles. [...] Com os colegas, eles falam da cooperativa... Então é uma coisa que faz parte da vida deles.*

Conviver um pouco com Nelsa e com seus filhos foi uma experiência marcante. Hoje adolescentes, impressionam pela maneira fluida e ao mesmo tempo sensível de interagirem com as pessoas, ainda que seja alguém que acabaram de conhecer. Além disso, ambos detêm um vivo interesse por assuntos diversos – cultura, economia, política –, manifestado por falas perspicazes nos debates que ocorrem próximo a eles. Esses traços provavelmente foram forjados na relação estabelecida com seus pais, mas também na possibilidade dada a Nelsa de levá-los para os espaços do Orçamento Participativo e da cooperativa. Diferentemente das fábricas capitalistas, nesses lugares, os filhos não são obrigados a viver apartados das atividades de seus pais, podendo acompanhá-los sempre que necessário, possível ou desejável.

Na verdade, os dois estamos fora [ela e o marido]. *Mas o fato, pela cooperativa, de eu estar em casa todos os dias ao meio-dia, com a Gabriela e o Tiago, dá uma segurança. Isso eu acho que é legal. Bah, a cooperativa nesse sentido... [...] Também pelo fato deles saberem que eu não estou em casa, mas eu estou ali, há duas quadras. Isso eu acho que dá segurança, sabe?*

Lembremos que Julieta também cita a possibilidade de almoçar com os filhos e de acessar mais facilmente a família como ganhos decorrentes da sua condição de cooperada. Ambos estariam estreitamente ligados a uma autonomia mais ampla, vivenciada nesse tipo de vínculo, e exercida na direção de possibilitar uma melhor conciliação entre necessidades diferentes e por vezes conflitantes, próprias dos lugares de trabalhadora, de sócia e de pessoa, como já dissemos, em referência ao trabalho de Esteves (2004).

Mas, pelo que nos indica a experiência de Nelsa, Tiago e Gabriela, as repercussões da não cisão entre família e trabalho não param na tranquilidade e na segurança de manter próximos pais e filhos.

Tanto nas reuniões do OP, quanto nas atividades da cooperativa, além de conhecerem os meandros da prática da democracia participativa, Tiago e Gabriela puderam acompanhar o constante burilar dos temas do bairro e da cidade em que moram, além de ver crescer, pouco a pouco, o lugar de trabalho da mãe e de suas companheiras. E assim eles também cresceram, ao lado de outros filhos, de outras vizinhas e companheiras de trabalho da mãe, embora, é preciso dizer, nem todos os filhos das cooperadas participem com tanta frequência das reuniões e das atividades de suas mães, característica especialmente encontrada nos filhos de Nelsa.

Fruto do Orçamento Participativo, mais tarde aprimorado pela experiência do trabalho autogestionário, essa permeabilidade entre os espaços da Vila, da família e do trabalho possibilitou, ao longo de mais de oito anos de existência, o enraizamento também dos filhos de Nelsa no lugar em que moram, e uma considerável apropriação deles frente à realidade de trabalho da mãe.

A adaptação do trabalho à pessoa: considerações a respeito da saúde das trabalhadoras

As mudanças de que tratávamos também podem ser vistas como frutos da possibilidade de se adaptar o trabalho ao trabalhador, potencial característica do vínculo autogestionário.

Uma vez gozando de autonomia para organizar as atividades, os cooperados poderão fazê-lo de forma que essas outras relações de trabalho venham servir a parte de suas necessidades. Uma delas, por exemplo, é manter a maior proximidade possível entre mães e filhos. Para isso, o grupo adotou como medidas o almoço diário em casa e o livre acesso da família ao lugar de trabalho, entre outras. Como limites, terão sempre de considerar as circunstâncias da produção e da comercialização de seus produtos ou serviços que, vale destacar, precisam atender aos padrões e às exigências do mercado, tanto quanto as empresas capitalistas (Rufino, 2003).

Uma das repercussões da vivência da autogestão apontada por Nelsa é justamente a possibilidade de exercer essa autonomia para ajustar a organização de trabalho da cooperativa às necessidades das sócias, ainda que isso encontre um sem-fim de limites e entraves. Atrelado a esse tema, ela traz um outro de extrema importância: as condições de saúde e de trabalho das cooperadas.

Apesar de se tratar de um assunto referente a todo o grupo, optamos por discuti-lo aqui, já que foi Nelsa quem o trouxe de modo mais veemente, apontando a possibilidade de problematizá-lo e de promover adaptações favoráveis à saúde das cooperadas como uma das repercussões da vivência da autogestão, ainda que esse processo esteja em pleno desenvolvimento:

> *A gente tem que repensar as novas formas de trabalho, que direitos a gente acha que são importantes de serem preservados, **que outros direitos vão ter que ser construídos por nós** [grifos nossos]. Por exemplo, a saúde hoje. Pra mim, hoje, é uma coisa fundamental. A gente tem que discutir isso na cooperativa, nós temos que fazer esse debate. [...] **A saúde no trabalho, as condições de trabalho** [grifos nossos]. O fato de às vezes a gente ficar sentada sete horas direto ou ficar em pé o dia inteiro. **Nós precisamos pensar nisso, porque isso é a nossa vida** [grifos nossos]. [...] Quando a gente fala de agregar mais valores no trabalho, não significa a gente ganhar mais, significa trabalhar menos. [...] Trabalhar menos pra gente ter uma vida melhor.*

O tema da saúde do trabalhador, no bojo da tensão capital-trabalho, base do modo de produção capitalista, tem sido objeto de inúmeros e profundos estudos no âmbito das ciências sociais, da saúde coletiva e também da psicologia social do trabalho (Lacaz, 1996, 1997; Laurell, 1985; Laurell & Noriega, 1989; Minayo-Gomez & Thedim-Costa, 1997; Sato, 1992, 1993).

No interior de relações autogestionárias de trabalho, pode-se pensar, a princípio, que não haveria maiores empecilhos para pautar a saúde dos trabalhadores que, aqui, também são sócios do empreendimento. Contudo, ainda não sendo possível encontrar muitas referências na literatura sobre o assunto, nesse campo, observamos uma baixa frequência desse tema nas reuniões dos grupos de cooperados em geral, muitas vezes justificada pela necessidade imperativa de dedicar todos os esforços para viabilizar economicamente a cooperativa, o que comumente também significa a exposição a extensas jornadas de trabalho.

De certo, não houve reuniões formais destacadas para tratar da questão da saúde e das condições de trabalho das cooperadas na Univens. Porém, elas debatem o assunto de maneira informal, no cotidiano do grupo e, assim, vêm tomando algumas decisões orientadas para a promoção de ações de saúde e bem-estar delas, na medida de suas possibilidades. A situação a seguir, relatada por Nelsa, é exemplo disso:

> *Quando nós estávamos fazendo a multimistura, para poder torrar o farelo, tinha que ficar duas pessoas mexendo numa panelinha, com uma colher. Quando nós conseguimos a máquina, não precisava mais ninguém mexer. Nós conversamos sobre isso: "Se nós estivéssemos em uma empresa capitalista, a Dona Benta e a Dona Maria iriam pra rua". Porque a máquina substituiu as duas. A gente ria, mas, ao mesmo tempo, refletia. A gente falava: "Olha que legal, **enquanto a máquina faz, a gente pode conversar, a gente pode estar mais tranquilo, não precisa estar mais naquele ritmo". Por que vai sofrer, se não precisa?** [...]* [grifos nossos] *Mas a gente só consegue olhar assim se tiver um espírito coletivo inteiramente não capitalista, porque realmente, no mundo capitalista, a primeira coisa que ele faz é eliminar a pessoa.*

Ao que tudo indica, as relações autogestionárias permitiram a assunção das condições de trabalho e da saúde das cooperadas como tema no interior do grupo e, mais do que isso, possibilitaram a tomada de decisões que vão ao encontro da promoção de um ambiente e de um processo organizativo mais saudável, o que já, em si, pode significar uma interessante repercussão da experiência da autogestão. Porém, é nítida a ideia em Nelsa e em outras cooperadas de que se trata de uma repercussão – a promoção de melhores condições de trabalho e saúde para as cooperadas – em pleno processo de desenvolvimento e que, além disso, enfrenta empecilhos para uma realização satisfatória.

Nas relações capitalistas de trabalho, sabe-se que a origem dos problemas de saúde dos trabalhadores encontra-se situada nos alicerces desse tipo de organização. Ainda assim, é possível pensar em estratégias práticas e de curto e médio prazo que visem a amenizar o sofrimento operário (Sato, 1992). Segundo Leny Sato, essas possibilidades de intervenção devem amparar-se na subjetividade e nos conhecimentos práticos dos trabalhadores:

> [...] se pressupõe que os trabalhadores têm um conhecimento sobre o trabalho que realizam e sobre a relação entre suas *condições* de trabalho e a saúde, que lhes é peculiar, já que vivem a realidade de trabalho e os problemas de saúde de modo ímpar. É desse conhecimento que deve partir a reflexão, a

problematização e a busca de estratégias de ação, visando prioritariamente à prevenção primária. (Sato, 1992, p. 108)

Uma vez organizados de modo autogestionário, os trabalhadores têm em mãos, a princípio, a possibilidade de realizar esse debate, apoiados nos aspectos apontados por Leny Sato, ou seja, no respeito à subjetividade e nos recursos advindos de seus conhecimentos práticos, aliás, muito utilizados em uma organização como a Univens, que não conta com qualquer influência por parte de gerentes ou técnicos para prescrever e normatizar os procedimentos das cooperadas.

Leny Sato também salienta que o controle sobre o trabalho é uma das condições fundamentais para alcançar um trabalho mais saudável. Esse controle, por sua vez, apoia-se nos seguintes requisitos: *familiaridade* com a prática do trabalho, poder de intervenção sobre ela e possibilidade de reconhecer o *limite subjetivo* de cada trabalhador (Sato, 1993). Como pudemos verificar, as cooperadas da Univens gozam de um considerável controle sobre o trabalho e, por conseguinte, detêm os requisitos acima apontados. Prova disso é o próprio processo de construção da cooperativa e a promoção de adaptações do trabalho às necessidades pessoais e familiares, de que falávamos.

Porém, a questão da saúde dos trabalhadores autogestionários é um problema tão sério quanto delicado. Se, por um lado, eles detêm as condições micropolíticas para problematizar o assunto, afinal, podem intervir e questionar o modo de organização de *sua* produção, de outro, encontram a manutenção de suas vidas e de suas famílias atreladas aos resultados do empreendimento de maneira ainda mais direta que o trabalhador empregado. Mesmo que a empresa capitalista viva dificuldades, ela tem com ele a responsabilidade legal de manter estável sua remuneração, em que pese o fantasma do desemprego.

Ou seja, no interior das relações autogestionárias, não está presente a tensão capital-trabalho como fonte de adoecimento e de sofrimento dos trabalhadores, o que não significa que não operem aí outras fontes de tensão, com vistas ao aumento dos níveis de produtividade e ao cumprimento de outras exigências do mercado. No caso desses trabalhadores, a fonte de tensão é exterior a eles, mas também age com vigor.

Voltando-nos novamente para a Univens e para a fala de Nelsa, vemos não apenas o quanto isso as preocupa, mas também como não há para o problema solução fácil, já que diminuir simplesmente o ritmo da produção acarretaria uma queda abrupta da renda das famílias das cooperadas, o que poderia disparar outras dificuldades e sofrimentos. Parece-nos importante frisar que o tema da saúde das cooperadas é tratado a partir do exercício do controle e da intervenção, ou seja, elas se implicam diretamente na consideração e no manejo do problema.

Se ainda não lhes foi possível fazer o debate de que fala Nelsa, elas já conseguiram trabalhar o assunto de outras maneiras, e, a partir daí, vislumbraram medidas para melhorar as condições de trabalho, como aquela citada por Nelsa, a de "agregar mais valor" aos seus produtos, não para aumentar a renda das trabalhadoras, mas para diminuir as jornadas de trabalho. Esta expressão – *agregar valor* –, tão utilizada atualmente, possui várias interpretações em potencial. O que de fato importa é o que isso significa para elas, por exemplo, desenvolver camisetas a partir do algodão orgânico e solidário e, assim, entre outras coisas, exportar os produtos com certificação dessa origem. Como resultados projetados, o grupo teria um volume da produção vendido de modo regular e a preços um pouco mais altos daqueles praticados por elas atualmente.

No bojo da possibilidade de adaptar o trabalho às necessidades dessas trabalhadoras, portanto, encontra-se a temática da saúde de tais pessoas, como discutido brevemente aqui.

Importante frisar que por saúde podemos compreender muito mais do que a simples ausência de adoecimento (Dejours, 1986). Ao problematizar a noção de saúde da OMS (Organização Mundial da Saúde), o autor apresenta a saúde, especificamente a saúde mental, não como um estado de completo bem-estar físico, mental e social, mas como "quando ter esperanças é permitido" (p. 09). Ele nos diz ainda que o trabalho caminha para a promoção da saúde quando representa "[...] um terreno privilegiado para que o trabalhador concretize suas ideias [...] quando sua organização é bastante flexível para que ele possa adaptá-la a seus desejos, às necessidades de seu corpo e às variações de seu estado de espírito" (p. 10), condições que verificamos na organização autogestionária da Univens.

Nesse sentido, como princípios necessários à saúde, podemos citar também a possibilidade que elas têm de exercer uma intervenção e um controle cotidiano, muitas vezes tácito e invisível, sobre os miúdos da produção, fenômeno também encontrado nos trabalhadores das empresas capitalistas, mas, em geral, de modo velado (Sato, 1997).

No caso das cooperativas – e em especial uma cooperativa de costureiras –, poucos limites encontram os trabalhadores para operar pequenas transformações e adaptações no ambiente pessoal de trabalho, aliás, muitas vezes essas descobertas são rapidamente socializadas e postas à disposição de todo o grupo (Esteves, 2004). Esse fato, muito observado entre as cooperadas da Univens, talvez ajude a justificar as pouquíssimas referências que elas fazem a problemas de saúde oriundos do trabalho, exceto o cansaço, fruto das extensas jornadas de trabalho.

Pertencimento ao grupo: apropriação e solidariedade

Assim como Isaurina e Julieta, Nelsa identifica o pertencimento ao grupo como uma importante condição e repercussão propiciada pela experiência da autogestão. Porém, como dissemos ao apresentar a proposta deste capítulo, cada pessoa atribui um sentido próprio para o mesmo fenômeno, ao articulá-lo de modos distintos às suas concepções e às experiências passadas e presentes, o que revela o caráter social e por vezes singular de todo processo de significação, aqui no caso, da experiência da autogestão. Isaurina, por exemplo, associou a condição de pertencimento ao grupo com a interdependência entre os membros da cooperativa. Julieta, por sua vez, acrescentou a essa interdependência a apropriação coletiva, ou seja, a ideia de pertencer a um todo que em um só tempo também lhes pertence.

Nelsa salienta ainda a apropriação coletiva como uma faceta importante do mesmo processo, tomando o cuidado de sublinhar fortemente o seu sentido "coletivo", como podemos verificar a seguir, na curiosa comparação traçada por ela:

> *Tu vê, a gente vai numa loja comprar alguma coisa, a moça do balcão te atende e diz assim: "Eu tenho isso, eu tenho aquilo". Ela não tem nada, mas ela fala como sendo dela, e não é nada dela. E lá, que é tudo nosso, a gente faz questão de que não se diga que "é meu", e sim "é nosso"! [...] Nós até poderíamos dizer "eu tenho", porque é uma parte de cada uma, mas não.*

Nesta outra fala, Nelsa assemelha o grupo de cooperadas da Univens a um grupo familiar, ao ressaltar a possibilidade de reconhecer "um todo que os une":

*A Univens é uma grande família. Uma grande família onde cada um tem a sua particularidade, cada pessoa assume ela de um jeito diferente e cada uma tem um papel diferente. Ao mesmo tempo, tem uma solidariedade manifestada e às vezes não manifestada, mas que está dentro de cada uma das pessoas que fazem parte. Vamos supor, **se hoje acontecesse alguma coisa que precisasse de todo mundo, tenho certeza que todo mundo estaria lá. É isso que me dá um sentimento de família** [grifos nossos]. Como se fosse uma família de vários irmãos em que cada um é diferente, mas que* **a gente consegue ver qual é o todo que nos une** [grifos nossos].

Essa metáfora, também muito usada por cooperadores de uma maneira geral, além de fazer referência a um sentimento de pertença, fala de um compromisso de ajuda mútua, calcado em um vínculo de irmandade, próprio de relações horizontais entre diferentes, aspecto também salientado por ela. Pode-se pensar, portanto, que o compromisso tácito de ajuda mútua dessa *irmandade* é mais uma expressão latente da solidariedade, que transcende a dimensão da cooperação econômica, mas passa pela percepção da mútua dependência, inclusive nesse aspecto, e pelo reconhecimento da condição de igualdade entre os membros.

Segurança do direito ao trabalho: possibilidade de intervenção e autonomia

Muitas cooperadas indicaram como uma das principais repercussões da experiência da autogestão a segurança de ter o direito ao trabalho, ou seja, de poder encontrar preservadas na cooperativa as condições necessárias para a garantia da manutenção da própria vida e da de seus familiares, dia após dia. Isso significa, entre outros fatores, e apenas do ponto de vista mais evidente, ver-se livre do risco do desemprego e dos malefícios dos vínculos precários e instáveis de trabalho. Ou, ainda, garantir uma renda estável no momento em que o companheiro não o possa fazer, em geral, porque se encontra exposto a essas condições, tão comuns nas circunstâncias atuais (aliás, essa situação infelizmente foi vivenciada por algumas famílias de cooperadas do grupo).

Nelsa também faz referência à conquista da autogestão do grupo, como podemos ver a seguir:

*Às vezes o movimento popular não vai bem, ou qualquer outra coisa não vai bem. [...] **Mas ir para a cooperativa é algo seguro, tocar a cooperativa é algo*** *seguro. Eu consigo ver o amanhã, sabe?* [grifos nossos] *É tu sentir que tem retorno, por mais que às vezes a gente tenha questões. [...] Mas tu tem certeza que aquilo não vai desmoronar. Eu tenho certeza! Mesmo quando a gente faz avaliações de que têm coisas que não estão legais.*

Contudo, é importante frisar que essa segurança é fruto da experiência de autogestão da cooperativa, ou melhor, daquelas cujo desempenho econômico foi e é capaz de gerar a estabilidade de renda de que falamos, e, também, daquelas cuja organização micropolítica é capaz de fornecer a cada cooperado as condições psicossociais de permanência no grupo. Por exemplo, pouco valeria a estabilidade econômica do empreendimento se o cooperado vivenciasse diariamente conflitos micropolíticos graves, os quais questionassem ou o fizessem questionar a viabilidade de manter um vínculo estável com esse coletivo.

Mas os desdobramentos dessa repercussão da experiência da Univens não param por aí. Abaixo, Nelsa fala do forte sentimento de permanência da cooperativa que construíram, outra amostra da garantia do direito ao trabalho e da manutenção das conquistas realizadas pelo grupo:

Ter um trabalho assim é tão bom... Isso a gente discute muito na cooperativa. "É tão bom poder pensar que a gente está nessa cooperativa, que nós montamos, e que você vai poder ficar aqui até quando você quiser". [...] **Você ter isso, de poder olhar pro amanhã e saber que ele depende de você** [grifos nossos]. *Por isso que o que você faz tem que ser feito com qualidade, porque você tem um compromisso com os outros. Então, na verdade, além da relação entre nós, que é importante, ela também passa pelo produto que se faz, porque ele está construindo o amanhã da gente. É a comida que cada um tem, que pra muitas é a única fonte de renda, é a escola que consegue dar, é a roupa que consegue vestir... Entender isso é importante. Pensar que você vai ter 65, setenta anos, e você pode continuar na cooperativa, se você quiser. Assim como se você quiser sair,* **a cooperativa que você ajudou a construir até aqui, vai continuar existindo, e isso é um sentimento tão importante!** [grifos nossos] *É isso, sabe? Por isso que eu consigo olhar e ter essa força: "Vamos tocar isso, vamos tocar".* **Porque você tem um porto seguro** [grifos nossos].

A segurança do direito ao trabalho é atrelada por Nelsa à possibilidade de intervenção nos caminhos e nos destinos da cooperativa – própria da autogestão –, o que, por sua vez, fortalece nas cooperadas o sentimento de autonomia, no sentido da não dependência de terceiros alheios ao grupo.

Sentir que o futuro depende delas e das circunstâncias, mas não de outrem, é a expressão resultante da posse dos meios de produção que, na cooperativa, pertencem às trabalhadoras. É dessa forma que a segurança do direito ao trabalho se instala, permitindo-lhes alçar outros voos, uma vez que se encontram libertas do risco da exposição às necessidades mais vitais. Entretanto, o que nos cabe grifar aqui é a outra relação de dependência que se estabelece e é apontada por Nelsa. Se o grupo de cooperadas não depende de um patrão, elas veem o seu futuro atrelado à venda dos produtos da cooperativa, e, assim, à qualidade do trabalho que realizam. Mas, nessa outra ordem de dependência, sentem uma maior possibilidade de intervenção, ainda que limitadas pelas dificuldades advindas das circunstâncias do mercado, às quais o empregador também estaria exposto.

Principal repercussão: possibilidade de mudar a realidade em que se vive

Nos trechos a seguir, Nelsa deixa explícita qual foi, para ela, a maior repercussão da vivência da autogestão na Univens: a crença na possibilidade de sonhar com transformações e de fato conquistá-las, a partir da intervenção no entorno em que se vive e, muitas vezes, transcendendo esses limites locais. Interessante notar que ela estende essa crença, forjada na experiência do grupo da cooperativa, a todos, o que a faz vislumbrar a construção de uma outra sociedade promovida no futuro por outros sujeitos sociais como elas.

Nesse primeiro trecho, ela aborda tal questão ao focar a relação entre a Vila e a cooperativa. A partir do processo de mútua influência entre estes sítios tão fortemente imbricados, Nelsa observa o surgimento de outras iniciativas no bairro, as quais aparecem como verdadeiras reverberações das experiências de cooperação e de autogestão vividas pelas cooperadas da Univens, afinal, segundo ela nos diz, "a cooperativa abriu as portas":

> *O que mais me motiva é que isso [a relação entre a Vila e a cooperativa] podia ser uma roda, sabe? Se a gente conseguisse ir tocando e movimentando em torno, criando outras iniciativas... [...] Essa roda está acontecendo, mas podia girar mais. [...] E tem tudo, Cris. Tem tudo pra tocar.* **Hoje tem as portas**

*abertas pra isso, nós fomos construindo. Foi a cooperativa que abriu essas portas [grifos nossos]. E também, ao mesmo tempo, me dá muito orgulho ver que tem isso e que também tem essa possibilidade a nível nacional, sabe? Isso me dá uma alegria tão grande... [...] **Esse sonho aqui**... [grifos nossos] Acho que é muito importante essa fase que a gente está vivendo, de ter uma sede própria, da gente conseguir viabilizar, porque a gente vai estar firmando o projeto de vez. [...] **A gente está dizendo que é realmente possível, sem interferência de nada, a gente tocar** [grifos nossos].*

Outras cooperadas falam que a cooperativa lhes abriu a possibilidade de "sonhar". Elas o fazem ao expor projetos audaciosos de transformação social com muito entusiasmo, sem recatos. O que devemos enfatizar aqui é o fato de Nelsa atribuir a esse fenômeno a marca da principal repercussão da sua experiência de autogestão. Isso nos parece justificável ao olharmos novamente sua trajetória pessoal.

Como vimos ao longo de sua história de trabalho e militância, Nelsa faz um uso ostensivo do verbo tocar: *"temos que tocar"*, *"vamos tocar"*, e, com a experiência da cooperativa, *"é possível tocar"*. Ao que nos parece, tocar refere-se a uma ação de impingir movimento a algo de maneira a cumprir um objetivo desenhado de antemão. Ou seja, tocar pode significar "seguir em frente" com um projeto que o plural dos verbos auxiliares assinala como coletivo.

Independentemente do sentido estrito que a expressão assume para Nelsa – o que infelizmente não pudemos comprovar –, pode-se afirmar que desde a adolescência ela investe em várias possibilidades de "tocar" coletivamente projetos de mudanças na realidade em que se encontra, seja nos chãos de fábrica, seja na Vila ou na cooperativa. Ao articular suas experiências passadas com aquelas vividas na cooperativa, observamos, portanto, o quanto lhe é significativo, visto que estas últimas lhe brindaram.

Em outras palavras, foi a experiência de autogestão da cooperativa que fez firmar em Nelsa a crença na real possibilidade de transformações sociais, que, decerto, precisam começar no cotidiano, mas não necessitam de vastos recursos materiais para lograr realização:

Eu acho que um grupo de mulheres, daqui da Vila, que conseguiram tocar... Porque a cooperativa é uma empresa que tem tributos, que tem uma forma *de administrar e que, pra gente, mexe com muito dinheiro, sabe? [...] Mexe muito comigo quando eu penso: "Puxa vida, quem está controlando toda a parte financeira da cooperativa são pessoas que estudaram tão pouco!". Nesses oito anos, nunca tivemos, em nenhum momento, alguém que levantasse alguma dúvida sobre isso, que dissesse: "Gente, será que isso está sendo bem administrado?". E isso é tão caro... A gente sempre tentou trabalhar com muita seriedade. [...] Então a cooperativa pra mim o que ela mais mexeu é isso: dizer que não tem grau de instrução, nada; é poder ver essa capacidade que a gente tem de tocar... E que não tem limites, que pessoas com histórias de vida diferentes podem trabalhar juntas, podem mexer com dinheiro junto... A gente pode administrar juntas que dá, sabe? **E que essa sociedade, que a gente sempre sonhou, pode estar acontecendo em espaços menores, o que significa que num espaço maior ela também é possível.**[32] [grifos nossos] [...] ... Olhar para trás e pra tudo o que a gente conseguiu vencer, meu Deus! **Então ela mexeu mais na credibilidade na capacidade do ser humano, e de pensar que a gente não precisa de muita coisa. Os sonhos que o ser humano realiza, não são sonhos que precisem de muito dinheiro ou de muita instrução. [...] E que, por isso, o Brasil podia ser bem melhor** [grifos nossos]. Porque olha o que a gente conseguiu fazer com essas mulheres do Fome Zero*[33]*, com tão pouco dinheiro! [...] Meu Deus do céu! O quê não dava pra fazer com esse mundo, com esse país?! Tendo seriedade [...] Hoje a cooperativa, Cris... Ah, ela fica, né?*

---

[32] Em seminário realizado em São Paulo, Paul Singer questiona a existência de um "âmbito do socialismo": "Não sei quem decidiu que só se pode construir o socialismo em um determinado âmbito geográfico, por exemplo, um país. Quer dizer, ou há hegemonia no país, ou não há socialismo. [...] Essa questão de âmbito é falsamente colocada. Depois da Revolução de Outubro se achava que a Rússia era o melhor país do mundo. A URSS, que era um baita império, ainda não era suficiente; socialismo em um país só parecia absurdo, tinha que ser no mundo inteiro. Ou o socialismo vinha de algum lugar e cobria o planeta de repente, ou não era socialismo. Isso não faz sentido! O capitalismo, desde a Revolução Industrial, já faz 230 anos, ainda não é planetário. A maior parte do mundo ainda não é capitalista – está em via de se tornar, mas ainda não é. E quem põe em dúvida que existe capitalismo? Então, quero dizer a vocês que o socialismo pode ser feito em qualquer âmbito, mesmo no âmbito de uma pequena cooperativa, para não falar das maiores. Isso de que em uma certa dimensão não é socialismo não faz sentido; socialismo é um tipo de sociedade, é um tipo de relações humanas, e não só de produção, é uma sociedade igualitária, democrática e, sobretudo, fraterna" (Haddad et al., 2003, pp. 91-92)

[33] Nelsa se refere a um grupo de moradoras da Vila, organizado de modo autogestionário, com vistas a constituir uma cooperativa de reciclagem. Desde o início, ela e outras cooperadas da Univens assumiram a tarefa de acompanhar e assessorar as atividades do grupo, formado por beneficiárias do Programa Fome Zero do Governo Federal.

Por último, pedimos atenção à frase final de Nelsa. Logo depois de olhar para as conquistas do grupo e para as possibilidades de transformações mais amplas delas advindas, ela volta os olhos novamente para a cooperativa e enfatiza sua permanência. A relação entre trabalho, ação política e o que chamaremos de permanências também será tema do próximo capítulo.

Encontro da Política com o trabalho e suas repercussões

Conhecer e analisar as histórias de trabalho e as experiências de autogestão dessas quatro cooperadas resultou em tarefa árdua e ao mesmo tempo muito proveitosa. Era tanto o que surgia das vozes dessas mulheres! "Muita vida", como diz o título do livro de Nelsa.

Em vários momentos do processo, porém, essa fartura foi perturbadora. A cada releitura das entrevistas e do capítulo anterior, víamos crescer o turbilhão de fenômenos que brotava dali, e, com ele, as incontáveis possibilidades de recortá--los e relacioná-los, a partir do que aqui chamamos repercussões da autogestão. Mas, diante da necessidade de fazer escolhas, elegemos focalizar neste capítulo a dimensão política dessa experiência de autogestão.

Isaurina, Julieta, Gladis e Nelsa demonstraram que de fato a autogestão da Univens disparou diversos processos de transformação em suas vidas, em várias esferas, no âmbito do trabalho propriamente, mas também nos espaços da família, do bairro e até mesmo da cidade. Porém, também é certo que a experiência auto-gestionária se ligou a outras vivências pessoais e coletivas, compondo, para cada uma das pessoas envolvidas, uma teia de significação singular. Dessa forma, após ouvi-las, concluímos que atribuir às relações autogestionárias efeitos psicossociais homogêneos e genéricos é muito arriscado e, portanto, desaconselhável.

Isso não significa que devamos ignorar princípios gerais importantes, os quais não apenas conferem identidade à organização e ao cotidiano da cooperativa, mas também informam, todo o tempo, os processos psicossociais de influência mútua (cooperativa – outras esferas da vida social) que ocorrem na vida de cada cooperada. No caso da Univens, verificamos que a livre circulação de informações, a não separação entre trabalho administrativo e produtivo (o que também torna indistintas as tarefas intelectuais e manuais) e, do ponto de vista externo, a fusão entre trabalho econômico e político, como tão bem apontou Paul Singer[1], são aspectos de aguda importância na determinação das repercussões e dos diferentes modos de significar a experiência de autogestão.

Por outro lado, observamos que no interior de uma mesma cooperativa podem coabitar *várias experiências de autogestão*, ao menos do ponto de vista da percepção psicossocial que cada cooperado faz, a partir do lugar que ocupa nesse campo. Aliás, esse foi outro ensinamento dessas mulheres. Ainda que elas se encontrem no interior dos limites físicos e simbólicos do mesmo empreendimento, experimentam-se ali dentro cotidianos micropolíticos distintos, como ocorre entre quem trabalha em casa e na sede, ou mesmo entre quem trabalha nas seções do Corte e da Serigrafia. As diferenças entre tais cotidianos, como vimos, advêm de aspectos relacionados à maneira de organizar o trabalho, a questões micropolíticas e sociotécnicas, as quais incidem sobre os modos de perceber e interpretar o que se vive ali.

O cotidiano da equipe da serigrafia, por exemplo, se desenvolve apartado daquele vivido no piso térreo, onde convivem as atividades produtivas do corte, de parte da costura e da administração da cooperativa como um todo. Ali embaixo é também o ponto de maior contato da Univens com o mundo exterior, ou seja, é o espaço de onde as notícias saem e aonde chegam e onde boa parte das negociações institucionais cotidianas se desenrola. A atividade produtiva da serigrafia, por outro lado, é marcada por uma exigência de cooperação constante. Nenhum de seus membros conseguiria realizar sozinho o seu trabalho por muito tempo, diferente do que ocorre na prática da costura. Já a condição de quem trabalha em casa é completamente distinta do ponto de vista micropolítico quando comparada a todos os cooperados alocados na sede. Devido a necessidades incontestáveis, na maioria dos casos, essas pessoas se encontram apartadas de boa parte da vida política da cooperativa e têm com ela uma relação inevitavelmente mais distanciada, apesar de reconhecerem a importância dela em suas vidas. Ou seja, trata-se de lugares materiais e simbólicos diferentes, esses ilustrados aqui, e que, portanto,

---

[1] Comunicação pessoal por ocasião do Exame de Qualificação (22/11/2004).

desenham experiências de autogestão diversas entre si, com efeitos e alcances também singulares.

De volta à querência[2]: a experiência política no OP como fonte simbólica

Poderíamos prosseguir na análise da realidade atual das cooperadas da Univens, com todo seu arcabouço de feitos e peculiaridades. No entanto, se desejamos tecer alguns arremates sobre o tema desta pesquisa e a experiência dessas mulheres, parece-nos primordial seguir o desenho dos fios da história do grupo, além de colher, em suas bases, alguns elementos que alicerçam boa parte dos aspectos apresentados como conclusões deste livro.

Em nossos objetivos iniciais, imaginávamos focalizar a construção e as repercussões psicossociais da experiência de trabalho autogestionário do grupo. Mas, já nos primeiros encontros, elas conduziram nosso olhar para fora dos limites da cooperativa, ou melhor, para as relações que travavam com os espaços da Vila e da cidade. Ainda que não compreendêssemos, naquele momento, os motivos que embasavam essas atitudes, as cooperadas pareciam apontar, por meio daqueles indícios tratados no capítulo III, que deveríamos considerar com atenção os processos passados e presentes vividos por elas nesses lugares, a fim de cumprir a contento nossos objetivos.

Se tanto sublinhamos o caráter singular das repercussões dessa autogestão para a vida das cooperadas, é preciso afirmar que ela tem como *fonte* – tanto no sentido de origem quanto de constante renovação – justamente aquilo que lhes foi ou lhes é comum. Ou seja, trata-se de uma experiência coletiva por excelência, baseada na partilha de uma condição social comum a todas elas.

Em meados dos anos 1990, as futuras sociofundadoras da Univens tinham em comum as ausências e as precariedades da Vila. Um bairro a meio construir, com

---

[2] Utilizamos aqui o significado que essa palavra assume na cultura popular gaúcha: "lugar onde alguém nasceu, se criou e se acostumou a viver, e ao qual procura voltar quando dele se afasta" (Nunes & Nunes, s.d.. Dicionário de Regionalismo do Rio Grande do Sul.) Base disponível na Internet: http://www.ufpel.edu. br [20 de março de 2005].

suas ruas escuras, sem nome e sem pavimento, por onde corria a céu aberto o esgoto insalubre. Compartilhavam também a mesma desolação quando olhavam para o posto de saúde fechado, para as práticas clientelistas da Associação de Moradores ou para a falta de perspectivas de emprego e renda para si ou para seus maridos, vítimas do crescente desemprego.

A imagem infelizmente se assemelha com a de outros bairros pobres das periferias das grandes cidades brasileiras. José Moura Gonçalves Filho descreve e analisa belamente essa triste realidade:

> A visão dos bairros pobres parece, às vezes, ainda mais impiedosa do que a visão de ambientes arruinados: não são bairros que o tempo veio corroer ou as guerras vieram abalar, são bairros que mal puderam nascer para o tempo e para a história. Um bairro proletário não é feito de ruínas. **Ocorre que ali o trabalho humano sobre a natureza e sobre a cidade parece interceptado. [...]** [grifos nossos] Os meios, os recursos, sobre os quais o homo faber investe seu poder inventivo, foram perdidos ou nunca foram alcançados [...]. (Gonçalves Filho, 1998, p. 16)

Se por muito tempo era essa também a visão que se podia ter da Vila Nossa Senhora Aparecida, sabemos que ocorreu ali um profundo processo de transformação dos espaços físico e político, capaz de promover a reunião dos moradores e o encontro destes com os meios e com os recursos necessários para a construção material e simbólica do bairro[3]. Ou seja, ao olharmos para a história do grupo de cooperadas da Univens, partimos de uma realidade bastante comum a muitos cidadãos brasileiros, mas, também, de um processo de transformação bastante incomum, pouco provável ou previsível.

Para Hannah Arendt (1972), sempre que uma ação interrompe os automatismos inerentes a todo processo, pode ser considerada um milagre:

---

[3] Isso se deve ao Orçamento Participativo. Por se tratar de política pública voltada para a aproximação da sociedade com o poder público, e ao colocar a proposta orçamentária do município como objeto de discussão e trabalho para os cidadãos (Benevides & Dutra, 2001), ele disponibiliza para essas pessoas parte dos recursos políticos e econômicos necessários para promover várias transformações no âmbito local do bairro ou da região.

> Se é verdade que ação e começo são essencialmente idênticos, segue-se que uma capacidade de realizar milagres deve ser incluída também na gama das faculdades humanas. Isso soa mais estranho do que é realmente. É da própria natureza de todo novo início o irromper no mundo como uma 'improbabilidade infinita', e é, contudo, justamente esse infinitamente improvável que constitui de fato a verdadeira trama de tudo que denominamos de real. [...] A história, em contraposição com a natureza, é repleta de eventos; aqui, o milagre do acidente e da infinita improbabilidade ocorre com tanta frequência que parece estranho até mesmo falar de milagres. Mas o motivo dessa frequência está simplesmente no fato de que os processos históricos são criados e constantemente interrompidos pela iniciativa humana, pelo *initium* que é o homem enquanto ser que age. Não é, pois, nem um pouco supersticioso, e até mesmo um aviso de realismo, procurar pelo imprevisível e pelo impredizível, estar preparado para quando vierem e esperar 'milagres' na dimensão da política. (Arendt, 1972, pp. 218-219)

Porém, é preciso rapidamente ressaltar que, do ponto de vista arendtiano, e no que tange a processos de mudanças da envergadura do que ocorrera na Vila, o caráter miraculoso das ações restringe-se a essa capacidade de contrariar as leis estatísticas. Não se trata de ações individuais do tipo heroica, afinal, toda ação transformadora precisa da companhia de outros iguais, de outras pessoas que compartilhem um determinado campo, entre outros condicionantes.

Uma questão primordial para a erupção do processo de transformação social ocorrido na Vila foi o encontro e o diálogo político que parte de seus moradores puderam travar a respeito daquela realidade compartilhada. Porém, ainda não se trata da comunicação livre e cotidiana que, de certa forma, sempre ocorre nas interações humanas. Ou seja, as carências e as precariedades do bairro e de suas famílias certamente eram temas das conversas dos vizinhos, no porta a porta diário, na capela, na fila da padaria ou nas mesas de bar.

Mais do que a pauta pura e simples dessa realidade (o que não é pouco), o que parece ter sido fundamental para o desenvolvimento das mudanças foi a assunção e a ocupação de um *espaço público* real, como o Orçamento Participativo nessa Vila[4]. É Nelsa quem afirma que "minha transição para o **espaço público** [grifos

---

[4] O Orçamento Participativo é um fato político em várias localidades do país (Dutra & Benevides, 2001). Tratamos aqui especificamente da experiência e dos efeitos do OP na Vila Nossa Senhora Aparecida, pelos

nossos] foi sobretudo a partir do Orçamento Participativo" (Gomes & Amaral, 2003, p. 22). Ele representou um fórum político para o tratamento dos assuntos da Vila, mas, principalmente, para a emergência da política em si, para o surgimento dos "milagres" de que fala Hannah Arendt.

No trecho seguinte, a autora discorre sobre a necessidade desse espaço público para a manifestação da *liberdade* que, na polis grega, em nada se assemelhava à noção liberal de *livre-arbítrio*. Naquele contexto da Antiguidade, além de ser um fato da vida cotidiana da política, representava sua verdadeira razão de ser.

> A liberdade necessitava, além da mera liberação, da companhia de outros homens que estivessem no mesmo estado, e também de um espaço público comum para encontrá-los – um mundo politicamente organizado, em outras palavras, no qual cada homem livre poderia inserir-se por palavras e feitos. (Arendt, 1972, p. 194)

Contudo, há uma questão delicada que exige análise aqui, se quisermos seguir em companhia das ideias de Hannah Arendt. Em várias obras (1972; 2000), a autora afirma que a ação política exige a liberação de seus sujeitos das necessidades da manutenção da vida, já que na esfera pública é o mundo, e não a vida, que está em jogo. No caso dos moradores da Vila e das futuras cooperadas da Univens, é óbvia a presença constante do imperativo da necessidade. Pode-se afirmar, inclusive, que foi justamente essa a força motriz que promoveu o encontro político de tais pessoas e a ocupação dos fóruns do Orçamento Participativo.

No entanto, a partir de um estudo mais detido das ideias dessa autora, podemos encontrar alguns elementos capazes de alargar as possibilidades de manejo de tal afirmação. Abraçar a experiência da *polis* pré-filosófica como modelo – considerada como "o mais loquaz dos corpos políticos" (Arendt, 2000, p. 35) – possibilitou a Hannah Arendt a construção de um referencial para a compreensão da realidade moderna (Wagner, 2002).

---

objetivos que nos colocamos para esta pesquisa. Por certo, os impactos dessa política pública devem ter sido sentidos e vividos em outros sítios de modos diversos, em função de variáveis sociopolíticas locais, o que merece ser estudado. Porém, não será nossa tarefa aqui estabelecer correlações e análises transversais nesse tocante. Para saber mais a respeito do Orçamento Participativo em Porto Alegre, consultar Gomes e Amaral (2003) e CIDADE (2003a; 2003b).

> [...] A busca empreendida por Arendt não foi realizada no sentido de recuperar o passado em si mesmo, e, sim, **as condições humanas que ali se manifestaram e que representam, por isso mesmo, um potencial** [grifos nossos] – um verdadeiro tesouro – que pode sempre vir a revelar-se, **desde que encontre espaço para isso** [grifos nossos]; a polis grega é, para Arendt, um exemplar histórico deste espaço. (Wagner, 2002, pp. 52-53)

Ao tratar da liberdade e da política como coincidentes, ou seja, "dois lados da mesma matéria" (Arendt, 1975, p. 195), a autora sublinha que os períodos em que ocorreram experiências livres de fato foram curtos na história da humanidade. Porém, segundo ela, mesmo em civilizações cuja vida política se tornou petrificada – ou interceptada, como diz Gonçalves Filho (1998) – permanece intacta a faculdade da própria liberdade, "[...] a pura capacidade de começar, que anima e inspira as atividades humanas e que constitui a fonte oculta de todas as coisas grandes e belas" (Arendt, 1972, p. 218).

Para essa autora, em tais circunstâncias, a liberdade "[...] só se desenvolve com plenitude onde a ação tiver criado seu próprio espaço concreto onde possa, por assim dizer, sair de seu esconderijo e fazer sua aparição" (Arendt, 1972, p. 218). E, uma vez constituído esse espaço para a aparição da liberdade, a autora afirma que "tudo o que acontece nesse espaço de aparecimentos é político por definição, mesmo quando não é um produto direto da ação" (Arendt, 1972, p. 201).

O espaço concreto para a expressão da faculdade humana da liberdade e da ação política para os moradores da Vila, e, dentre eles, as futuras cooperadas da Univens, foi o Orçamento Participativo, como dissemos. Portanto, mesmo considerando que foram aspectos inerentes às necessidades da manutenção da vida e da construção do mundo material que os levaram para lá, foi justamente a existência de um espaço público comum, capaz de expressar a pluralidade existente entre eles, de estabelecer o livre debate de pontos de vista distintos entre iguais, em um processo "sem mediação das coisas e da matéria" (como diz Arendt), que permitiu a erupção da política como uma experiência presente na vida dessas pessoas, além de todo o processo de transformação por que passou a Vila.

Além da melhoria das condições de vida dos moradores, a experiência do OP na Vila é de capital importância por promover o encontro dessas pessoas com a dinâmica viva da *democracia direta e participativa*, pedra fundamental na arquitetura da futura cooperativa.

Foi nas reuniões do Orçamento que as futuras cooperadas tomaram conhecimento de fenômenos como a pauta de problemas e objetivos comuns, a negociação de diferentes pontos de vista, o tecimento de propostas coletivas, o embate com as dificuldades e a necessidade decorrente de reorientar os objetivos daquele grupo, operando-os pela primeira vez. Em outras palavras, a experiência do OP serviu como continente para a construção de significados e de projetos coletivos, em um claro exercício de política.

Maria Victoria Benevides afirma que "[...] a participação nessas formas de democracia direta resulta em um processo de educação política [...]. O Orçamento Participativo, nesse sentido, é uma excelente escola de democracia" (Benevides, 2001, pp. 23-24). De fato, o aprendizado democrático é uma das marcas do OP apontadas pelas cooperadas que por ele passaram ou ainda passam, mas não são as únicas, como vimos.

Segundo as cooperadas com quem conversamos, a dinâmica democrática dos processos do Orçamento Participativo também foi responsável pelo reconhecimento e pela apropriação dos moradores do espaço em que vivem, ao possibilitar-lhes a intervenção nos destinos do bairro. Ou seja, foi possível a eles significar juntos o que é a Vila, quem faz parte dela e qual é o seu contexto sociopolítico maior, promovendo o surgimento ou o fortalecimento do que aqui chamamos *enraizamento*, a partir da noção desenvolvida por Simone Weil.

Como já dissemos, esse conceito se apoia na necessidade humana de exercer uma "[...] **participação real** [grifos nossos], ativa e natural na existência de uma coletividade que conserva vivos certos tesouros do passado e certos pressentimentos de futuro" (Weil, 2001, p. 43). Os depoimentos que ouvimos nesta pesquisa de fato indicam que a possibilidade de participar dos assuntos da Vila, na esfera política do OP, propiciou não só uma ligação maior desses moradores com o espaço, mas também com ele por meio do tempo, pelo conhecimento da sua história (passado), pela apropriação do seu cotidiano (presente) e pelo exame de suas potencialidades, ao desenharem novos projetos coletivos de intervenção ali (futuro).

Maria Benevides também salienta que o Orçamento Participativo costuma ser responsável pelo surgimento ou pelo fortalecimento dos laços de solidariedade entre as pessoas que dele participam, e vai além, retomando uma afirmação de Olívio Dutra, a qual diz que a partir daí pode surgir uma nova cultura, uma nova forma de participação e de fazer política (Benevides, 2001). Para Paulo de Salles Oliveira:

> Uma cultura solidária emerge à medida que as interações sociais se fundam numa base comum, na qual os participantes se voltam um para o outro, compondo um campo mutuamente compartilhado. Estabelece-se uma rede de influências, em que direitos e responsabilidades são construídos, acertados e cultivados por meio de práticas, costumes, crenças e autorregulamentações comuns, inspirados em bases igualitárias. (Oliveira, 2001, p. 16)

Embora o autor enfoque primordialmente a cultura solidária como uma provável decorrência de vínculos autogestionários de trabalho, suas análises não se limitam nem servem somente a esse campo. Podemos pensar que, no caso das cooperadas da Univens, a solidariedade e, em parte, uma cultura mais solidária começaram a ser fomentadas a partir das experiências por elas vividas junto ao Orçamento Participativo.

Nelsa confirma essa hipótese em seu texto, ao apontar o aumento da solidariedade entre os moradores como fruto do OP, e coloca o surgimento da cooperativa como uma decorrência dessa "nova cultura", mais solidária e política: "Tivemos que construir uma nova forma de organização como consequência desse aprendizado que vivemos com o Orçamento Participativo" (Nespolo, 2003, p. 10).

Para Benevides (2001), tanto a democracia quanto o Orçamento Participativo são processos continuados, em permanente desenvolvimento e transformação. Porém, no caso da Vila Nossa Senhora Aparecida, suas transformações não se restringiram às questões de infraestrutura urbana do bairro ou à educação política de seus sujeitos enquanto cidadãos. Os feitos do OP ali foram responsáveis por um processo de transformação dialético entre a Vila e parte de seus sujeitos, o que veio desembocar, inclusive, na constituição da cooperativa Univens.

Dessa forma, o Orçamento Participativo revelou-se um importante personagem na história da cooperativa e, consequentemente, para esta pesquisa. Caso tivéssemos como objetivo analisar as repercussões do OP, já teríamos como ricos achados aqueles aspectos apontados há pouco: o enraizamento, a solidariedade e, quiçá, o desenvolvimento de certas habilidades políticas.

Porém, o que realmente nos cabe agora é olhar para as implicações do *ingresso neste processo da égide do trabalho como tema e objeto de atividade política* por parte das futuras cooperadas da Univens. Esse fato é de primordial importância nesta pesquisa, tendo inspirado, inclusive, o seu título.

Para nossa surpresa inicial, no caso dessas trabalhadoras, a política, de cunhos democrático e participativo, convocou o trabalho como tema e inspirou a organização de um modo de produção pautado por esses princípios. Ao contrário do que em geral ocorre nas cooperativas autogestionárias, em que o surgimento de um trabalho participativo e democrático pode fazer emergir a política em meio a uma motivação inicialmente econômica (Parra, 2002), no caso da Univens, foi a experiência política do OP que colocou no centro do debate a economia e o trabalho como objeto. Nelsa demonstra tal afirmação no trecho seguinte, já citado, porém, com outro objetivo:

> Sempre participamos do Orçamento Participativo, porque o poder público tem que atender as necessidades de seus cidadãos. Qual é a maior necessidade hoje? O desemprego é gritante, mas as saídas nunca foram atribuições da administração municipal, então começamos a participar desse debate, demandando a necessidade de cursos de capacitação e empréstimo de equipamentos de trabalho. Participamos na região e na Temática de Desenvolvimento Econômico também. Foi onde encaminhamos a necessidade de um espaço que se definiu como a primeira Incubadora Popular. [...] Conforme conquistarmos as demandas de infraestrutura (saneamento e pavimentação), o desafio cada vez mais será no social, e o social está ligado cada vez mais na vida difícil das pessoas frente à falta de trabalho. O Orçamento Participativo fará este debate de forma cada vez mais aprofundada. (Nespolo, 2003, p. 09)

Com a formação da cooperativa, aquelas moradoras da Vila que participavam do OP, e as vizinhas que a elas se juntaram, passaram a viver a democracia direta e participativa tanto nos espaços do bairro quanto no ambiente de trabalho.

Hoje nos parece evidente que a cooperativa se viu inspirada em suas bases pelos princípios da experiência política do Orçamento Participativo e, a partir daí, pôde pulverizá-los e solidificar seus efeitos, como a igualdade, a democracia, o enraizamento e a solidariedade.

Hannah Arendt analisa o que ela chamou de *princípio* da ação política. Como exemplos, ela cita o medo e a desconfiança, e também o amor à igualdade. Interessante notar no trecho seguinte a ideia de que todo princípio da ação é partilhado e advém de uma inspiração exterior:

> A ação, na medida em que é livre, não se encontra nem sob a direção do intelecto, nem debaixo dos ditames da vontade – embora necessite de ambos para a execução de um objetivo qualquer –; ela brota de algo inteiramente diverso que, seguindo a famosa análise das formas de governo por Montesquieu, chamarei de um **princípio**. Princípios não operam no interior do eu como o fazem os motivos – "a minha própria perversidade" ou "meu justo equilíbrio" – mas como que inspiram do exterior, e são demasiado gerais para prescreverem metas particulares [...]... Distintamente de sua meta, o princípio de uma ação pode sempre ser repetido mais uma vez, sendo inexaurível e, diferentemente de seu motivo, a validade de um princípio é universal, não se ligando a nenhuma pessoa ou grupo em especial. (Arendt, 1972, pp. 198-199)

Repercussões da autogestão da Univens como *permanências*

Foi possível identificar alguns aspectos comuns entre as repercussões da vivência da autogestão citadas pelas cooperadas no capítulo anterior, apesar da presença das singularidades de que falamos. Discutiremos aqui esses aspectos mais gerais, ressaltando que parte deles também nasceu junto ao Orçamento Participativo. Porém, mesmo quando isso aconteceu, de alguma forma eles foram fortalecidos, ou melhor desenvolvidos com a experiência autogestionária.

O direito ao trabalho

Em maior ou menor intensidade, esta repercussão do vínculo de trabalho auto-gestionário da Univens foi citada por todas as cooperadas com quem conversamos sobre o tema desta pesquisa.

É certo que as cooperadas da Univens, como membros da classe trabalhadora dessa sociedade, dedicam-se diariamente a uma atividade econômica para lograr a sobrevivência – e nesse sentido não se encontram livres dessa preocupação –, mas o fazem impregnadas de certeza, sabem que dali poderão garantir o sustento próprio e o de suas famílias por muito tempo.

Mesmo que não afirmem com veemência absoluta que estão livres das neces-sidades próprias da manutenção da vida, ou, ainda, que poderão indefinidamente encontrar todas as condições para superá-las na cooperativa, elas se reconhecem livres da dependência de outrem, como de um capitalista, que lhes forneceria maquinário e clientes em troca de (boa) parte do valor de seu trabalho, mas que, diante de uma queda abrupta na venda de "seus" produtos, poderia não hesitar em despedi-las[5]. Se hoje elas dependem das circunstâncias mutantes do mercado, encontram-se livres para se organizar diante de suas vicissitudes e, enquanto a coo-perativa tiver fôlego para comercializar seus produtos (o que em parte depende delas), têm assegurado o direito ao trabalho.

Esse aspecto, repercussão de uma autogestão de desempenho econômico minimamente satisfatório, representa um ganho material e simbólico de suma importância para essas trabalhadoras. Do ponto de vista material, é preciso dizer pouco, pois são evidentes seus efeitos. Além da remuneração propriamente, serve como seguro para eventuais instabilidades na renda do cônjuge e possibilita o pla-nejamento de projetos familiares. Exemplo disso é o depoimento de Iracema, uma das sociofundadoras da cooperativa, hoje com 62 anos: *"A cooperativa é tudo pra mim. Eu consegui construir a minha casa e o meu trabalho"*.

---

[5] Por não utilizar os mesmos métodos de exploração do trabalho que utilizaria um capitalista – principalmente a demissão como forma de concentrar renda em uma situação de crise –, essa experiência se distancia da afirmação de Marx (1986), pela qual os trabalhadores cooperados seriam os capitalistas de si mesmos, ao menos, no interior desse regime.

"Essa segurança que tu tem... Acho que não dá nem um por cento de chance da cooperativa te mandar embora. [...] Que lugar tu vai ter isso?". Ao fazer essa pergunta, Terezinha reafirma que a segurança de ter garantido os meios de trabalho é uma conquista rara perante a realidade do mundo do trabalho atual.

Verificamos também que tal garantia se encontra atrelada a aspectos ou repercussões simbólicas dessa experiência de autogestão. Nelsa citou, por exemplo, a possibilidade de intervenção, a apropriação e a responsabilização maior frente ao processo e aos produtos feitos pelo grupo, além da autonomia de uma maneira mais ampla, como causas ou decorrências dessa *"segurança imensa"*, como diz Isaurina.

Mas o que nos parece primordial nesse tocante é que esse sentimento de segurança diante da manutenção da vida e das necessidades materiais das cooperadas permite liberá-las para a ação política em uma esfera pública.

Aliás, esse parece ser um dos aspectos mais revolucionários do cooperativismo autogestionário, deste modo socialista de produção: ele pode ser capaz de liberar os seus sujeitos para as práticas políticas. Já o modo capitalista de produção, em seu atual estágio, está constantemente ameaçando os trabalhadores com o risco do desemprego, e, por conseguinte, com a instabilidade da manutenção da vida, além de inflar a ordem das necessidades por meio do apelo crescente ao consumo.

Retomemos o diálogo com as ideias de Hannah Arendt:

> A esfera da polis, ao contrário [da esfera doméstica ou privada], era a esfera da liberdade, e se havia uma relação entre essas duas esferas era que **a vitória sobre as necessidades da vida em família constituía a condição natural para a liberdade da *polis*.** [grifos nossos] [...] O que todos os filósofos gregos tinham como certo, por mais que se opusessem à vida na polis, é que a liberdade situa-se exclusivamente na esfera política; que a necessidade é primordialmente um fenômeno pré-político, característico da organização do lar privado [...]. (Arendt, 2000, p. 40)

Além da liberação das necessidades vitais, a ação arendtiana exige uma "atividade que se exerce diretamente entre os homens, sem a mediação das coisas e da matéria" (Arendt, 2000, p. 15). Quando falamos das ações políticas do grupo de cooperadas da Univens, não nos referimos à atividade econômica da fabricação, ou seja, à prática do corte, da costura ou da serigrafia. Ainda que as cooperadas estejam embebidas em um ambiente coletivo e democrático, quando detidas nos atos da produção, de fato elas se encontram em uma relação mediada pela matéria do futuro produto, que não carece, em si, de companhia de outros. Não há, portanto, nem ação nem política aí, ao menos nos termos compreendidos pelas ideias de Arendt.

Porém, devemos acrescentar outros fatos a essa discussão. Como já foi dito, mesmo enquanto fabricam seus produtos no cotidiano da cooperativa, as cooperadas travam conversas acerca do que lhes é comum, dos temas "do mundo", como fala Hannah Arendt. E, bem ou mal, elas detêm na cooperativa um fórum político, com o poder de promover o debate pautado pelo princípio da igualdade. No entanto, esses "fatos políticos" não ocorrem em função da fabricação, mas dos vínculos político e democrático que as une, não somente entre si, mas com outros espaços sociais, como a Vila e a cidade e o próprio movimento de Economia Solidária.

Ainda que se desconsidere a dinâmica vivida no interior da cooperativa, podemos pensar que a garantia do direito ao trabalho e a identidade política desse grupo as liberam para que possam dirigir-se a outras esferas públicas como sujeitos de ação, distantes das práticas da produção e da busca da sobrevivência – ainda que atreladas a estas – como o Orçamento Participativo, os Fóruns de Economia Solidária, o Congresso da Cidade, as oficinas dos Fóruns Sociais Mundiais e tantos outros espaços a que muitas delas concorrem.

Em outras palavras, a garantia do direito ao trabalho confere a essas trabalhadoras o potencial direito de movimentar-se para o mundo comum e, ainda que momentaneamente, sair da esfera da luta pela sobrevivência cotidiana e lançar-se para a esfera da política, e, ali, ocupar-se com o livre debate de ideias e com o lançamento do novo em um horizonte futuro (Arendt, 2000).

Fabiana Jardim (2004) estudou experiências de trabalhadores desempregados em São Paulo e, por meio de um triste contraste, auxilia-nos nesta análise:

> [...] O campo trouxe à tona elementos que indicam que **o presente está sendo vivido como um enigma, privadamente. A ação** [grifos nossos], como já sublinhei diversas vezes, **parece estar fora do horizonte do possível** [...] [grifos nossos] Somente a partir das entrevistas, não parece haver espaços nos quais esteja ocorrendo qualquer tipo de invenção; como assinalei, o

presente aparece nas falas como resultado de uma piora progressiva, como um tempo-limite. (Jardim, 2004, pp. 263)

Simone Weil também trata dos malefícios da insegurança diante do desemprego, entre outras:

> A segurança é uma necessidade essencial da alma. A segurança significa que a alma não está sob o peso do medo ou do terror, exceto pelo efeito de um concurso de circunstâncias acidentais e por momentos raros e curtos. O medo ou o terror, como estados da alma duradouros, são venenos quase mortais, quer seja a possibilidade do desemprego, ou a repressão policial... ou qualquer outra desgraça que parece ultrapassar as forças humanas. (Weil, 2001, p. 35)

Por todos esses motivos, o direito ao trabalho assegurado é a primeira das *condições simbólicas para a ação política*, identificada como repercussão da experiência de trabalho autogestionário das cooperadas da Univens. Em conjunto com as demais repercussões que se seguem, encontra-se inserida na categoria que aqui chamaremos *permanência*.

Por *permanência* entendem-se determinadas condições simbólicas de vida, as quais conferem estabilidade aos movimentos humanos e durabilidade a parte de seus feitos, além de permitir, entre outras coisas, o livre deslocamento para o mundo comum, e aí, a revelação e a expressão interventiva da singularidade do sujeito, outra marca da ação, segundo Arendt (2000). Essa autora também nos auxilia nesse ponto:

> Há muito tempo se tornou evidente que os pilares das verdades também eram os pilares da ordem política, e que o mundo (em oposição às pessoas que nele habitam e se movem livremente) precisa de tais pilares para garantir a continuidade e permanência, sem as quais não pode oferecer aos homens mortais o lar relativamente seguro, relativamente imperecível de que necessitam. [...] O mundo se torna inumano, inóspito para as necessidades humanas – que são as necessidades de mortais – quando violentamente lançado num movimento onde não existe mais nenhuma espécie de permanência. (Arendt, 1999, p. 19)

Pertencimento ao grupo da cooperativa

Essa foi outra repercussão da experiência de autogestão muito mencionada pelas cooperadas da Univens, a qual, vale dizer, também representa uma condição para a realização dessas relações de trabalho. Esse aspecto já foi apresentado neste texto como uma característica psicossocial da condição de cooperado, pela qual a pessoa se sente parte e ao mesmo tempo *partícipe* do grupo que constitui a cooperativa (Esteves, 2004). Além disso, essa modalidade de *pertença simbólica* a um coletivo se apoia na relação de forte interpendência entre os membros, porém, ressalte-se, reconhecem preservadas as possibilidades de revelar seus pontos de vista, não caracterizando, portanto, uma restrição completa à autonomia política individual.

A possibilidade de se apropriar como sujeito do grupo e da cooperativa também foi citada pelas cooperadas como um ganho atrelado a esse sentimento de pertencimento. Ao sentir que "o grupo é nosso e que eu faço parte dele", a cooperada apropria-se do que ali ocorreu (história), ocorre (cotidiano) ou pode ocorrer (projeto) e, utilizando-se da primeira pessoa do plural, assume o ônus de responsabilidade pelos destinos do coletivo e exige o mesmo de suas companheiras. Aliás, essa exigência pode ser uma considerável fonte de conflitos, a depender das diferenças entre os lugares ocupados pelos cooperados no cotidiano micropolítico do grupo, as quais podem ocasionar desigualdades consideráveis no nível de apropriação e de pertencimento (como pudemos verificar no tópico que tratou dos conflitos vividos entre quem trabalha em casa e na sede da cooperativa).

É fundamental destacar que, nessas relações de trabalho, associativas e democráticas, é a filiação simbólica a uma coletividade estável e permanente, organizada com determinados fins políticos e econômicos, que serve de lastro para a garantia do direito ao trabalho. Ou seja, o sentimento de pertencer a esse coletivo é o que garante à cooperada que, enquanto as circunstâncias externas permitirem, ela terá *o direito ao trabalho assegurado por aquele grupo*.

Nesse sentido, o *pertencimento ao grupo* também pode ser compreendido como mais uma *permanência* advinda da experiência de autogestão. Ao afirmar um lugar que lhes pertence e do qual são partes, esse elemento, em companhia de outros, ajuda a compor um campo de referências estáveis para as trabalhadoras, o que lhes permite afastar-se das atividades voltadas unicamente para a sobrevivência e alcançar uma liberdade maior de movimento no mundo.

> Para um homem desapossado – aquele que não tem lugar no mundo – as necessidades tornam-se ainda mais prementes e mais importantes: transformam-se na sua única preocupação. Ao contrário de um ser naturalmente egoísta, o homem, no mundo moderno, é, para Arendt, um ser frágil diante da existência [...]. O homem é um ser frágil diante da existência porque vem para o mundo "de parte nenhuma" e desaparece "para parte nenhuma". (Wagner, 2002, pp. 198-199)

Enraizamento na Vila e no trabalho

Muito já dissemos sobre enraizamento ao falar da experiência dessas trabalhadoras, tanto no OP, quanto na cooperativa. No capítulo anterior, ele aparece citado diretamente por Isaurina e indiretamente por outras, como um importante aspecto ocasionado ou reforçado por esta autogestão.

A partir dessas experiências, foi possível a elas exercer uma "participação real e ativa" nas coletividades formadas em seus locais de moradia e de trabalho, utilizando a expressão de Simone Weil (2001). Por meio do exercício desse poder de intervenção, elas passaram a *"enxergar mais longe"*, como disse Isaurina, a engolfar em seus campos de visão a história, o cotidiano e as possibilidades de futuro desses lugares, dinâmica que, entre outras consequências, veio fortalecer os vínculos com as outras pessoas que compõem esses espaços.

Simone Weil (1996) imagina um modo de organização social capaz de religar a classe operária do seu tempo aos lugares ocupados por ela. E, nesse exercício, cita a multiplicação dos contatos entre o sujeito e o mundo como complementar ao enraizamento, fenômeno que também observamos na experiência de algumas cooperadas da Univens:

> É preciso encarar, antes de mais nada, em toda inovação política, jurídica ou técnica suscetível de repercussões sociais, uma conciliação que permita aos seres humanos reencontrarem suas raízes. Isso não significa confiná-los. Pelo contrário, em tempo algum o arejamento foi mais indispensável. O enraizamento e a multiplicação dos contatos são complementares. (Weil, 1996, p. 419)

O enraizamento na Vila, conquistado a partir do OP e reforçado pela cooperativa – inclusive como premissa estatutária –, é compreendido aqui como outro elemento de *permanência* presente na vida cotidiana dessas trabalhadoras. Atrelado ao pertencimento ao grupo da cooperativa, compõe um quadro de semicírculos que se influenciam dialeticamente: muitas das experiências e dos temas vividos pelas cooperadas no Orçamento Participativo, enquanto moradoras da Vila, são carregados para dentro da cooperativa e vice-versa. Dessa forma, a cooperada pode sentir-se sujeito de intervenção e parte de um grupo (a cooperativa) que se encontra inserido em uma coletividade, influenciando-a ativamente, que responde por parte da gestão local do bairro, o que, por outro lado, interfere nos movimentos da cooperativa.

Ainda que nem todas as cooperadas participem ativamente de todas as atividades do OP e da cooperativa, reconhecem viva a possibilidade de fazê-lo, e encontram-se cônscias do caráter deliberativo que tais espaços exercem no desenho das circunstâncias que marcam seus cotidianos como moradoras e cidadãs. Ainda nesses casos, essas pessoas também são capazes de intervir indiretamente nos fóruns, a partir das companheiras mais ativas politicamente ali, as quais, pelo que pudemos observar, assumem para si o papel de representantes em potencial das vozes de suas vizinhas e colegas de trabalho.

Outras repercussões da autogestão

A autogestão vivida cotidianamente na cooperativa possibilitou a essas trabalhadoras a construção de uma outra modalidade de trabalho e de vida social. Desse processo, ressurgem continuamente transformados *campo e sujeitos*.

No campo do trabalho, caiu parte das barreiras antigas que o apartavam dos outros espaços da vida. Ora distendidas, ora diluídas, em maior ou menor grau, todas as cooperadas identificaram significativas alterações nesses contornos. *Os espaços do trabalho, da família, da Vila e da cidade tornaram-se mais permeáveis* para elas, entre outros fatores, pela possibilidade de criar e gerir um modo de trabalho que viesse servir às suas demandas, marcadamente determinadas pela condição feminina, mas também pelo alto grau de pertença que demonstram ter pelo entorno político maior da Vila e da cidade[6].

Até mesmo as duras lidas da produção passaram a sofrer uma intervenção e um controle maior por parte das trabalhadoras que, em um processo sem-fim, parecem ir ao encontro de *uma condição mais saudável de trabalho*, ainda que para isso tenham de enfrentar diversos obstáculos, como bem apontou Nelsa.

Simone Weil (1996) também tratou das diferenças muitas vezes antagônicas entre as necessidades da produção e dos trabalhadores. Ao desenhar o seu projeto de enraizamento operário, defende métodos que conciliem ao máximo essas oposições, o que, ao que nos parece, é prática cotidiana das cooperadas da Univens:

> Uma fábrica é feita essencialmente para produzir. Os homens estão lá para ajudar as máquinas a fazer todos os dias o maior número possível de produtos bem feitos e baratos. Mas, por outro lado, **esses homens são homens; têm necessidades, aspirações a satisfazer, e que não coincidem necessariamente com as exigências da produção** [...]. [grifos nossos] A solução ideal seria uma organização do trabalho tal que cada fim de tarde saíssem ao mesmo tempo o maior número possível de produtos bem feitos e de trabalhadores felizes. [...] Mas esse método não existe [...]. Podemos aproximar-nos dessa solução procurando **métodos que conciliem ao máximo os interesses da empresa e os direitos dos trabalhadores** [...]. [grifos nossos] Uma fábrica deve ser organizada de forma que a matéria-prima que ela utiliza se transforme em produtos que não sejam nem muito raros, nem muito caros, nem defeituosos, e que, ao mesmo tempo, os homens que nela entram de manhã, não saiam diminuídos física ou moralmente à noite, ao final de um dia, de um ano ou de vinte anos. (Weil, 1996, pp. 138-139)

No que concerne de modo mais específico aos sujeitos desse processo, a gestão democrática e participativa do trabalho foi responsável pelo aprimoramento de

---

[6] Um aspecto pouco tratado neste texto, mas que merece menção, é o intenso fluxo de deslocamentos das cooperadas pelos setores produtivos da cooperativa. Por exemplo, é comum que uma alteração momentânea na rotina familiar – como a troca do horário da escola do filho – dispare uma mudança do local de trabalho da cooperada que, diante disso, passa a trabalhar em casa no decurso do semestre letivo. Ou ainda, frente a uma necessidade da cooperativa ou ao interesse de uma cooperada, uma costureira passe à mesa do corte, temporária ou definitivamente.

uma série de habilidades próprias da prática política, como "o ouvir", "o falar" e o negociar e conviver com posições conflitantes. E, uma vez mais liberadas para a ação política pela configuração das chamadas *permanências*, muitas delas se dirigiram para outros espaços públicos além da cooperativa. Sendo assim, essas habilidades continuaram a se desenvolver a partir de elementos distintos, junto a outros fóruns, a outras pessoas e a outros temas.

Dessa nova arquitetura e ocupação das terras do trabalho, e da distensão dos limites entre as esferas de que falamos, pouco a pouco algumas delas puderam estender parte das características que norteiam suas práticas autogestionárias – diálogo entre diferentes, poder de negociação e de intervenção e pertencimento a um determinado espaço – também para outras relações, como as familiares. Embora isso não tenha sido apontado pelas depoentes no capítulo anterior, tratou-se de uma importante repercussão da autogestão para algumas cooperadas, como Terezinha:

> *Pô, tu estava sempre ensinada a quê? A trabalhar. Tu vai pro serviço, pega o ônibus, volta pra casa... Aí de repente tu está ali na cooperativa, tu tem todas essas coisas de trabalho, mas tem uma reunião pra ir lá, tem uma feira pra ir aqui... [...] E chega lá, uma dá uma ideia, a outra já dá uma outra ideia... [...] Mexe tudo dentro da gente, na vida de casa [...] Quando o Jacy [marido dela] entrou na minha vida, eu já estava na cooperativa, então eu já estava naquela coisa de divisão. Essa coisa de só eu trabalhar aqui dentro de casa, não. Então se eu ia pro colégio, no caso, eu deixava um bilhetinho pra ele: "Tu dá banho no David e tu faz a janta". [...] Antes eu pensava: "Meu marido passou o dia inteiro lá fora, trabalhando pra trazer o dinheiro pra casa, porque que ele vai ter que me ajudar no serviço da casa?". E hoje eu penso de outra maneira. [...] Eu trabalhava tanto quanto ele. Mais do que ele, porque eu trabalhava pra botar o dinheiro também, trabalhava pra cuidar dos filhos, trabalhava pra cuidar dele e pra cuidar da nossa casa. Só que eu achava que era natural aquilo ali. Agora, se o meu marido chega, e eu digo pra ele fazer alguma coisa, e ele diz: "Não, eu estava trabalhando, estou cansado". Eu digo: "Não, eu também estava trabalhando, eu também estou cansada. Então por que que tu vai ter o direito de sentar no sofá, olhar televisão e tomar o chimarrão, enquanto eu estou lá no tanque lavando roupa, se nós dois estávamos trabalhando o dia inteiro?" [...] A gente aprende a barganhar. Aprende a lidar com essas situações. Pra mim, a cooperativa me deu muito disso daí, de eu me valorizar como pessoa [...] Eu não sou mais uma pessoa pra ser*

mandada [...] A gente usa isso na cooperativa e usa isso lá em casa. Tudo faz uma coisa só, é uma grandiosidade tudo isso.

Sonhar, projetar e realizar novas ações: repercussão de segundo grau

A garantia do direito ao trabalho (como configurado aqui), o pertencimento ao grupo da cooperativa e o enraizamento nos espaços da Vila e do trabalho conformam o que chamamos de *permanências*, ou seja, certas condições simbólicas da ação política, proporcionadas ou ampliadas pela experiência de autogestão das trabalhadoras da Univens.

Os achados do campo sugerem que, ao longo dos anos de existência dessa experiência autogestionária, tais condições paulatinamente possibilitaram o enlace firme e perene dessas pessoas em seus espaços, bem como em suas diferentes dimensões temporais.

O passado, representado pela história da Vila e da cooperativa, aparece nos relatos e no imaginário das cooperadas com intimidade e fluidez. Na trajetória percorrida nesses anos, elas se viram impelidas a conhecer as narrativas dos moradores do bairro e a construir entendimentos para os feitos pretéritos que herdaram e com os quais tiveram de deparar no enfrentamento das precariedades e das idiossincrasias locais. Hoje, elas já localizam nos espaços da memória muitas de suas ações, que aparecem em seus discursos como composições de autoria própria e ao mesmo tempo coletiva. Tal como o músico que é levado a falar do seu processo criativo, essas mulheres relatam as idas e vindas de suas obras políticas com a desenvoltura de quem percorreu os caminhos da angústia da criação até chegar à conquista do arranjo final. É assim que elas falam da escolha do nome de suas ruas, da confecção do estatuto da cooperativa ou da reforma do prédio da primeira incubadora popular da cidade, projeto que nasceu primeiro em seus sonhos para depois ganhar materialidade como uma das políticas públicas de geração de renda do município.

O presente, lugar do cotidiano por excelência, aparece nas palavras delas como "algo seguro" – expressão utilizada por Nelsa para falar da sensação que a acompanha nas idas diárias para a cooperativa. Como dissemos, a Univens tem garantido nos últimos anos renda estável e satisfatória para todas as cooperadas. Mas a segurança dos momentos presentes dessas trabalhadoras não provém exclusivamente dos indicadores econômicos da cooperativa. Elas circulam diariamente por terrenos conhecidos e apropriados que, em parte, foram configurados por elas.

Mas o que nos parece mais revelador, e não menos importante, é a relação que essas mulheres estabelecem atualmente com o que está *por vir*.

Desde o início dos trabalhos de campo, saltavam aos olhos o modo e a frequência com que elas utilizam as palavras "projeto", "sonho", "futuro" e variantes. Elas estão presentes nas camisetas comemorativas dos aniversários do grupo[7], no texto do folder[8], no estatuto e em outros documentos de autoria coletiva. Elas também podiam ser vistas na faixa disposta na frente do terreno[9] – onde seria erigida a sede própria da cooperativa – e também em uma outra, disposta na entrada do prédio já pronto, no dia da festa de sua inauguração[10]. Mas, principalmente, essas palavras estão presentes nas ações e nos discursos cotidianos de muitas cooperadas.

Os depoimentos que se seguem permitem demonstrar o fato e atualizar os projetos de outrora. Após um ano da coleta dessas falas, boa parte dos sonhos tornou-se realidade ou encontra-se em franco desenvolvimento, conforme demonstramos nas notas de rodapé referentes a cada um deles:

---

[7] As cooperadas da Univens mantêm uma tradição. Nos meses de maio, quando comemoram a fundação da cooperativa, realizam uma grande festa na Vila, da qual participam familiares, amigos e vizinhos. Nessas ocasiões, criam e distribuem uma camiseta comemorativa diferente, todo ano. Durante o tempo passado com elas, notamos que essas peças são muito utilizadas pelas trabalhadoras e por seus familiares.

[8] No primeiro folder da cooperativa, lê-se: "Construindo a história com a linha de nossos **sonhos**". Já o último diz: "A cooperativa Univens é a prova de que solidariedade e cidadania podem ser o caminho para a construção de uma vida com qualidade, trabalho e **futuro** digno".

[9] A faixa anunciava: "Cooperativa Univens: breve aqui, a construção de um **sonho**".

[10] **Em janeiro de 2005, aconteceu a tão esperada festa de inauguração da sede própria.** Como previam os sonhos das cooperadas, tratou-se de celebração farta e generosa, que fechou o trânsito da rua para deixar passar a banda da escola da Vila. Emocionadas, elas ofertavam a todos nós, convidados boquiabertos, largos sorrisos e diversos depoimentos sobre o processo da construção do prédio. Na entrada, a faixa alertava os visitantes: "**Outro mundo já é possível**". Estávamos em dias de Fórum Social Mundial, do qual quase todas as cooperadas participaram em pelo menos uma oficina, além daquela organizada por elas sobre "a cadeia produtiva e solidária do algodão".

*O sonho é construir nossa sede e ir para ali e ter bastante trabalho [...]. É ampliar um pouco mais, em cima de mais algumas atividades, como as das mulheres do Fome Zero[11], ou por exemplo, fazer grupos de adolescentes[12]. A intenção é que a gente possa ampliar mais e fazer uma construção de um mundo melhor, de levar mais adiante. [...] **Poder mudar a realidade da nossa sociedade. Quer dizer, são esses os sonhos e os projetos que a gente tem [...]**. [grifos nossos]. Sonhando também que a cooperativa seja um espelho da nossa vida; que a gente possa garrar e dizer: "Isso aqui foi a construção de um sonho que a gente teve – que é o que diz na frase da faixa – é um sonho que a gente conseguiu, e que hoje está aí pra quem quiser ver".* (Isaurina)

Ao liberá-las da busca incerta pela manutenção da vida, e ao ligá-las como sujeitos ativos de seus lugares de moradia e de trabalho, as permanências implicaram as cooperadas nos destinos desses espaços, permitindo-lhes tecer projetos audaciosos, como demonstrou o trecho acima. "A segurança imensa" do presente permite a elas lançarem-se ao "incerto e imprevisível", adjetivos empregados por Hannah Arendt para caracterizar os resultados da ação política.

Outro aspecto interessante é que essas trabalhadoras projetam a cooperativa em um futuro longo, demonstrando que também a veem como algo permanente, que poderá ficar à disposição de outras gerações, para os filhos delas e de seus vizinhos:

Daqui a pouco, essas pessoas que estão mais velhas vão ir se aposentando, vão parando. [...] Eu não penso na cooperativa simplesmente pra daqui há quinze, vinte anos. Eu penso que a cooperativa pode ser pros meus filhos, pode ser pros meus netos, ela pode ser pra muita gente. Ela tem muita coisa ainda pra frente pra dar. Eu não quero que ela morra nunca, quero que ela vá se frutificando cada vez mais. (Terezinha)

---

[11] Grupo autogestionário do bairro que objetiva constituir uma cooperativa de reciclagem, conforme já citamos. Acompanhado e assessorado por cooperadas da Univens desde o início, hoje está sediado em um dos módulos que foi desocupado por elas na Incubadora da Vila e já começa a fechar os seus primeiros contratos de trabalho.

[12] Projeto antigo, nascido junto com a cooperativa, foi retomado por suas principais entusiastas: Julieta, Terezinha, Isaurina e Nelsa. Preocupadas com o desemprego e com a falta de perspectivas dos jovens do bairro, queriam organizar grupos de discussão dirigidos a eles. Hoje esse projeto já começou e tem promovido várias atividades com os temas do mundo do trabalho.

De fato, parecem *"enxergar mais longe"*, como disse Isaurina anteriormente. Esse alargamento do campo de visão é proveniente de um poder de intervenção maior nos seus campos de ação, como já apontamos utilizando as ideias de Merleau-Ponty (1999) sobre esse fenômeno da percepção. A partir daí, elas também passaram a desejar e a trabalhar por projetos de mudanças em outros territórios, já distantes do acolhimento vivido no interior da Vila e da cooperativa.

> Quem dera um dia tenhamos tantas cooperativas que possamos construir uma grande rede, porque nós, trabalhadores, sabemos produzir tudo que existe nessa sociedade, e alguns nos exploram, concentram e enriquecem. Já imaginou nós administrando nossa produção de sapatos, de roupas, de comidas, de fogões? Acredito mesmo que este caminho pode nos levar ao início de uma sociedade de valores novos. Não precisamos nos digladiar em nossos fundos de quintais para sobreviver. O cooperativismo rompe com os laços do individualismo e nos faz **sonhar** de novo. [...] Hoje de fato existe a possibilidade de construirmos uma cadeia produtiva do algodão de forma toda cooperativada e também ecológica[13] [...]. **Com isso ganharíamos o mundo** [...]. [grifos nossos] Dá para vibrar muito com tudo isso, e **dá para não parar mais de sonhar, sem jamais tirar os pés do chão** [grifos nossos]. Isso motiva a levantar todos os dias e a transformar cada dia em um dia diferente, **pois conseguimos enxergar mais longe** [grifos nossos]. (Nespolo, 2003, p. 13)

É importante frisar aqui que essa repercussão de segundo grau, ou seja, repercussão das *permanências* conquistadas, está diretamente atrelada à história do grupo. Em outras palavras, a construção desse modo de organizar a vida e o trabalho provou a elas que de fato é possível projetar o novo (como Hannah Arendt (2000) chama o resultado das ações políticas) e vir a alcançá-lo:

> *Eu pensei muito, sabe? O que é isso, quando a gente fala em socialismo? O que que é? É uma sociedade onde não tenha ninguém se explorando, onde a*

---

[13] Primeiro, parte desse sonho ganhou materialidade nas sacolas do Fórum Social Mundial 2005. Convidada novamente a confeccioná-las, Univens propôs ao Fórum Estadual de Economia Solidária assumir a tarefa por meio de uma rede solidária que reuniu 35 empreendimentos de quatro estados brasileiros (SP, PR, SC e RS). Atualmente, a Cadeia Ecológica do Algodão Solidário JUSTA TRAMA é viva realidade da qual participam trabalhadores organizados solidariamente de várias regiões do país (norte, nordeste, sudeste e sul), em todos os elos da cadeia têxtil, desde a plantação do algodão até a confecção. Para saber mais, consultar: http://www.justatrama.com.br .

gente consiga ter uma vida decente, onde a gente tenha valores como pessoa, onde acima de tudo se coloque a pessoa. Puxa, se é isso, então eu entendo que o quê a gente tenta construir dentro do Cooperativismo é isso, é a vivência socialista. [...] E ter um trabalho assim é tão bom... Isso a gente discute muito na cooperativa. (Nelsa)

A crença na possibilidade de *transformar a realidade em que se vive*, repercussão apontada por Nelsa como a marca mais importante deixada por essa experiência, também é mencionada por Terezinha, cujas palavras encerram este trabalho:

*A cooperativa é assim: uma escola do prezinho até a universidade. Tem muita coisa que a gente pode aprender, não só dentro da Univens. Tem um espaço que ela vem conquistando aí fora, de **ir abrindo as portas do mundo** [grifos nossos]. Estão abertas. [...] Tu pode pegar e ir, ir conhecer tudo sobre outros empreendimentos, de outros lugares, de lugares que tu achou que nunca ia ir [...] A tua vida social, ela se altera. **Ela te dá outros horizontes** [grifos nossos], além daquilo ali, de tu estar na frente da máquina costurando.*

*A cooperativa é o nosso sonho que se transformou no sonho de um monte de gente, de achar que é **uma coisa concebível. Ela existe, é realidade** [grifos nossos]. Então elas [outras trabalhadoras] podem pensar que: "A gente pode ir atrás, porque se elas conseguiram, nós também vamos conseguir". Então é um marco, é um exemplo. E a gente tem que prestar muita atenção nesse exemplo que está dando. Tem que ter responsabilidade. [...] porque não é só mais aqui, pra nossa Vila, não é só mais aqui pra Porto Alegre. **Tu está mostrando pro mundo um conceito diferente de trabalho, de vida bem diferente** [grifos nossos]. (Terezinha)*

Considerações finais

Distantes poucos anos e muitos aprendizados do início da pesquisa, chegamos ao final deste percurso com a sensação do viajante que viu seu mapa de rotas ser pouco a pouco refeito pelo relevo que encontrou pela frente, e que, diante de suas belezas, comemorou esses imprevistos. Como dissemos, os objetivos que nos havíamos colocado foram sendo redesenhados pelo encontro com a experiência das cooperadas da Univens.

A proposta inicial de identificar as principais repercussões ocasionadas pela autogestão nas relações das cooperadas com os seus "lugares no mundo" (trabalho, família, bairro ou cidade), ao menos neste caso, revelou-se insuficiente.

Decerto, os objetivos iniciais subestimavam a riqueza e a complexidade das vivências anteriores à formação da cooperativa, as quais, de alguma forma, compõem com ela um único e contínuo tecido histórico. Em contato com a experiência de autogestão das cooperadas, identificamos os chamados "indícios" de possíveis repercussões. Porém, quanto mais convivíamos com elas e "soltávamos o corpo", mais íamos sendo conduzidos a outros sítios, para além das paredes da cooperativa e de suas casas.

Ali, nas ruas da Vila, na Capela e nas reuniões do OP, elas demonstraram-nos que parte do que a princípio reluzia como repercussão (o enraizamento e a experiência política, por exemplo) era na realidade pressuposto da cooperativa. Mas elas também mostraram que a autogestão que construíram hoje alimenta esses fenômenos ao passo que continua nutrindo-se deles. Diante de tais revelações, fomos obrigados a reposicionar os objetivos iniciais do estudo, de modo a também contemplar a compreensão dos processos históricos da Vila e da formação da cooperativa.

As escolhas metodológicas foram de fundamental importância para os achados da pesquisa. A observação etnográfica permitiu uma exposição demorada e sensível ao campo e aos movimentos cotidianos das trabalhadoras e, a partir daí, a emergência de "suspeitas" que questionaram a origem histórica daqueles indícios. Para isso, foram necessários um certo desapego a ideias anteriores sobre o que pretendíamos estudar e uma concepção de pesquisa como um *processo de negociação* entre sujeitos (Sato & Souza, 2001). As cooperadas, coautoras dessa negociação, não só assumiram essa tarefa, como exigiram que ela acontecesse diversas vezes (os recontratos), em uma clara demonstração de autonomia e desenvoltura política.

As ideias de Hannah Arendt e de Simone Weil representaram os principais apoios teóricos deste estudo. Vale frisar que se tratou de escolha posterior aos primeiros encontros com as cooperadas. Desde o início, optamos por nos dirigir a campo sem o compromisso de responder a um determinado arcabouço teórico. Apesar de conferir relativa segurança para a empreitada, temíamos que isso limitasse demais nosso olhar e embotasse, em parte, a percepção daquilo que desconhecíamos, e que seria, de certa forma, uma revelação.

Conforme tateávamos e sentíamos a necessidade de compreender o que se apresentava à nossa frente – as falas, os gestos e os feitos das trabalhadoras da Univens –, fomos buscando diálogo com aqueles autores que pudessem nos ajudar a pensar algumas interfaces entre aquilo que víamos e o que tínhamos nos proposto como tarefa. Nesse sentido, as reflexões de Hannah Arendt sobre trabalho e política, e de Simone Weil sobre trabalho e enraizamento – e de ambas sobre liberdade e necessidade – revelaram-se muito profícuas para o desenvolvimento desta pesquisa. Elas nos forneceram ricos elementos filosóficos para analisar as experiências das trabalhadoras, sem que, para fazer uso deles, tivéssemos de abdicar de parte da riqueza ou da complexidade que as caracterizam.

Aliás, se deixamos de contemplar aspectos teóricos importantes ou de ir mais a fundo naqueles em que de fato nos debruçamos, isso não se deve aos referenciais que elegemos, mas às nossas escolhas e às nossas limitações. Optamos, por exemplo, por concentrar nossos esforços em uma experiência longa e intensa com as cooperadas, em detrimento de um trabalho teórico exaustivo e rigoroso, que a condição de aprendiz nos impossibilita neste momento de realizar satisfatoriamente. Dessa forma, não abraçamos a missão de percorrer em profundidade os veios e os interstícios das teorias dessas autoras.

A companhia e o diálogo com parte de suas obras nos auxiliaram a encontrar os principais resultados deste trabalho, como a importância fundamental da emergência do espaço público do Orçamento Participativo na Vila para a promoção das condições simbólicas que deram origem à experiência de autogestão da Univens. Porém, também foi possível identificar repercussões importantes da vivência combinada dessas experiências políticas anteriores com aquelas construídas e experimentadas pelas trabalhadoras na cooperativa. Desse encontro do trabalho e da política, surgiram configuradas as chamadas *permanências*.

O *direito ao trabalho, o pertencimento ao grupo da cooperativa e o enraizamento como sujeitos na Vila e no trabalho*, representam, portanto, as principais repercussões dessas experiências. Ao compor um campo estável de referências para as trabalhadoras, capaz de garantir, ainda que em parte, os meios necessários para a manutenção da vida e do direito de exercer intervenções na Vila e no trabalho, observamos que essas *permanências* promoveram o enlace das cooperadas com esses espaços através do tempo.

Os trabalhos da pesquisa nos permitiram ver que essas trabalhadoras passaram a conhecer e a construir a história da cooperativa e do bairro (passado), a circular por esses espaços com maior apropriação e segurança (presente) e a desejar e arquitetar para eles novas ações interventivas (futuro).

As *permanências* também se revelaram condições simbólicas para a ação política na experiência dessas pessoas, por permitirem a elas, ainda que momentaneamente, o afastamento das atividades voltadas apenas para a sobrevivência e para o alcance da liberdade necessária para a prática da política em espaços comuns.

Os fenômenos observados no encontro com as cooperadas também nos possibilitaram perceber que essas *permanências* por vezes geraram uma *repercussão em segundo grau* das experiências de que tratamos: a possibilidade de sonhar, projetar e realizar ações políticas em horizontes mais amplos, para além do território da Vila.

Porém, vale dizer que cada um dos aspectos conclusivos revelados acima – como o enraizamento e a ação política das cooperadas – poderia ser tema de um estudo específico e mais aprofundado, o que, aliás, recomendamos ser feito.

Frisamos também que, ainda que todos eles sejam coerentes com a experiência que vivemos junto às cooperadas da Univens, por seu caráter amplo e genérico, impediram o comparecimento aqui de outras questões importantes trazidas à tona pela pesquisa. Falamos dos achados advindos das fartas singularidades dessas mulheres. Cada uma à sua maneira – sempre com muito esforço e sensibilidade – contribui cotidianamente para fazer e conservar viva a autogestão dessa cooperativa. Quanto mais nos aproximávamos de uma delas, podíamos notar a presença de aspectos peculiares de viver, perceber e significar a história vivida por aquele grupo.

Se tivemos de deixar de lado tamanha fortuna, chegamos ao final deste trabalho com a sensação de ter logrado, ao menos, compor um quadro inicial e geral do que se mostrou ser o processo histórico e as principais repercussões dessa autogestão para a vida de suas trabalhadoras.

Para fazer cumprir esses objetivos, no entanto, foi necessário dirigir o olhar e concentrar a dedicação ao exame de somente alguns aspectos da experiência da Univens, principalmente aqueles que dizem respeito à história dela e à forma como determinadas cooperadas a vivenciaram. Há muitos outros que sequer tratamos, como o predomínio do gênero feminino no grupo e os limites e as possibilidades dos processos da organização produtiva e micropolítica da cooperativa.

Já temas como conflitos cotidianos, liderança e a saúde das trabalhadoras foram apenas objeto de rápidas visitas e reflexões. Certamente outros estudos realizados na Univens que visem a esses objetivos podem contribuir para uma melhor compreensão desse grupo e, a partir daí, para parte das práticas desenvolvidas no cerne do movimento da Economia Solidária.

Apesar de se tratar de um estudo de caso e, portanto, de uma análise sustentada apenas por uma única experiência situada em um contexto específico, concluímos esta pesquisa chamando a atenção para uma potencialidade do Orçamento Participativo observada aqui.

A experiência de ocupação dos espaços do OP por essas moradoras indicou que essa política pública – orientada por princípios comuns à autogestão, como a igualdade e a democracia participativa – pode significar um lugar interessante para abrigar ou disparar ações voltadas para a geração de trabalho e renda.

Uma vez dispostos a se organizar em grupos autogestionários com esse fim, os cidadãos que participam do Orçamento Participativo poderiam contar com importantes pontos de partida. Os vínculos estabelecidos entre algumas moradoras da Vila Nossa Senhora Aparecida – a partir das relações de vizinhança e da participação conjunta em ações locais –, além da formação política que puderam ter nesse espaço, como vimos, foram de crucial importância para a fundação e o bom desenvolvimento da cooperativa.

Encerramos este trabalho fazendo o que procuramos fazer durante todo o percurso, ouvir as palavras das cooperadas da Univens:

> *As mulheres escreveram quais eram os sonhos delas. E os sonhos da gente são tão pequenos, são tão fáceis de conseguir [...] Os sonhos são tão possíveis da gente conquistar, que depois a gente vê: "Por que, com a nossa capacidade, não podemos conseguir?". E a grande maioria começou assim, pensando: "Se nós estivermos unidas, é possível". E olha só o que a gente fez! E podemos conseguir mais.* (Nelsa) (Gomes & Amaral, 2003, p. 64)

Posfácio – Cooperativa Univens

Compromisso da Univens.

Surgimos em uma tarde fria de maio de 1996, e em nós havia uma certeza: se organizadas e participando havíamos conseguindo mudar as condições de vida de nossa vila, conseguiríamos também criar uma forma coletiva de trabalhar e de trazer renda para nossas famílias.

Mais tarde sentimos que podíamos mais; junto a outros trabalhadores organizados de forma coletiva, teríamos um compromisso com as mudanças estruturais de nosso país, organizando outra economia, em uma forma justa de distribuição de renda.

Em outros invernos veio a Unisol, nossa entidade de representação, organizada em nível nacional.

Foi numa primavera que conseguimos criar a Justa Trama. Respeitando o meio ambiente e os princípios de justiça social, juntos, de norte a sul, teríamos uma cadeia de algodão ecológico.

É isso que somos: muitas mulheres, muitos homens, muitos sonhos, muitas esperanças. E, vivendo conquistas a cada estação, encontrando parceiros e muitos amigos que se somam a essa nossa grande família da Economia Solidária.

Estamos muito orgulhosos de partilhar com cada um um pouco de nossa história, contada desse jeito, como a Cris o faz neste livro.

Estaremos juntos na próxima estação.

Cooperativa Univens

Referências bibliográficas

Andrada, C. F. (2006). *Onde a autogestão acontece: revelações a partir do cotidiano*. Cadernos de Psicologia Social do Trabalho, 9(1), 1-14.

Antunes, R. (1999). *Os sentidos do trabalho*. São Paulo: Boitempo.

Arendt, H. (1972). *Entre o passado e o futuro*. São Paulo: Perspectiva.

_____. (1999). *Homens em tempos sombrios*. São Paulo: Companhia das Letras.

_____. (2000). *A condição humana*. Rio de Janeiro: Forense Universitária.

Azevedo, J. et al. (1998). As estratégias de sobrevivência e de busca de emprego adotadas pelos desempregados. *Cadernos de Psicologia Social do Trabalho*, 1(1), 15-42.

Benevides, M. V. (2001). Orçamento participativo e democracia direta. In O Dutra & M. V. Benevides, *Orçamento participativo e socialismo* (pp. 19-29). São Paulo: Fundação Perseu Abramo.

Biazzi Jr., F. (1994, janeiro/fevereiro). O trabalho e as organizações na perspectiva sociotécnica. *Revista de Administração de Empresas*, 34(1), 30-37.

Bosi, E. (2001). *Memória e Sociedade. Lembranças de velhos*. São Paulo: Companhia das Letras.

Cardoso de oliveira, R. (2000). *O trabalho do antropólogo*. São Paulo: Editora Unesp.

CIDADE – Centro de Assessoria e Estudos Urbanos (2003a). *Fazendo Política: perfil das conselheiras e conselheiros do Orçamento Participativo 2002/2003 – Porto Alegre*. Porto Alegre: Cidade.

CIDADE – Centro de Assessoria e Estudos Urbanos (2003b). *Quem é o público do Orçamento Participativo – 2002*. Porto Alegre: Cidade.

Clastres, P. (1974). *A Sociedade Contra o Estado: Pesquisas de Antropologia Política*. Rio de Janeiro: Francisco Alves.

Cooperativa de Costureiras Unidas Venceremos – Univens (1996). *Estatuto Social*. Porto Alegre. [digitado]

_____. (2003). *Projeto Conquistando nosso espaço*. Porto Alegre. [digitado]

Cruz-Moreira, J. R. (2003). Cooperativas populares de confecção do estado de São Paulo. In: A. R. Souza, G. C. Cunha & R. Y. Dakuzaku (Orgs.), *Uma outra economia é possível: Paul Singer e a Economia Solidária* (pp. 255-267). São Paulo: Contexto.

Cunha, G. C. (2002). *economia Solidária e políticas públicas*. São Paulo. Dissertação de Mestrado. Departamento de Ciência Política da Faculdade de Filosofia, Letras e Ciências Humanas da Universidade de São Paulo.

_____. (2003). Dimensões da luta política nas práticas de economia solidária. In A. R. Souza, G. C. Cunha & R. Y Dakuzaku (Orgs.), *Uma outra economia é possível: Paul Singer e a Economia Solidária* (pp. 45-72). São Paulo: Contexto.

Dejours, C. (1986). Por um novo conceito de saúde. *Revista Brasileira de Saúde Ocupacional*, 14(54), 7-11.

Dowbor, L. (2002). *O que acontece com o trabalho?* São Paulo: SENAC São Paulo.

Esteves, E. G. (2004). *Sócio, trabalhador, pessoa: negociações de entendimentos na construção cotidiana da autogestão de uma cooperativa industrial*. Dissertação de Mestrado. Instituto de Psicologia, Universidade de São Paulo, São Paulo.

_____. (2003). Os desafios à igualdade nas cooperativas autogestionárias. In A. R. Souza, G. C. Cunha & R. Y Dakuzaku (Orgs.), *Uma outra economia é possível: Paul Singer e a Economia Solidária* (pp. 271-285). São Paulo: Contexto.

Friedmann, G. (2001). O lazer e a civilização tecnicista. In P. S. Oliveira (Org.), *O lúdico na Economia Solidária* (pp. 115-130). São Paulo: Hucitec.

Gaiger, L. I. G. (Org.). (2004), *Sentidos e experiências da Economia Solidária no Brasil*. Porto Alegre: Editora da UFRGS.

Geertz, C. (1978). *Interpretação das culturas*. Rio de Janeiro: Zahar.

Gomes, A. Q., & Amaral, C. V. (Orgs.). (2003). *Olhar de mulher: a fala das conselheiras do Orçamento Participativo de Porto Alegre.* Porto Alegre: Cidade Centro de Assessoria e Estudos Urbanos.

Gonçalves Filho, J. M. (1998). *Humilhação Social – Um problema político em psicologia.* Psicologia USP, 9(2), 11-67.

Gorender, J. (1982). Introdução (Os economistas). In K. Marx, *Para a crítica da economia política; Salário, preço e lucro; O rendimento e suas fontes: a economia vulgar.* São Paulo: Abril Cultural.

Guimarães, G. (2000). Incubadoras Tecnológicas de Cooperativas Populares: contribuição para um modelo alternativo de geração de trabalho e renda. In P. Singer & A. Souza (Orgs.), *A economia solidária no Brasil: a autogestão como resposta ao desemprego* (pp. 111-122). São Paulo: Contexto.

Haddad, F.; Antunes, R. Mauro, G.; Carneiro, G. (2003) *Sindicatos, Cooperativas e Socialismo.* São Paulo: Perseu Abramo.

Hollanda-Ferreira, A. B. (1988) *Dicionário Aurélio Básico da Língua Portuguesa.* Rio de Janeiro: Nova Fronteira.

Holzmann, L. (2000). Gestão Cooperativa: limites e obstáculos à participação democrática. In P. Singer & A. Souza (Orgs.), *A Economia Solidária no Brasil: a autogestão como resposta ao desemprego* (pp. 49-62). São Paulo: Contexto.

_____. (2001). *Operários sem patrão: gestão cooperativa e dilemas da democracia.* São Carlos: EdUFSCar.

Icaza, A M. S. (2004). Solidariedade, autogestão e cidadania: mapeando a Economia Solidária no Rio Grande do Sul. In L. I. Gaiger (Org.), *Sentidos e experiências da Economia Solidária no Brasil* (pp. 17-53). Porto Alegre: Editora da UFRGS.

Jardim, F. A. A. (2004). *Entre o desalento e a invenção: experiências de desemprego em São Paulo.* Dissertação de Mestrado. Departamento de Sociologia da Faculdade de Filosofia, Letras e Ciências Humanas, Universidade de São Paulo, São Paulo.

Lacaz, F. A. C. (1996). *Saúde do trabalhador: um estudo sobre as formações discursivas da Academia, dos Serviços e do Movimento Sindical.* Tese (Doutorado), Faculdade de Ciências Médicas, Universidade Estadual de Campinas, Campinas.

_____. (1997). *Saúde do trabalhador: Cenário e desafios.* Cadernos de Saúde Pública, 13(02), 07-19.

Laurell, A. C. (1985). Saúde e Trabalho: os enfoques teóricos. In E. D. Nunes (Org.), *As Ciências Sociais em Saúde na América Latina: Tendências e Perspectivas* (pp. 255-276). Brasília: Organização Panamericana de Saúde.

Marx, K. (1980). *O capital.* Rio de Janeiro: Zahar.

_____. (1986). O papel do crédito na produção capitalista. In *O capital.* Vol. IV/ Livro Terceiro. São Paulo: Nova Cultural.

Matoso, J. (1999). *O Brasil desempregado: como foram destruídos mais de 3 milhões de empregos nos anos 90.* São Paulo: Fundação Perseu Abramo.

Mello, S. L. (1988). *Trabalho e sobrevivência. Mulheres do campo e da periferia de São Paulo.* São Paulo: Ática.

Merleau-Ponty, M. (1999). *Fenomenologia da percepção.* São Paulo: Martins Fontes.

Minayo-Gomez, C., & Thedim-Costa, S. M. F. (1997). A construção do campo da saúde: percursos e dilemas. *Cadernos de Saúde Pública*, 13(02). 21-32.

Nakano, M. (2000). Anteag: a autogestão como marca. In P. Singer & A. Souza (Orgs.), *A Economia Solidária no Brasil: a autogestão como resposta ao desemprego* (pp. 65-80). São Paulo: Contexto.

Nespolo, N. I. F. (2003). *Muita vida. Construindo um novo tempo... Transformando sonhos em realidades.* Porto Alegre. [digitado]

Oliveira, P. de S. (2001). *O lúdico na Cultura Solidária.* São Paulo: Hucitec.

Ortellado, P. (2003). Mondragón e os impasses do cooperativismo. In A. R. Souza, G. C. Cunha & R. Y Dakuzaku (Orgs.), *Uma outra economia é possível: Paul Singer e a Economia Solidária* (pp. 177-194). São Paulo: Contexto.

Parra, H. Z. (2002). *Liberdade e necessidade: empresas de trabalhadores autogeridas e a construção sócio-política da economia.* Dissertação de Mestrado. Departamento de Sociologia da Faculdade de Filosofia, Letras e Ciências Humanas, Universidade de São Paulo, São Paulo.

_____. (2003). Sindicalismo e cooperativismo: entre a criação e a destituição. In A. R. Souza, G. C. Cunha & R. Y Dakuzaku (Orgs.), *Uma outra economia é possível: Paul Singer e a Economia Solidária* (pp. 73-98). São Paulo: Contexto.

Pedrini, D. M. (2000). Bruscor, uma experiência que aponta caminhos. In P. Singer & A. Souza (Orgs.), *A Economia Solidária no Brasil: a autogestão como resposta ao desemprego* (pp. 31-48). São Paulo: Contexto.

Pochmann, M. (2001). *O emprego na globalização: a nova divisão do trabalho e os caminhos que o Brasil escolheu.* São Paulo: Boitempo.

Rufino, S. (2003). O processo produtivo autogestionário: a experiência da Cooperativa do Sabor. In A. R. Souza, G. C. Cunha & R. Y Dakuzaku (Orgs.), *Uma outra economia é possível: Paul Singer e a Economia* Solidária (pp. 255-267). São Paulo: Contexto.

Sato, L. (1992). Psicologia e saúde do trabalhador na área sindical. In F. C. B. Campos (Org.), *Psicologia e saúde: Repensando práticas* (pp. 103-121) São Paulo, Hucitec.

_____. (1993). A representação social do trabalho penoso. In: M. J. Spink (Org.). *O conhecimento no Cotidiano: as representações sociais na perspectivas da psicologia social* (pp. 188-211). São Paulo, Brasiliense.

_____. (1997). *Astúcia e ambiguidade: as condições simbólicas para o replanejamento negociado do trabalho no chão de fábrica.* Tese (Doutorado), Departamento de Psicologia Social e do Trabalho, Instituto de Psicologia, Universidade de São Paulo, São Paulo.

_____. (1999). *"Djunta-mon": O processo de construção de organizações cooperativas.* Psicologia USP, 2(10), 221-227.

Sato, L., & Esteves, E. (2002). *Autogestão: possibilidades e ambiguidades de um processo organizativo peculiar.* São Paulo: ADS/CUT.

Sato, L., & Souza, M. P. R. (2001). *Contribuindo para desvelar a complexidade do cotidiano através da pesquisa etnográfica em psicologia.* Psicologia USP, 12(2), 29-47.

Singer, P. (1998). *Uma utopia militante: repensando o socialismo.* Petrópolis: Vozes.

_____. (2002). *Introdução à Economia Solidária.* São Paulo: Fundação Perseu Abramo.

_____. (2003). *Globalização e desemprego: diagnóstico e alternativas.* São Paulo: Contexto.

Singer, P., & Souza, A. (2000). *A Economia Solidária no Brasil: a autogestão como resposta ao desemprego*. São Paulo: Contexto.

Souza, A. (2000). Um instantâneo da economia solidária no Brasil. In P. Singer & A. Souza (Orgs.), *A Economia Solidária no Brasil: a autogestão como resposta ao desemprego* (pp. 7-10). São Paulo: Contexto.

_____. (2003). Economia solidária: um movimento nascente da crise do trabalho. In A. R. Souza, G. C. Cunha & R. Y Dakuzaku (Orgs.), *Uma outra economia é possível: Paul Singer e a Economia Solidária* (pp. 27-44). São Paulo: Contexto.

Spink, P. K. (1996, jan./jun.). Organização como fenômeno psicossocial: notas para uma redefinição da psicologia do trabalho. *Psicologia & Sociedade*, 8(1), 174-192.

Svartman, B. P. (2004). *Trabalho e reificação – um estudo participante de psicologia social em uma metalúrgica do ABC*. Dissertação de Mestrado. Instituto de Psicologia, Universidade de São Paulo, São Paulo.

Tiriba, L. (2000). A economia popular solidária no Rio de Janeiro: tecendo os fios de uma nova cultura de trabalho. In P. Singer & A. Souza, A. (Orgs.), *A Economia Solidária no Brasil: a autogestão como resposta ao desemprego* (pp. 221-244). São Paulo: Contexto.

Verardo, L. (1999). Desemprego e autogestão. *Cadernos de Psicologia Social do Trabalho*, 2(1), 68-73.

Wagner, E. S. (2002). *Hannah Arendt & Karl Marx: o mundo do trabalho*. São Paulo: Ateliê Editorial.

Weil, S. (1996). *A condição operária e outros estudos sobre a opressão*. Seleção e apresentação de Ecléa Bosi. Rio de Janeiro: Paz e Terra.

_____. (2001). *O enraizamento*. Bauru: EDUSC.

Impresso por :

gráfica e editora

Tel.:11 2769-9056